本书获南京大学"双一流"建设
文科中长期研究专项资助

海外学术出版史译丛｜主编 杨金荣 王立平

剑桥出版史

〔英〕M.H. 布莱克 著

洪云 王丰婷 译

南京大学出版社

图书在版编目(CIP)数据

剑桥出版史 / (英) M.H.布莱克著;洪云,王丰婷
译. —南京:南京大学出版社,2021.12
(海外学术出版史译丛 / 杨金荣,王立平主编)
书名原文:Cambridge University Press
ISBN 978-7-305-24131-4

Ⅰ.①剑… Ⅱ.①M…②洪…③王… Ⅲ.①出版社
—史料—英国 Ⅳ.①G239.561

中国版本图书馆 CIP 数据核字(2021)第 132069 号

江苏省版权局著作权合同登记　图字:10-2020-111 号

出版发行　南京大学出版社
社　　址　南京市汉口路 22 号　　　　邮　编 210093
出 版 人　金鑫荣

丛 书 名　海外学术出版史译丛
丛书主编　杨金荣　王立平
书　　名　剑桥出版史
著　　者　[英] M.H. 布莱克
译　　者　洪　云　王丰婷
责任编辑　官欣欣
助理编辑　刘慧宁

照　　排　南京紫藤制版印务中心
印　　刷　徐州绪权印刷有限公司
开　　本　635×965　1/16　印张 22.5　字数 293 千
版　　次　2021 年 12 月第 1 版　2021 年 12 月第 1 次印刷
ISBN　978-7-305-24131-4
定　　价　96.00 元

网　　址:http://www.njupco.com
官方微博:http://weibo.com/njupco
官方微信:njupress
销售咨询热线:(025)83594756

总　序

　　一百余年前，踌躇满志、意气风发、学成归国的新青年，高吟荷马诗句："如今我们已回来，你们请看分晓吧。"（You shall see the difference now that we are back again.）他们借诗言志，抒发他们建设国家、舍我其谁的豪情，其志其情，至今令人难忘。新文化运动健将北京大学教授胡适就是其中的代表。他1917年学成回国，从上海登岸，在申城待了十余天，特别花了一整天时间调查了上海的出版界，发现简直没有几本书可以看的，无论是研究高等学问的书，还是旅途消遣的书。中文书出版状况如此，英文书出版更是如此。

　　一百多年前，站在学术文化思潮前沿的新文化运动领军人物何以如此关注当时的中国出版呢？

　　新文化运动催生了一批竞相绽放的出版物，其最重要的意义是为中国革命和中国社会的转型与进步做了重要的思想铺垫，陈独秀创办的《新青年》为中国共产党的成立做了思想的动员，由此改变了中国历史的进程。出版与新文化运动相伴而生，出版之于思想解放与文化学术建设的意义不言而喻。

　　新文化运动健将们倡导白话文，引进新式标点，推动分段标点本的白话小说出版，这些都对中国出版的现代化产生了积极的影响。他们也是当时中国出版的学术智囊与思想智库。他们不遗余力地为学术出版发展贡献自己的识见，从设备、待遇、政策、组织四层面，提出改进意见；又借力于中华文化教育基金会编译委员会,支持翻译出版世界学术名著,倡言出版人必须有"笔力",懂"时事",具"远识",探索中国出版由传统向现代的转型。

中国是文明古国,是出版的故乡。肇始于中国的造纸术、印刷术,为人类文明之火播薪助燃,也造就中国千年不绝刻书业的繁荣,这是中国文化维系不坠的内生力量。和中国文明一样,中国的出版文化也曾经独步世界,引领风骚。欧洲人文主义的再生与理性主义的复苏,与伴随产业革命的技术进步相叠加,渐渐改写了世界出版业的格局,曾经领跑世界的中国出版优势不再,这既是晚近中华帝国科技文化落后的折射,也是传统出版业缺乏现代性的表征。因此,一百年前,在传统中国转向现代中国的进程中,无论是业界的商务印书馆编译所所长高梦旦,还是学界的北京大学教授胡适之,他们都意识到中国出版需要"再造文明"。但整个20世纪的前半叶,战乱频仍,社会缺少出版文化枝繁叶茂的土壤。中华人民共和国成立后,出版进入新的时代。特别是改革开放以来,学术研究回归常态,出版迎来了前所未有的荣景,科技、教育、文化的振兴,统一的文化市场,巨大的文化消费潜力,合力助推中国成为名副其实的出版大国,但距离成为出版强国,依然还有一段旅程要走。

新千年以来,建设文化强国上升为国家战略,写进了中央政府工作报告。以世界出版之"强"观照中国出版之"大",助力以出版建设文化强国是其时矣。本着循果以推因的"历史的方法",我们组织了"海外学术出版史译丛",希冀作为比照的"样本",为中国出版做大做强,走向世界,提供有益参照。

海外学术出版史的书写形态,不外乎呈现"海外学术出版学科的历史","关注海外出版人物的历史"和"研究海外学术出版机构的历史"。由于出版学还不是一级学科,对于海外出版学科的体系性、学科的历史和阶段性特点,研究还很不充分,选择"海外出版学科的历史",不免勉为其难;海外学术出版人物的历史,专注于出版人个体，虽可深入出版人内心的世界，有具体的历史情景，但放眼域外学术出版的大历史，又不免见木不见林；海外学术出版机构史，是人格化的学术出版人史，可以考察个性化的学术出版思想文化的源流与演变，为明海外学术出版之变，提供了自成体系的样本，颇具可借鉴性，可以批判地吸收。有鉴于此，我们选择一批历史悠久的海外学术出版机构，以了解海外出版人的出版理想、经营哲学、规制文化、品牌策略、国际化路径等等，为学术出版的比较研究提供史料，为学术出版实践探索提供镜鉴。例如，学术图书出版同行匿名评审制度，一直是可以攻玉的他山之石。尽管中国学术图书出版同行匿名评审也曾有迹可循，现代学术史上人尽皆知的陈寅恪为冯友兰《中国哲学史》纳入清华丛书出版提交的审查报告，堪称显例，但这一传统没有很好的赓续承继，现今，学术出版借助学位论文机器查重者有之，有关学术出版物的贡献、创新、竞争性诸要素的第三方匿名意见多付之阙如，这不能不说是中国学术出版规范建设亟须完善之处。"海外学术出版史译丛"在这方面或可提供具体而微的参照。

走向世界的中国学术出版，正越来越多地受到海外学术出版界的关注。中国出版在世界出版的视野中正越来越具有显示度。把中国学术、中国故事、中国价值、中国话语体系更多地通过出版走向海外，这是自今以后中国出版人的责任，而如何避免方法上、路径上少走弯路，就不能不关注海外学术出版的现在，了解海外学术出版的过去，从而汲取一切有益于强基中国学术文化出版事业的养料，为我所用。"三人行，必有我师焉。"放眼世界出版，无论是像施普林格、博睿这样的国际学术出版集团，还是像耶鲁、剑桥这样的大学出版体，其学术出版史不仅属于他们自身，也是世界学术出版史的一部分，如果能对中国学术出版同行有所启迪，组织翻译出版本译丛的初衷也就达到了。

中国正由出版大国向出版强国迈进，待到中国真正成为学术出版强国之日,中国学术、中国话语游刃有余地在不同区域、不同国家向不同群体受众,以不同出版方式传播时,中国出版人也可以像一百余年前新文化运动的先辈一样,大声说一句:我们来了,且看分晓吧!

是为序。

杨金荣

2021 年 12 月于南京大学出版研究院

目 录

插图 / 001

前言 / 003

致谢 / 009

序 / 011

1　引言 / 001

2　先驱者：文具商和席勃齐 / 005

3　1534 年的皇家特许状及书商公会的创立 / 021

4　出版社的创立：托马斯·托马斯 / 034

5　早期印刷商：约翰·莱盖特、坎特雷尔·莱格、巴克以及
　　丹尼尔 / 049

6　联合与复兴 / 069

7　本特利的"公共出版社" / 088

8　18 世纪 / 106

9　19 世纪（一）/ 127

10　19 世纪（二）：查尔斯·约翰·克莱和合营出版社 / 155

11　R.T. 莱特及其秘书职位 / 178

12　秘书沃勒、罗伯茨和印刷商路易斯 / 202

13　1945—1972 年 / 232

14　出版社的复兴：1972—1974 年 / 254

15　出版社慈善地位得到认可 / 274

16 1974—1984 年 / 291

17 总结 / 312

附录一　1534 年特许状拉丁文原件 / 322

附录二　剑桥大学章程 J:剑桥大学出版社(修订于 1999 年) / 324

附录三　1583—1984 年大学印刷商 / 327

插　图

1　1592 年哈蒙德的剑桥局部地图 / 016

2　亨利八世的皇家特许状 / 024

3　托马斯·托马斯 1584 年出版的两本著作 / 042　043

4　第一本剑桥圣经 / 052

5　剑桥大学徽章 / 057

6　托马斯·巴克和罗杰·丹尼尔：1638 年对开本圣经 / 063

7　巴克 1636 年买下的印刷厂 / 066

8　弥尔顿的《利西达斯》/ 073

9　第一版乔治·赫伯特的《圣殿》/ 074

10　理查德·本特利 / 090

11　新印刷厂于 1697 年由旧剧院改建而成 / 094

12　1713 年牛顿的第二版《原理》/ 099

13　巴斯克维尔的对开本圣经 / 116

14　剑桥模板印刷圣经 / 131

15　皮特大楼的早期画像 / 134

16　"皮特出版社系列"的早期书籍 / 163

17　1892—1911 年期间的出版社委员会秘书——R.T. 莱特 / 179

18　艾克顿公爵，F.W. 梅特兰 / 189

19　S.C. 罗伯茨，1922—1948 年的委员会秘书 / 209

20　伦敦西北 1 号尤斯顿路 200 号本特利大楼 / 217

21　沃尔特·路易斯，大学印刷商 / 222

22 斯坦利·莫里森 / 222

23 河边视角的皮特大楼塔楼和老印刷厂大楼 / 229

24 1963 年的剑桥大学印刷厂 / 242

25 爱丁堡大楼 / 297

26 爱丁堡大楼开放仪式 / 301

前　言

本书出版于 1984 年，以纪念剑桥大学出版社从事印刷出版工作 400 周年，亨利八世授予出版社皇家特许状 450 周年（起于 1534 年 7 月）。笔者并非历史学家或档案管理人员，只是出版社的一名全职工作者。在出版社工作每天都忙忙碌碌，可以用来写作的时间少之又少。于百忙之中抽空写书，时常让我想起一位老前辈——托马斯·托马斯，他是出版社早期一名优秀的印刷商，尽管我们之间隔着 400 年的历史，但我对他过去的经历感同身受。他曾以拉丁语给读者写下这么一句话：

于剑桥的办公室中，于百忙的工作之中。

（Cantebrigiae ex nostris aedibus, carptim inter operarum susurros.）

我写这书本时，情况和他那时候差不多，但我忙并快乐着。

如果把 1984 年当成出版社历史中平淡无奇的一年，那将是不恰当的，因为对于出版社而言，这一年具有非凡意义。写这本书，最主要是因为兴趣，同时也希望能为现在的同仁带来一些快乐。如今，出版社有大量员工，在近几年贸易极其萧条的情况下，他们对出版社不离不弃，促进了出版社业务的不断扩张，这赋予了出版社特别的时代意义。员工们的这种精神一定程度上源于他们的自豪感，剑桥大学出版社是英国一家独特的出版机构,在这里工作是一件值得自豪的事。值此 400 周年纪念日之际,辛勤的同僚们可以从繁忙的工作中抽身片刻,看看自己服务的这个机构在漫长岁月中所取得的成就,回望她 400 年走过的漫漫征途。剑桥出版社的许多作家、编辑、顾问和负责印刷、销售的同事或许对出版社的历史充满了兴趣,可以肯定它是英国最古老的出版社,也可以说它是世界上最古老的出版社。

剑桥大学出版社在英语图书贸易和学术界中一直发挥着重要的作用,且有其独特性和重要性(尽管牛津大学出版社是姐妹机构并享有几乎同样的知名度,但各自的特点不同,重要时间点上的历史也不相同)。因此,人们认为,如果这本书能够根据学者们所熟知的现有文献来编撰,能够清晰还原历史,那么它会得到大规模出版。

自 1921 年 S.C.罗伯茨的《剑桥大学出版社:1521—1921》(*The Cambridge University Press 1521-1921*)一书出版后,就再无有关剑桥大学历史的书籍出版。罗伯茨写这本书的目的是纪念席勃齐在剑桥的第一家出版社创办 400 周年,创作背景和我的极其相似。如今,人们认为席勃齐不是剑桥大学出版社的鼻祖,但是他在剑桥那段简短的经历却仍有重要的意义,也正因如此,1921 年世人将其作为出版社的先驱纪念。罗伯茨也是在和我一样的情况下著书,他在书中特别说明了写书的缘由,这一点让我将他和托马斯当作神灵,他们应该会以善意的眼光看待我的作品。以下为罗伯茨在他的书中提及的创作缘由:

有一天,我在国王大道遇见查尔斯·塞尔(Charles Sayle),他问我:"1921 年你有什么打算?"这话让我困惑。

他说:"剑桥出版社是 1521 年创立的,到 1921 年正好有 400 周年了,该有人把这段历史记录下来。"后来,我跟沃勒说了这事,他当时是出版社委员会的秘书。他听了之后说:"我没有时间来做这事,这必须由你来做。"

我回家想了想，其实我曾在 1912 年为欧格登（Ogden）的《剑桥杂志》（*Cambridge Magazine*）写过一篇关于出版社的文章，其中大部分内容参考了罗伯特·鲍斯（Robert Bowes）的《剑桥印刷商笔记》（*Notes on the Cambridge Printers*，1886）。这部作品多处提到与出版社相关的书籍手稿登记处，而登记处在皮特出版社的塔楼里。研究了一些资料之后，我决定试一试。我没有接受过"调查研究"方面的培训，而许多手稿的研究都有难度，但幸运的是我有明确的时间限制，这本书要么不写，要么就必须在 1921 年 10 月 1 日之前写完。最终《剑桥大学出版社：1521—1921》在那年秋季学期初准时面世。

罗伯茨，《与作家一起探险》（*Adventures with Authors*），
第 47 页

出版商如果没法在别人规定的截止日期前交稿，那么他也就没法让别人守时。像罗伯茨一样，我在规定时间内完成了这本书，而这也是我接下来这部分写得相当简洁的原因了。罗伯茨的书出版至今，已有 60 年，但却是唯一记录剑桥大学出版社连续历史的书，也是某些时期相关出版资料的唯一来源，我根据他的内容列出了出版社的整段发展史。值得庆幸的是，罗伯茨和其他作家写的多为不同时期和不同主题的历史，其中最知名的有约翰·莫里斯（John Morris）研究托马斯·托马斯（Thomas Thomas）的作品，以及 D.F. 麦肯锡（D.F. McKenzie）研究理查德·本特利（Richard Bentley）复兴史的《剑桥大学出版社：1696—1712》（*The Cambridge University Press 1696 - 1712*）。在罗伯茨的书中，他对自己所处时期的出版社只做了简要介绍；但退休后，他在桑达斯讲座（Sandars Lectures）、《剑桥出版社的发展》（*The Evolution of Cambridge Publishing*，1956）和他的回忆录《与作家一起探险》（1966）中写了更多与出

版社相关的内容。如今，写席勒齐的书更多了，有些书也在某些篇章或章节里提到了出版社发展史的其他方面。1921 年后，与剑桥大学相关的历史著作也有很多，而我以此为依据，设想了不同的读者，众多读者中应该有人对剑桥大学的历史略知一二，有人乐于了解这段历史，有人乐于与这段历史背景有些联系，抑或有人想与书籍印刷、出版、销售的历史有些联系。

创作这本书让我发现一个事实，即要了解出版社的历史，则迫切需要档案馆里的第一手研究资料，而这本书如果能够有助于档案馆的研究工作，那它的作用就不仅是纪念 1984 年了。19 世纪初期之后或英国皇家委员会创立后的这段历史亟须进行更深入的研究，因为自出版社于 16 世纪至 17 世纪期间完成创立之后，这段时期便是出版社发展史中最重要的一个阶段。英国印刷和出版业的历史始于人们对印刷出版起源的关注，甚至可以说是痴迷。不过，现代出版业直到 19 世纪至 20 世纪初期才开始成长，而出版社的现代史也始于同一时期，这着实令人惊讶。这段历史在以下几页内容中有提及，但这些内容还远远不够说明这段历史的发展历程。

1951 年之后的记录大多源于我对出版社的个人见解，其中有些内容是从退休的同事那里了解到的，他们还记得出版社 20 世纪 80 年代发生的事。虽然编写近期历史总会遇到许多困难（这就是为什么罗伯茨较少提及他那个时代的出版社），但能抒发己见也是十分满足的，作为编年史或轶事记录者，我的一个优势是我参与了这段历史，并知道它是怎样的。可以说出版社在 1945 年之后经历了最快的发展，这种发展一直持续到今天；过去的 12 年，出版社经过多次分析，做了一些至关重要的决定，而这成就了今天的出版社，使其能更准确地自身定位，并更清楚自身的职能。这些事也就是历史记录的关键所在，史实赋予历史意义，正如历史也赋予了史实一定的意义。

写最后几章时，我有幸拿到了杰弗里·卡斯（Geoffrey

Cass)所做的记录和笔记，以及他个人的回忆录，他在其中记录了 20 世纪 70 年代出版社发生的事，这些资料给我的工作提供了很大的便利。我充分利用了这份珍贵的一手资料，在此，我要对他表示衷心感谢，感谢他的帮助，让我更全面地记录了这段历史。

总而言之，历史总是需要有人来记录，希望本书能为后来的历史学家们在闲暇之余记录出版社发展史时提供一些参考。谨以此部分内容献给我有幸为之工作的三位出版社委员会秘书：R.J.L. 金斯福德（R.J.L. Kingsford）、R.W. 大卫（R.W. David）和杰弗里·卡斯。

迈克尔·布莱克
1983 年秋于剑桥

致　谢

　　在我的创作过程中就已经有很多同事和朋友读了这本书，我很感谢理查德·大卫（Richard David）、大卫·麦克基特里克（David McKitterick）、安东尼·帕克（Anthony Parker）和约翰·特雷维特（John Trevitt）给我提出了宝贵的建议，为我纠正了书中的一些错误。感谢多萝西·欧文（Dorothy Owen）、伊丽莎白·林翰-格林（Elisabeth Leedham-Green），感谢图书馆稿件室的全体工作人员，因为他们，我在学校档案馆的查阅过程愉快而轻松。感谢安·帕尔（Ann Parr）、帕特·吉福德（Pat Gifford）、帕特·科布（Pat Cobb）热心地帮我把这本书的手稿准确快速地打印出来。

　　本书中影印的本特利肖像图得到了三一学院负责人及校务委员会委员的使用许可，阿克顿勋爵（Lord Acton）、F.W.梅特兰勋爵（F.W. Maitland）肖像的采用得到国家肖像画廊受托人许可。插图 4 得到了英国及海外圣经公会许可。插图 23 为南·扬曼（Nan Youngman）提供的格温·拉弗拉特（Gwen Raverat）的木版画副本。插图 1、2、3、6、7、8、9、12、13、15 来自剑桥大学图书馆，均得到图书馆理事许可后使用。

序

　　弗雷德里克·约克·鲍威尔（Frederick York Powell）是一位知识渊博的学者，尤其因研究斯堪的纳维亚文学和冰岛文学而著称。从 1894 年起，鲍威尔就开始在牛津大学担任近代历史学钦定教授，直到 1904 年辞世，他曾说：一所大学要有一座图书馆和一个出版社。他认为大学的职责不只是教书育人，还要从事研究工作、追求学术、广泛传播学者和研究人员的学术成果。19 世纪晚期，牛津大学并不喜欢鲍威尔的这个观点，学校当时正在进行学术改革，力求用更好更细致的教学方式激发和培养年轻一代的公共领导能力。事实上，鲍威尔不喜欢给学生上课（也不擅长上课），他认为在一所严谨的学府中，学者需要得到自由，需要在图书馆或实验室中自由探索和发现新知，并有所成就、有所突破，为世界的知识储备添砖加瓦。他们要公开自己的研究成果，让每一个人从新学术成就中受益。因此，在一所完备的大学中，印刷和出版机构是必不可少的一部分。

　　鲍威尔的学术声誉得益于他对北欧古代长篇小说所做的评注和编辑工作，他与古德布兰·维格富松（Gudbrandr Vigfusson）一起合作完成了这项工作——维格富松于 1866 年来到牛津，为牛津出版社编辑《冰岛语-英语词典》（*Icelandic-English Dictionary*），同时他还领导编撰了《英格兰历史评论》（*English Historical Review*）这本书。在鲍威尔看来，学者有义务去影响尽可能多的读者（这一想法或许是出于他坚定的社会主义和无神论信仰）。他撰写了一本与早期英格兰历史有关的书，由曼德尔·克里顿（Mandell Creighton）编辑，包含在朗文《英格兰历史史诗》（*Epochs of English History*）系列丛书中，他还写了一本教科书——《英格兰——早期至亨利七世逝世时期的历史》（*England from the Earliest Times to the Death of Henry Ⅶ*，这本书因具有编年史、叙事诗集和传记体文学的特点而著名），并创办了《当代作家笔下的英国历史》（*English History from Contemporary Writers*）系列丛书，同时他还为报纸和流行期刊定期撰稿。鲍威尔担任牛津大学出版社代表有将近二十年的时间，在这期间，他常常敦促同事出版一些没有经济收益的学术著作，为像汤姆森的《艺术生的人体解剖学》（*Human Anatomy for Art Students*）这一类"不合时宜"的书得到大家的认可而感到欣慰。

鲍威尔对大学所持观点以及他践行这一观点的方式让我们认清了一个基本事实：在知识传承中，学术起到维护知识和保存知识的作用，知识的传承是崇高的，且有益于文明的发展；他的观点还让我们明白学术的使命是探索新知识、追求新思想，并免费为大众提供学术成果。学术工作责任重大、过程艰辛且难以得到认可；因为知识会让人开心、让人快乐，也会让人不安，知识甚至具有颠覆性。人类自从吃了知识树上的果实后就明白，知识的发现、拥有、使用时常引发人类不愿提及的道德问题。大英图书馆门口悬挂着一张巨幅挂毯，是 R.B.基塔伊（R.B. Kitaj）知名画作——《无知，无畏》（*If not，not*），知识的美丽和恐怖在这幅画中被展现得淋漓尽致。

剑桥大学是一所严谨的高等学府，它有自己的图书馆，有自己的出版社，图书馆和出版社是学校最古老的机构。如果没有手稿和书籍，学问就没有容身之所。剑桥大学自 1534 年获得皇家专利特许证后，便有权印刷书籍并在全英国销售。从 1584 年以来，出版社每年都由学校授权进行出版工作。起初，学校由校监或其副手和三位博士代理行使授权出版的权力，但 1698 年后，学校为出版社成立了委员会。委员会第一次会议于 1698 年 8 月 23 日召开，会议主题直奔出版事务，商讨决定以下事宜：允许伦敦书商雅各布·汤森（Jacob Tonson）印刷维吉尔（Virgil）、贺拉斯（Horace）、泰伦斯（Terence）、卡图卢斯（Catullus）、提布鲁斯（Tibullus）和普罗佩提乌斯（Propertius）的书籍，24 磅活字，4 开本，500 印数，每整张纸支付 12 先令，750 印数则每张 14 先令；剑桥书商艾德蒙·杰弗里斯（Edmund Jefferies）印刷西塞罗的书，8 磅活字，12 开本，1000 印数，每整张纸支付 1 英镑 10 先令；派科尼利厄斯·克朗菲尔德（Cornelius Crownfield）去荷兰鹿特丹港市购买 300 磅的新型字体。

剑桥大学出版社兼印刷和出版功能为一体，其历史悠久、复杂而又多样。出版社曾经历过成功和繁荣，曾饱受争议，也曾跌入命运低谷。过去大部分时间中，出版社主要充当印刷机构，在日常经营中经常需要处理和克服种种问题，如：更新印刷技术、应对脾气暴躁的工匠、处理机器故障、供应短缺的字体和纸张、应对变化无常的作者、清理库存等。出版社一度的主要工作是印刷出版圣经和公祷书。这在印刷方面是一项重要工作，但在销售方面却困难重重，当时甚至连圣经也难以发行和出售。有时，圣经最大的客户，即各个圣经公会，会联合起来拉低圣经售价，并用牛津大学出版社和皇家印刷厂与剑桥大学出版社进行对比，这让剑桥大学出版社在市场竞争中处于劣势，生意惨淡至极，沦落得像只种了点甘蔗和烟草的农夫。有时，教科书尤其是学生用书会给出版社带来大量印刷工作。尽管对于印刷厂来说这是好事，但销售利润却往往流入戴顿（Deighton）或麦克米伦（Macmillan）等这些出版商和书商的手中。

出版社有权控制自己的事务，且学校不对出版社进行任何财务投资，这是出版社最突出的一个特点，但自 20 世纪初以来，出版社就一直隶属于剑桥大学，并由学校进行管理。作为广泛的图书业的一分子,出版社委员会在早些时候也常公开或私下与其他机构合作。委员会由众多学者组成,但一直以来,不论是出版社的印刷工作还是出版工作,委员会都严重依赖其雇佣的专业管理人员,印刷质量的好坏掌握在这些管理人员的手中。

20世纪上半叶,剑桥大学出版社蓬勃发展,这主要归功于出版社的存书目录,目录中的书籍畅销了几十年之久。出版社的初期投资可能极高,但那个年代几乎没有通货膨胀,书籍在市场上有稳定的需求量,出版社不担心库存积压问题,也不担心保险费和其他日常开支等问题,收入多年保持稳定,这让每周五下午的出版社委员会会议异常轻松。会议上,委员会通常会大方批准出版社出版其想要出版的新书。但到了20世纪70年代,通货膨胀发生,畅销书销量下跌,出版社面临运营危机。为了渡过难关,出版社必须出版新书和期刊,并更新库存书籍的价格,以匹配当时的物价水平。过去几十年,用于高等教育发展的资金一直较为充裕,但现如今这笔资金也变得十分有限。出版社必须做出一些改变才能经营下去。虽然大学里师生人数的大幅增长为出版带来了更多的需求,但可选择的图书也更多了,人们会倾向于购买价格最便宜的书籍。此外,在20世纪,出版社的出版工作的规模不知不觉中已经超过了印刷,在世纪末,印刷工作迎来了新的技术变革,这是自字体发明以来最具革命性的一次技术变革,学术出版也面临着在全球市场竞争的压力,书籍销售范围从国内市场扩大到了国际市场,这是一个巨大的挑战。

对于像这样一所拥有400年悠久历史、丰富文化的出版社来说,直至迈克尔·布莱克所著《剑桥出版史》的出版,这一杰出大学机构400年的印刷出版历史得以首次被全面记录,这确实多少让人感到意外。过去也曾有些书籍记录了个别出版商的事迹,研究了出版社的出版图书目录,但从未有任何一本书完整记录出版社作为大学机构的整段历史,也没有任何作家试图研究出版社这些年的演变。布莱克在这本书中做了新的突破,他把出版社早期的各段历史恰到好处地联系了起来。这本书语言优美、条理清晰,研读此书,读者们会了解到一所大学出版社的悠久历史,明白它为何拥有举足轻重的地位,并理解它存在的意义。

但这本书的意义不止于此,它还带有一定的个人情感和出版目的。20世纪60年代末至70年代初,出版社经历了一段极其艰难的时期。在经济萧条和工业动荡的影响下,在新技术、全球高等教育的空前增长所带来的压力下,出版社几十年来的经营体系和策略不再适用。无论在经济方面还是技术方面,那十几年是出版社经历过的最艰难的一段时间,那时剑桥大学甚至面临失去印刷和出版机构的风险。而如果这种情况发生,剑桥大学作为一流学府的地位将受到严重影响。本书的后面几章中,作者讲述了出版社如何在杰弗里·卡斯和他的同事们的经营管理之下,走出困境,步入正轨。他们的经营策略中关键的一点是出版社要重新考虑学术印刷和出版的特殊要求:找出学术印刷和出版与其他类型印刷出版的不同之处,从而制定符合学术印刷发展的印刷出版方式。这就意味着出版社要积极主动地处理问题,从过去的经营中吸取教训,并有效利用出版社的特权。委员会有明确的发展目标:让出版社长久地经营下去,把出版社发展成为举足轻重、历史悠久的出版机构。环境可能会改变,但根本目标不会变,只要目标坚定,就能以不同的方式实现。迈克尔·布莱克见证了出版社20世纪70年代的变革,他的这段经历让这本书更具说服力,这本书有助于我们理解学术出版的特殊性质和必备条件,这段历史提供了充分的理由和理论依据,让当今时代的人们继续支持大学出版社的发展,书中同时还讲述了成功经营管理出版社的必备条件。

出版社是学校的一部分。它有特定的目标,要根据《章程》进行印刷和出版,该章程的一部分内容为:"促进各学科知识的习得、发展、保存和传播;促进教育、宗教、学习和研究的发展;

促进文学和良好文化的进步。"多年来，为了达到这个目标，出版社在大学中的地位不断发生变化，这在学校的特许状、章程、条例中都有记录。学校成立出版委员会后，委员会一直负责出版社的印刷出版工作，至今已有 300 余年的历史。出版社委员会是具有相对独立权的理事机构，委员会成员由学校任命，负责管理出版社日常事务，掌管出版社的资金收入，有权自行决定如何利用这些资金来实现出版社学术印刷和出版的目标。委员会不仅得到学校的认可，载入了《剑桥大学章程》中，还得到了校外机构的认可，如税务局和国外政府机构，这些机构将出版社作为慈善信托机构，免除其应缴纳的部分税款。委员会为出版社雇佣工作人员，有专属出版社的大学印章，供出版业务专用。17 世纪末，学校不再被动充当印刷特许机构，首次主动负责学术出版项目，学校和委员会达成一个共识：未经委员会明确授权，出版社不得出版任何东西。出版者会考虑出版各领域的研究著作，并接受各国作者的作品。委员会支持出版已被广泛认可的学术研究，同时也鼓励更多原创。委员会必须在传统知识和新知识之间进行权衡，最终决定以剑桥大学的名义出版哪些书籍。但委员会的任务并不是审查书籍（尽管从出版社委员会获得印刷特权之初，印刷在某种程度上意味着控制出版内容），他们也不会给出版的书籍带来特别的声望和公信力。委员会精心选择出版内容，目的是为大众传播知识，让读者们在图书馆浏览这些书籍时，能对书籍的价值和重要性做出自己的判断。

剑桥大学出版社在严格的自我约束下运营，并对教育界和学术界负有特殊责任。它不是普通的出版机构，不单因为商业利益而进行出版。出版社一直致力于以最高标准出版书籍，寻求以最合理的方式出版各领域中的优秀作品。这些作品可以以专著或期刊论文的方式进行出版，其中包括一些新作品和新观念，专为精通某一学科的读者而作，还包括学生用书，涵盖某一领域所有已知著作，为毫无背景知识的学生专用。尽管许多学者具备鲍威尔所说的学者品质，并希望用自己研究的新知去影响更多读者，但是这类学术书籍与现有专著和期刊论文有所不同，其编写对作者的写作能力具有较高的要求。参考书、儿童用书、英语学习（作为第二语言）用书等书籍的编写方式都各具特色。出版社需要意识到这一点，用不同的方式来编写不同用途的书籍，以符合不同群体的需求。

除此之外，正如迈克尔·布莱克在他的书里所说的那样，不同类别的书籍也要采用不同方式来呈现，纸张质量、排版样式、字体样式、装订方式和版面设计也始终是书籍和期刊购买者的关注重点。剑桥大学出版社对出版形式和内容一直持有最高要求，这使它从众多商业出版社中脱颖而出，商业出版社主要专注于如何快速处理书籍库存，以给股东们支付股息。也正因如此，许多出版社就不会出版需要投资大量时间和资金的作品，以及那些需要长期连载的作品。但剑桥出版社的许多出版项目都需要相当大的投入，如"剑桥史"（Cambridge History），这个项目可能需要 10 年或者 20 年的时间来完成，再如"剑桥学校数学项目"（Cambridge School Mathematics Project）、针对学龄儿童的新阅读计划项目、英语语言发展课程项目，在这些项目中，作者需要做的事远不止提交待出版的手稿。这些项目需要许多拥有各种技能的人才来共同完成，投资较大，且需要多年后才能得到投资收益。

正因如此，出版委员会在管理经营出版社时，必然要细致考虑经济和管理问题。出版社正常运作的前提是拥有财政自主权。出版社只有在经济方面做到自给自足并能自我决策，学术出版工作才能进行下去，这是迈克尔·布莱克书中贯穿始末的一个主题。学术出版成本高，市场规模小、变化无常，可以肯定的是，对于市场上一般的商业出版社而言，大学出版社的出版物都过于专业。学术型出版社需要着眼长期利益，进行大量前期投资，坚持研究出版技艺，但这些投资和收益通常不成正比。这种商业策略难以规划周全，需要具有一定的谋略。简单的津贴根本没法解决前期投资问题，而学校也无力投资出版社，一所现代大学在扣除教学和研究的常规预算后，就再也没有多余资金来支撑出版社的正常运营。因此，将出版社创办为独立机构，管理自身事务，这是明智的做法。出版社需要从印刷出版工作中得到收益，并需要有一定的储备资金，以备不时之需。17 世纪 90 年代末期，本特利博士为一些特殊项目筹集了大量资金（他出版的贺拉斯作品需要大约 800 英镑的先期投资，这在 18 世纪初期是一笔巨款）。在他的筹措下，出版社蓬勃发展，但即便如此，也没有积累到足够的营运资金来应对反复发生的金融危机，每一个项目都需要规划。即使在本世纪，不管是经济环境的变化还是跟进全球印刷出版业技术革新的必要投资，都能够让经济实力雄厚的出版社岌岌可危。因此，一个致力于传播知识和促进各国文化发展的出版社，不为机构或个人谋利，要求享有学术慈善机构的相关特权，合情合理。但即使作为慈善机构，出版社也有义务遵守严格的商业规则，鼓励企业家精神，并奖励各层级能力出色的员工。出版社必须与学者合作，也必须在竞争激烈的工商业界中交易、生存、发展。出版社委员会需要确保出版社业务的效率，确保资源得到有效配置，而要完成这些任务，委员会就需学术界对出版社不要太苛刻，因为有些细节可能没法做到他们期望的那样完美。委员会同时需要确保出版社的员工们能够理解和认同出版社存在的目的，员工们受到出版社雇用，负责出版业务，他们必须了解出版社的历史、传统，以及它所追求的目标。

　　大学出版社应与国际学术界进行合作，剑桥大学出版社也致力于与学术界保持合作。例如，300 年前，本特利博士就号召他德国和荷兰的同事在剑桥大学出版他们的著作，如今更是如此，剑桥大学合作作者名单上有 23000 多名作者（其中英国作者 9550 名，美国作者将近 8500 名，澳大利亚作者 1400 名，加拿大、法国和德国的作者各 500 余名)，而北美洲是剑桥大学出版书籍和期刊的最大市场。出版社并不是剑桥大学的名利场，它从全球高等教育中汲取优质资源，同时又将这些资源回馈全球。出版社属于那些在剑桥工作生活的人，也同样属于各国各地的学者，他们选择了剑桥大学出版社，也给剑桥大学带来了荣誉。

出版社的业务在国际范围内不断扩大，这意味着要为许多不同的教育市场进行出版，以促进出版产业的全面发展。英语作为国际语言，其传播备受关注，正如 17 世纪拉丁语作为学术语言得到广泛传播一样。在亚洲和拉丁美洲，英语语言课程需求量大，这为出版社带来了大量出版业务。在巴西，这些课程得到了高度重视，出版社发现带有剑桥头衔的刊物有一定的市场，因此与马丁图书(Martins Fontes)合作，在巴西圣保罗开了一家书店，以吸引巴西的读者，满足巴西对剑桥专著、教科书、圣经等出版物日益增长的需求。

出版社委员会实行学期内每 2 周 1 次、假期每月 1 次的例会制度，每次会议的议程文件通常不少于 1000 页，专业的编辑们会有序编排提案，精心附上细致的出版策略。出版社的资源不足以出版提议中的所有内容，因此委员会需要进行抉择。委员会致力打造出版优势(尽管这些优势会随时间发生变化)，试图平衡出版清单，协调专著、期刊、教科书、参考书的出版比例。委员会做出的每一个决策都着眼于剑桥大学和全世界的学术发展。当然他们的工作不可能令所有人满意，因为并非每个人都认可他们平衡出版的方式。但是，正如这本书所提到的那样，出版社在回顾过去的历史时，可以从它的出版成就中得到些许慰藉，例如：本特利的出版清单、巴斯克维尔版的圣经、"剑桥史"，以及本世纪初由著名学者和科学家编写的教科书(50 余年来这些教科书仍在出版)。出版社出版的书籍让孩子们的学习充满趣味，现行的"英语语言教学方案"(English Language Teaching Programme)和市面上任何一种英语学习资料一样具有创造力和吸引力。

自本书首版以来，出版社已经经历了大幅的增长和发展，作者曾被要求再增加一个章节，把出版社的历史记录更新到 2000 年，这个想法似乎不错。但最终明智的做法应该是让这本书保留它原来的样子，因为它写于出版社发展的关键时刻，作者以特别的视角记录了这个伟大机构的一段非凡历史，它有独特的价值和意义。人们可能会在不经意间发现，从 1984 年到现在，出版社经历了诸多变化，如：出版社的书店现在开到了三一街拐角处和市集广场，这两个地方都以鲍斯的名字租用；出版社仍在印刷出版的作品数量已经从 7000 种增加到了 21000 余种；各种剑桥系列丛书已经出版了半个世纪；《剑桥研究：中世纪生活与思想》(*Cambridge Studies in Medieval Life and Thought*)已经迎来了第六批学术编辑。出版社的北美分部庆祝了 50 周年成立纪念日，澳大利亚分部庆祝了 30 周年纪念日，出版社在西班牙和南非也建立了分部，同时有望在其他国家建立更多分部。1534 年 7 月 20 日，亨利八世国王将他的"特别恩典"赐予那些"为基督所蒙爱的剑桥大学的校监、院长和学者"，授予他们权利印刷他们喜欢的任何书籍，并允许他们在学校和英国任何地方展览出售，这是亨利八世授予的一个特权，期限为"永久"。读者们会从这部优秀的作品中看到这个特权如何得到有效利用；而负责维护这项永久特权的人们也可以从这些字里行间得到些许鼓舞和慰藉。

剑桥大学出版委员会主席　戈登·约翰逊
1999 年 8 月 9 日

1 引 言

　　参观现代大学城时,游客会看到许多与图书相关的机构、部门和企业,比如图书馆和书店,这些地方都存放着学生上课所需的教科书、标准参考教材以及供教师了解学科最新研究进展的专著。重要的书店会出售国外书籍、二手书或古籍。而那些具有年代感的老店,则可能是某个家族企业,自称为"印刷商、出版商、书商、图书装订商和文具商",或"图书印刷商、图书装订出版商"等。尽管大学图书馆可能设有图书装订部门,负责修复旧书和按标准样式重订新书,但时下的装订工作依然主要是学生要提交给学校的高等学位论文。尽管现在造纸小磨坊已不多见,但在离大学城不远的小河流附近可能还是建有造纸厂的。城里小规模的商店也自称为"文具商",出售学生做笔记用的文件纸、钢笔、墨水,以及绘画、制图、插图等用途的专用纸张和工具。显然,在文具商店购买的物品就叫作"文具",因此许多人根据这种思维方式推断文具商是因为出售"文具"而得名。然而这种想法正好与事实相反:"文具商"一词源自拉丁文的"stationarius",指在固定场所经营业务的人,即店主,这个名称后来被用来称呼那些售卖图书和相关材料的人。剑桥大学历史学家托马斯·富勒(Thomas Fuller)和一些学者解释说:"文具商是公开在固定地点出售主流图书的人(因此而得名),与私下贩售违禁书籍的冒牌书贩对照(冒牌书贩即现代商人和小贩的始祖)。"从"私下"和"违禁"这两个词语可看出,出版社不能自由出版图书(也不可能自由出版图书）；剑桥大学出版社成为出版中心之前就已经是出版授权机构，正因如此，它是世界上第一个出版中心。

如今，与书籍相关的行业已细分为各个单一具体的机构，每一机构都有自身特别的功能，经营规模大，服务于不同的商业机构。而在这之前，"印刷商、出版商、书商、装订商和文具商"的印刷、销售、保存工作是紧密相连的。这在英格兰的各个城镇，尤其是大学城依然如此。因此，这些机构细分至今仍未完全细化，或许也不可能细化。但总的来说，造纸、印刷、装订、出版、销售和文具零售都已成为特定的独立行业，较过去而言，现在基本上没有哪个机构同时兼具两个业务。虽然有些大型图书馆因自身需要而设有印刷机构，自己出版图书，并在馆内设有书报摊，但从很早的时候开始，图书管理就已经高度专业化，并发展成为独立的专业。

回到我们设想的大学城，如果是一所举世闻名的大规模学府，对出版商就会有很大吸引力，尤其是学术出版商，因为大学教师和科学家需要撰写和出版书籍或期刊文章，以此作为他们教学、研究的自然成果。而在众多出版机构中当然少不了大学出版社，"大学出版社"这个名称象征某种特别的身份地位，大学是"教育、宗教、学习、研究"的中心，学校自身的功能决定了出版社是学校的一个自然组成部分（剑桥大学出版社将于下文进行讨论），出版社负责出版校内学者的论作，或甄选的部分校外学者作品，并将这些作品提供给学术界。大学出版社拥有自身的声誉、掌握特别的技能、代表特定的利益，这些特点让出版社拥有优势，从而吸引校外学者投稿。

时下，世界各地都有大学出版社，但这些出版社的起源都得追溯到英国剑桥大学出版社和牛津大学出版社。印刷术发展初期，剑桥大学和牛津大学就已经设立了出版机构，这两家出版社是那时仅有的两家学术出版机构，出版社一直都由学校掌管和经营，所有权和经营权从未变更，且保存有所有的出版记录，其他大学出版社都是按照这两家出版社的模式来建立、经营管理。下文将概述剑桥大学出版社的历史，该出版社于1534年获得皇家特许状，自1584年开始印刷和出版图书。牛津大学出版社在1585年开始印刷和出版图书，1632年获得皇家特许状，因此就书籍印刷和出版时间而言，剑桥比牛津早了一年。全世界所有的出版社中，以经营权、所有权、名称（均属于剑桥大学）从未变更，印刷出版工作未间断作为评判标准，剑桥大学出版社可以说是英语世界最古老的印刷出版社。

出版社的发展经历了极其漫长的过程，节奏时慢时快。出版社最初只是一个小型印刷厂，由特许的印刷师管理，印刷师在规定时间内为学校工作，并被称为"某大学印刷师"。经过漫长发展之后，出版社现在已变成一个大型国际化印刷出版机构，有专业员工，但仍由大学管理。在不断发展的过程中，出版社也进行了自我革新。在任何既定的时间段内，历史学家都可以找到属于那个时代的宪法、技术、产业结构和交易方式。显然，历史学家如果追溯到印刷史初期，他们会发现印刷术的发明是一个转折点，它的出现让书籍交易方式发生翻天覆地的变化，书籍交易方式并不是在印刷术发明之后就立即发生变化，而是在之后的几十年里慢慢变化。同样，19世纪初期，蒸汽驱动铁压机的引入让印刷速度和产量得到极大增长；19世纪后期，普及教育和国家考试制度让公众阅读量和受教育公众数量大幅增加，从而给出版方式带来新的要求。迄今为止，印刷术经历了两次技术变革，首先是机械排版的变革，其次是从老式金属印刷到计算机辅助照相排版的变革，这两次变革让印刷术发生了翻天覆地的变化。因此，就技术而言，现代印刷术和15世纪50年代古登堡在德国发明的印刷术已有天壤之别，如非得找个共同点的话，那就只能说这两种印刷同样将墨水转换为纸张上的字了。

随着这些技术发展和社会变革，图书贸易机构也发生了变化，这些变化导致了上文第一段中提到的机构专业化。但这类历史的有趣之处在于典型的英式稳中有变。现在英国也仍有一些从事出版工作的文具商和书商，剑桥大学出版社的历史始于文具商，他们同时从事图书装订和销售工作，后来慢慢发展成印刷商，最后发展成为我们现在所熟知的出版商。

出版社持续发展变化的历史中，争论点在于：出版社到底是何时开始创立的？有充分理由可以说明剑桥大学出版社当前的经营模式"真正创立"于 1976 年，那一年出版社作为慈善机构的身份得到正式认可；抑或始于 1981 年，当时学校决定用新规定来约束出版活动，以此彰显学校地位，并重新修改学校对出版社的管理条例。但是，这两个关键事件是根据历史记录和现存出版记录分析得来的结果，也仅仅只是出版社发展史中的一个基本阶段。换个角度来说，在古登堡发明印刷术之前，书籍就已经存在很长时间了，而大学以某种方式控制了与书籍有关的交易活动，所以出版社的悠久历史可能也只是某个机构更为悠久的历史的一部分。但在印刷术发明之前是不存在书籍印刷的，因此 16 世纪初自然就是一个转折点。16 世纪初期，英国引进了印刷术，进口了一批欧洲异教印刷书籍，但因为当时的政治和宗教动荡，这些东西最后都被烧毁了，而史学家自然会从这段历史中寻找到一些蛛丝马迹，以此推断出版社创立的时间。1534年，亨利八世授予剑桥大学皇家特许状，这是剑桥出版社历史中的第一个重要日期，而学校后来的一系列印刷出版工作正是基于此特许状得以开展。如果我们想要知道更早之前的历史，想要了解出版社的先驱，那就需要从早期的文具商和剑桥大学的第一位印刷商开始着手，这些人与学校中世纪时期的图书交易有一定的联系，但这就要追溯到 13 世纪剑桥大学成立初期了。

2　先驱者：文具商和席勃齐

　　剑桥大学成立于 13 世纪初，成立伊始学校的一批学者就想要组建新团体机构，以获取和维护某些特定权力。反对方有两个：一个是以市政当局为代表的机构，几世纪以来市政当局一直掌管政策事宜和物资供应相关的重大事项；另一个则是主宰人们精神世界的教会当局，即伊利主教。然而，主教很快就同意将学校纳入自身职权范围之内，但学校与市政当局的冲突却一直持续到 19 世纪晚期。

　　与市政当局的冲突主要集中在大学供货商的身份地位问题上。印刷术发明之前，与中世纪所有大学一样，剑桥大学需要制定正式条款来规定书籍手稿的供应，这些书稿为"各学院"老师给学生讲课和念书时所用。书稿交易由文具商组织进行，学校允许一些文具商在校内售卖书籍，并在校内居住，他们作为学校的一员，受学校保护，同时也受学校约束。

　　据现存资料记载，剑桥大学的书籍交易最早始于 1276 年，交易权由伊利主教宣布授予，主教宣布："只为学者服务的作家、绘图者、文具商"不受他管束，而由学校管束。因此，学校很早就取得了书稿交易权。1408 年，教牧人员代表会议法令承认此项，此外，该法令还处理了威克里夫特（Wyclifite）的异教问题。那时神学问题与政治问题密不可分，威克里夫特曾在牛津大学任教，他在自己的学说中威胁要撼动教会、国家和大学的地位。在高校管理中，如果一所大学出现问题，中央政府只会加强而不会想要削弱高校的权力。法令规定，各大学各学院不得使用威克里夫特的书，只能用已通过教会或学校审查批准的书。这些书会分发给各高校，并由学校管理者分发给文具商印刷，文具商再将这些资料进行整理归类，而书稿原件则永久保存于大学的书柜中。

书籍的授权和审查是同一枚硬币的两面，再自然不过的事但当权者关注的问题和学者们关注的问题存在一定联系，这有点让人惊讶。学者们关心课本的准确性（保存在大学书柜里的盖印文本，可以用作样本进行复印，还可以用作书籍副本的对照版），关心大量书籍的保存问题（因为拥有一定量的存书意味学校可以开办图书馆），而这些最终会让学校拥有一定的图书版权资源。事实证明，如今学术涉及的所有问题都曾与教会和国家相关。

1502 年，学校和市政当局在书籍授权和审查上的矛盾得到解决。经过一次争论之后，双方达成以下协议：

> 该校学生和学者专用区域、大学的宗教场所里的所有教区执事、所有伙食承办商、厨师、各学院和旅馆管理者、洗涤匠，所有药剂师、文具商、画匠、抄写人员、羊皮纸造纸商、书籍装订商、内科医生、外科医生、理发师、从事上述所提及职业的所有人员，或在初次来到城镇中从事上述职业的人，应被视为该大学的普通牧师和雇员，他们在使用这些领域的服务时拥有和学者一样的特权。上述所有人员，即该大学的学者、学者雇佣人员、普通牧师，而非其他人员，应享有一定的职权。
>
> 库珀，《编年史》（Annals）第一卷，第 262 页

签名中，有国王学院的洗衣工、大学的泥瓦工贝莱、外科医生鲍文、啤酒商诺顿、彼得学院的理发师以及几名伙食承办商，还有

一位叫盖瑞特的文具商（可能是某个团体的代表人）。

到此，许多问题都得到了解决，尤其是由谁来管理纪律或维护治安、谁来收取手续费和税收、谁来监督服务费收取等问题。此前，大学已负担有确保校内学者所写、所用、所教内容符合国家教会的教义的职责，而为此，学校那时也将这些管理事务包揽到自身职责中来。

文具商尤其需要从其所属的同业公会以及他们生活和工作的大学机构中获得一定身份地位。贸易协会和大学共同履行以下职责：一、规范书籍交易活动，监督书籍价格，组织交易入门和培训工作、规范工作条件和促进行业进步；二、对国家负有最终的责任，要维持良好秩序、倡导虔诚生活和维护国家和平。正如监管书籍授权和审查预示了当代的一些理念，交易组织预示了雇佣和工会方面的立法。

1502 年，学校与市政当局签订的契约具有一定的时代色彩。学校实际上是在向市政当局表明"学校助理"（与现在的叫法一样）以及学术资料主要供应商都有学术机构成员的身份。在"文具商"一词之后，出现了许多与书籍交易相关的术语，其中包括了一些专业术语，如："画匠"（limners）——现在所谓的绘图员或插画师，"抄写员"（scriveners）——根据相关文档誊写修订本或书写法律文稿的人。

剑桥大学特定的所有书籍贸易商中，第一个有记载的是一位羊皮纸制造商——校排人威廉（William Pergamentarius），据记载他于 1314—1315 年期间居住在剑桥大学。记录显示，威廉·德·内斯费尔德（William de Nessfylde）是 1309—1310 年的"文具商"，约翰·哈迪（John Hardy）是 1350 年的"大学文具商"。

从很早的时候开始，文具商就有一种特定的大学职能，这和他们知晓的图书交易不同，但又与之相关。作为书籍交易者，他们最珍视书籍的价值。印刷术出现之前和之后的很长一段时间，书籍是具有高价值的财产，那时购买一本书相当于购买一件耐用消费品，是一笔大开支。乔叟笔下的学士有一个梦想，那就是能拥有 20 本书，而在 16 世纪，一个规模庞大的图书馆通过遗赠和其他方式获得的图书也只不过 200 到 300 本。书籍因为价值珍贵而被用作抵押品。那时，学校的入学制度要求学生必须向学校缴纳"保证金"，保证他们会按期待在剑桥大学，并参加考试，或找担保人为他们担保，这个制度一直沿用到了 20 世纪。贫困生们没有钱，他们会用书来作入学抵押，或用书来借贷款。文具商对这些书进行估价后，再将它们存放于学院或大学的书柜中，最后学生可支付一定的费用将书赎回。如不赎回，学校会把这些书卖掉或存入图书馆。因此，文具商的其中一个职能就是经手这项交易，这让他们处于学校财务和纪律中心地位。毫无疑问，文具商也会珍视那些已逝学者们遗赠的书，今日也是一样。他们穿着特殊的学术长袍，以显示文具商的身份，并履行自己的职责，且从学校领取相应工资：通常是半马克（6 先令 8 便士，三分之一英镑）或 1 马克。但他们的收入主要源于出售或出借书籍，制作羊皮纸、墨水、装订书籍等。他们也充当中间人，组织运用这些技能，并指导其他人将专家们的作品装订成手稿书，再将这些书籍卖掉；就这方面职能而言，他们就是后来的书商和出版商的先驱。

从学校成立到印刷术发明前的这段时期，学术发展和宗教改革基本上没有发生变化。学生按传统课程上课，这些课程基本没有改动。与现在的教育体系比起来，那时的教育体系更"口头化"。讲座是那个时期唯一保留到现在的教育形式：中世纪的讲座更像是读书。那些不识字或没有书的人通过听学者读书来了解书的内容，学者在念书的过程中会停下来为学生解释书里的内容。课程结束时，学生不用笔试；而需要用拉丁语与能力相仿的学者进行一次技巧性的公开辩论，这些辩论被贴切地称为"陈述"和"反驳"，这一惯例在 18 世纪学校参议院开始实施考试制度之后才结束。

尽管教育主要以口头形式为主,但必须以书面文字为基础,书本具有最终的权威。学校文具商会提供标准教材,这些教材包括伦理学、自然哲学、语法、逻辑学、医学、历史、神学和教会法规以及民法等。这些材料并不是华丽的彩绘手稿,而是以最便宜的方式制作出来的简易手稿副本;有些优秀的贫困学生通常会从文具商那里租借书来自己抄写。

于英格兰而言,印刷术最重要的一点是它发明于距离遥远的其他国家。印刷术于 1450 年在德国发明,并传播到意大利、法国、荷兰、比利时、卢森堡。1476 年印刷术才传到英格兰,彼时,在欧洲的印刷贸易中心,印刷术已较为发达,且开始与欧洲兴起的新知识运动联系起来。这意味着在印刷术未传入英格兰之前,英格兰人只能在国外学习印刷技能,因此英格兰第一位印刷商卡克斯顿(Caxton)、牛津第一位印刷商西奥多里克·鲁德(Theodoric Rood)和剑桥第一位印刷商约翰·席勃齐(John Siberch)都在科隆学习了印刷术。重要的印制学术书籍主要靠国外进口,技艺精湛的印刷商当然也是外国人,与印刷商相关的凸模雕刻工、铸字工人等工匠也是外国人。

正如新的知识最终会对大学研究产生影响一样,新技术也对文具商产生了影响。欧洲距离剑桥最近的地方是法国、荷兰、比利时,这些国家的大型贸易港口和贸易金融中心为英格兰与德国、中欧国家的贸易往来提供了渠道,通过这些渠道,国家之间互相影响,但英格兰一般作为受影响方。作为一个岛国,英格兰一直都有自己的大陆贸易,包括知识贸易。手稿书在印刷术发明之前就已经传到了英格兰,很多外国商人拥有英格兰居住权,他们住在伦敦和英格兰其他地方,这些人中有许多人从事书籍买卖。但印刷术的出现改变了书籍交易多层级互相依赖的关系。拉丁语作为学术语言,为英格兰和欧洲其他国家带来很大的好处,因为用拉丁语印刷的书籍可以在现今的德国、瑞士、法国和荷兰地区销售,而用本国语印刷的书籍则只能在国内销售,更确切地说是在印刷当地销售。

因此,在 15 世纪末和 16 世纪初,英格兰有许多外国来的文具商,剑桥的文具商有可能是佛兰德人、荷兰人、德意志人或法兰西人。他们与发达的学术印刷中心保持联系,因此对学者来说,他们很有用处。学术书籍由欧洲腹地的学术印刷商们印刷后,顺着德意志和荷兰的大河运而下,经过比利时北部的安特卫普港口进入英格兰。进入英格兰后,船只直接驶往沃什湾,再沿河而上驶往剑桥,剑桥当时是一个港口。

在早期,最实惠的书籍运输方式是将纸张捆成包,或卷起来密封进桶里运输,因此运到英格兰的书籍大多都是未装订的纸张。个人订购的书籍会在成交地点装订;书籍价格昂贵,一本书通常要经历几代读者传阅(如大学图书馆的书籍),因此装订书籍的目的是为了这些珍贵的书不易磨损,经久耐用。书籍最初使用木板来装订,封面上再盖上一层皮革。剑桥最早的装订商会在封面上压或印上一些标记,以便人们通过这些标记来识别他们的书,其中有三位是通过名字为大众所知晓。这三人都是住在剑桥的外国人,需要说明的是,他们的名字传到现在已经变成了很多版本,本书选取其中一版。加勒特·戈弗雷(Garret Godfrey,即上文所说的盖瑞特文具商)和尼古拉斯·斯佩林格(Nicholas Spierinck/Sperynge)是荷兰人,他们在剑桥居住了很多年。还有一位叫约翰·范·拉尔(Johann van Laer/Lair)的文具商,来自科隆附近的西格堡,他恰巧也是印刷商,他带着印刷装备来到了剑桥,成为剑桥的第一位印刷商。在这里,人们叫他约翰·席勃齐。

戈弗雷和斯佩林格先于席勃齐来到英格兰,并在英格兰待了更长时间。事实上,用现在的话说,他们已经加入英格兰籍。戈弗雷作为装订商的历史可追溯到 1499 年,而在现存的几份记录中,他的身份是文具商。他于 1516 年和 1521 年被任命为大圣玛利亚教堂的教会执事,1539 年逝世并葬于此地,由此可以推断出他可能在这附近工作和买卖。作为一位生意持续四十年

之久的商人，其在事业上可算功成名就。由他装订的书有 200
多本遗留了下来，他当时应该还雇用了其他人为他工作。

斯佩林格要稍微年轻一点：关于他的第一条记录是在 1505
年 6 月，他也是大圣玛利亚教堂的教会委员，并于 1545 年 6 月
葬于此地。这两个人在欧洲文化史上占有一定地位，因为他们
是伟大的人文主义学者伊拉斯谟（Erasmus）的同胞，他们认识
伊拉斯谟，伊拉斯谟可能也是因为他们才来到了剑桥。1511 年
至 1514 年间，伊拉斯谟来到剑桥，其间他没有住在王后学院，各
种迹象表明他那时可能住在戈弗雷家，因为他在 1516 年到
1525 年的书信中都亲切地提及戈弗雷。

这些文具商中，还有一个人的名字流传了下来——西格·
尼科尔森（Segar Nycolson），尼科尔森也是荷兰人。他比戈弗
雷年轻，应该是外来移民的后代。他曾是剑桥大学的学生，在
16 世纪 20 年代时领取冈维尔学堂（现剑桥大学冈维尔与凯斯
学院）津贴。那时欧洲宗教改革刚刚兴起，1517 年，马丁·路德
（Martin Luther）以学术争论的方式在维登堡大教堂的大门上
张贴出了《九十五条论纲》，1522 年，他翻译的《新约》面世。冈
维尔学堂因异端邪说而闻名，诺威奇的尼克斯主教（Bishop Nix
of Norwich）说："那是剑桥的一所学院，叫冈维尔学堂，由诺威
奇的一位主教创立。近来，我的神职员中没人与这个学堂的任
何事物有联系。"尼科尔森一生都在饱受煎熬，他先是目睹自己
的书被付之一炬，再看到朋友葬身火刑。据福克斯（Foxe）说，
尼科尔森因赞成宗教改革而为人所知，1529 年，他因存有路德
派的书而受到监禁，被残忍对待，并被迫发誓放弃自己的信仰。
剑桥的 16 世纪 30 年代和 40 年代是一个英雄的年代，也是危险
的年代。如果你走进皮斯山（Peas Hill）附近的圣爱德华小教
堂，你会在美丽的教堂里看到典雅的橡木讲道台，拉蒂默
（Latimer）曾在这个讲台上讲道。1823 年之前，有一家客栈，名
叫"白马客栈"（the White Horse），位于现在的国王大道圣凯瑟

琳学院和国王学院新楼处。客栈后边有一条隐蔽的小道,叫长笛巷(Flute's Lane),剑桥的路德宗教友们经常沿着这条泥泞的小巷偷偷进入客栈举行集会,客栈也因此有了"德意志"这个绰号。比尔尼(Bilney)是这个团体的中心人物,后来惨遭杀害。科弗代尔(Coverdale)、弗里特(Frith)和廷代尔(Tyndale)的助理是教会的成员,廷代尔本人当时在剑桥,他或许也有参与这些集会。尼科尔森也是这个团体的普通一员,而这个团体的关键人物是一位从事图书贸易的荷兰人——他为教会提供书籍,但这些书很快成了禁书。

1520 年,路德被罗马教会定罪,并逐出教会,他的书因此难逃被烧毁的命运。焚烧仪式在大圣玛利亚教堂的西门前举行,看着书被烧毁,那些同时身为文具商的教堂委员心里五味杂陈。学校学监给了负责烧书的副校长两先令,用作烧书事宜以及购买饮品的花费。显然,路德的书并没有全被烧掉,尼科尔森作为一个书商,藏有一些路德的书,那时他应该意识到了这些书籍会升值,这稍微给了他一些安慰。1521 年 5 月 12 日,伦敦圣保罗主教座堂也举行了一场类似的焚书仪式,这场仪式的标志是枢机主教费舍尔(Fisher),当时的剑桥大学校监,在上议院发表了演讲。那时,费舍尔宣布了天主教的统治地位以及它与王室的联盟,但后来他本人却因拒绝承认亨利八世至高无上的地位而殉道。这事多少有点讽刺,但更多的是悲哀。1535 年,费舍尔在伦敦塔的塔丘(Tower Hill)被处以死刑,都铎王朝的五位剑桥大学校监中,他是第一位被处以死刑的校监。但他在 1521 年发表的那场演讲被翻译成了拉丁文,并在剑桥印刷,这是剑桥印刷的第一批书籍之一;印刷商是约翰·席勃齐,身为德意志人,席勃齐认识伊拉斯谟,他自己可能也有一些新的人文主义思想。

约翰·莱尔,通常叫约翰·席勃齐,来自西格堡,现在已经为众人所熟知。西格堡是科隆东南部的一个小镇。席勃齐的父亲是一位富有的羊毛织工，拥有自己的产业，是西格堡的议会议员。1492年，席勃齐16岁，被科隆大学录取。他最初应该是打算从事圣职，在小品圣职中做个牧师，这类牧师可以自由结婚。后来他结了婚，他的妻子有四个兄弟，都是印刷商，他们分别在科隆的阿尔诺德（Arnold）和弗朗茨·比克曼（Franz Birkmann），在比利时安特卫普的约翰内斯·格拉布斯（Johannes Grapheus），和在比利时卢万的瑟韦斯·范·扎森（Servaes van Sassen）。正因如此，席勃齐接触到了书籍贸易网络。科隆和英格兰的书籍贸易通过安特卫普港连接，比克曼在英格兰圣保罗大教堂庭院里有一个分店，这里后来成为英格兰大都会图书销售中心。席勃齐似乎成了家族企业的商务代表，他不惜从科隆去往遥远的莱比锡城——欧洲主要书市所在地。作为一位书商，并代表着有一定地位的书籍贸易世家，他在莱比锡城见了许多知名作家，还遇见了剑桥人文主义学者——理查德·克罗克（Richard Croke）。1511年，克罗克在科隆、卢万、莱比锡和德累斯顿教授希腊语，并在巴黎会见了伊拉斯谟；1518年回到剑桥后，成为国王学院的院士和希腊语准教授，1522年成为公共演说家。为了让学习希腊语的学生有教材看，他编写了一本初级希腊语入门读本，这本书的第二版由席勃齐出资，于1520年在科隆印刷。席勃齐来到剑桥时，可能带了这本书，他那时想把这本书复印之后卖给克罗克在剑桥的学生、听众，以及伦敦的书商。因此，席勃齐来到剑桥可能是因为克罗克的提议，而不是因为学校的关系。

可以断定克罗克有意在剑桥进一步发展新学问。伊拉斯谟多次拜访剑桥，并在剑桥居住，这让人文主义在剑桥有更多威望并成为该主义在剑桥发展的第一动力。他在剑桥有一些朋友和支持者，他们都是剑桥的人文主义者，现在他们担负起了在剑桥发展人文主义的重任。除了克罗克，伊拉斯谟的友人还有王后学院的院士亨利·布洛克（Henry Bullock）、国王学院的罗伯特·奥德里奇（Robert Aldrich）和约翰·布莱恩（John Bryan），还有他自己的助手托马斯·鲁普赛特（Thomas Lupset）。但不止这些人，伊拉斯谟在他的信件中还提到了其他人，并问候他们，这些人对人文主义都颇有兴趣。这些人了解欧洲腹地的文化，他们认识到印刷对知识传播的重要性，其中必然也有人意识到剑桥大学要在知识界占有一席之地，必须要有自己的印刷商。显然，没有哪个知名的学者印刷商会愿意离开巴塞尔、科隆、安特卫普、卢万或巴黎。他们虽然想在英格兰卖书，却没有理由在那里设立一个附属印刷厂。但克罗克的印刷商席勃齐，似乎在剑桥有些人脉，也有时间和精力。1520年，45岁的他携妻儿来到剑桥开始了他的事业，随之带来的还有一些书、印刷材料、必要的字体（这些在剑桥都没有）。

席勃齐在剑桥大学的身份不太明确，也有待商榷。伊拉斯谟在一封1525年的信中提到了席勃齐和其他所有的书商（bibliopolas）。按照一般的说法，席勃齐应该是一名文具商，或者从某种意义上来说也有可能是大学文具商，1534年前，文具商在是一中很宽泛的称呼。而他确实从剑桥大学借了一笔贷款。学校那时的采购台账和审计台账都有记录显示大学借给他20英镑（这在当时是一笔数目可观的资金），他第一次借这笔钱时，学校一些有名望的人给他做了担保，后来账目翻新，担保人的名字也发生了变化。

根据拉丁文账目的详细记录，曼费尔德博士（Doctor Manfeld）代替了诺瑞斯硕士（Magister Norres）成为这笔贷款的担保人，席勃齐在账目中的名字是书商约翰（Johannes bibliopola），这更加说明了席勃齐是一名书商，而不是史无前例的印刷商。学校借钱给他也让他的身份更加模糊，因为这说明学校在某种形式上认可他、支持他，但并不完全接受他。

有记录记载了席勃齐工作的地点（那时大多数商人住在店里）。他在一处名为"国王之军"（King's Arms）的廉租公寓里工作,公寓位于一条两侧都是房子的小巷里,后来这个地方被拆除,变成了凯恩斯学院树庭的三一街。这里离大圣玛利亚教堂的距离不到一百码,戈弗雷和斯佩林奇当时是教堂委员,这说明那时剑桥的图书销售区就在当时的高街附近,也就是现在的三一街。有时,席勃齐会将王室纹章印在他印刷的一些书籍上,作为他印刷商的身份标识,廉租公寓的名字或许是他这么做的原因之一,但如果只有这个原因,他可能不敢这么做;他还在使用了"因为恩典和特权"(cum gratia et privilegio)这一措辞,这可能意味着他得到伦敦当局某种形式的保护,并在剑桥得到某些赞助。极少有人在首都伦敦以外的地区从事印刷工作,当时如此,后来亦如此,伦敦文具商一直讨厌来自地方的竞争,而且任何时候政府都倾向于将印刷工作集中在伦敦,这样更便于管理。席勃齐在图书交易方面经验丰富,他知道在剑桥这样的小镇出售完整版书籍是完全不可能的。他必须能够在伦敦出售书籍,建立自己的身份并保护自己的版权。而现在已经无从知晓他在自己印刷的书籍封面上留下的那些标记有多夸大其词,但他这么做是有原因的,要么是因为他自己的印刷业得到了有力的保护,要么是他没有明确的身份地位。

席勃齐一直没有偿还这笔贷款,1971 年,学校出版社把这笔贷款销户,就此这笔 20 英镑的借款就此了结,无利息,无通货膨胀补贴。直到 1553,这笔贷款一直记录在学校的账本中,后面几年的记录曾两次将席勃齐称为"外国教士"。那时席勃齐早已经回到了德国,他于 1523 年末或 1524 年初离开剑桥,而他的妻子已经在英格兰去世。据说他于 1526 年在西格堡参与了一场家庭法律诉讼,并接受了圣职,一直居住在西格堡,后于 1554 年逝世,享年 78 岁。学校后来的账目不再记录席勃齐的这笔贷款,主要原因是席勃齐现在已经无处可寻。布洛克已于 1526 年去世,原始担保人有些要么已去世,要么已离开,其他担保人也不太可能赔偿这笔贷款。

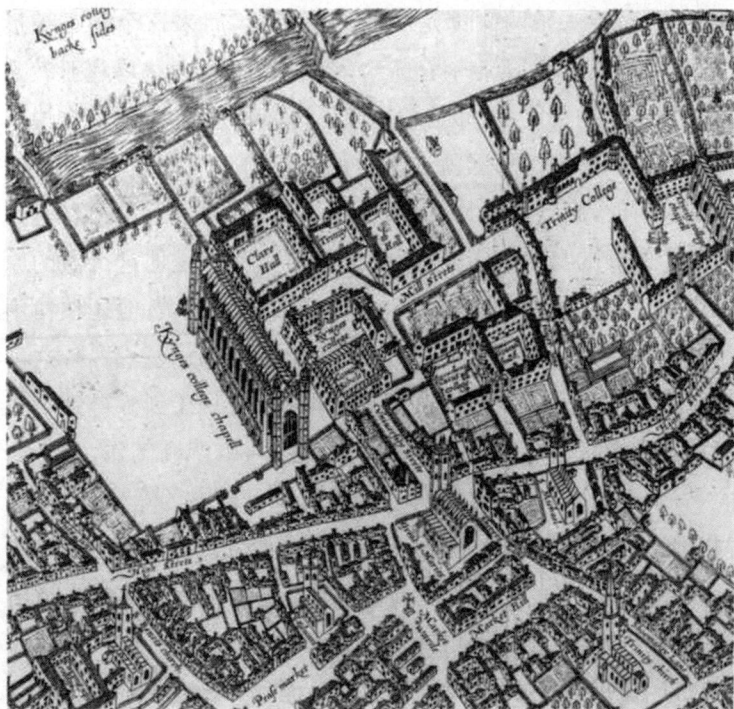

1592 年哈蒙德的剑桥局部地图。席勒齐的住处和商店在原来的高街或高街附近，即现在的三一街，这个地方现在是岗维尔和凯恩斯学院的树庭。托马斯·托马斯后来在大圣玛利亚教堂对面工作。17 世纪，巴克（Buck）开始在谢勒巷（Sherer's Lane）和休梅克巷（Shoemaker's Lane）中间的市场上印刷，后搬到修道士奥斯汀（Austin Friars）的老房子，图片边上圣体学院的对面。老白马客栈（Old White Horse Inn），即"德国人"，在靠近高街与普洛特和努特巷（Plott and Nuts Lane）的交界处

    E.P. 戈尔德施米特（E.P. Goldschmidt）对席勒齐的印刷和出版做了分析，认为他采用了一种编辑策略（现在的说法）。他出版的书应该不多，因为他只在剑桥工作了几年，并且他可能只有一个印刷厂。当时剑桥没有人掌握印刷技能，因此他必须带上自己的工匠，而且他带来的工匠人数可能不多。1523 年，一项新规规定外国印刷商只能雇用英格兰学徒，雇用的外国工匠不得超过两名，众多原因中，极有可能是这条新规迫使他离开了英格兰。在 1523 年，学校还没有权力任命自己的印刷商，不能

保护他免受这条法律的约束。

　　总的来说，他以罗马字体印刷了十部书，以黑体字(旧的"哥特式"字体，也被称为"英语体")印刷了两部书和一些宽边纸张单面印刷的作品。那时，在其他大学，一群有远见的人在追求新文化，但遭到同校多数保守派的反对，因此他们邀请印刷商开一个书店，为他们提供需要的书籍，可以说罗马字体印刷的书构成了这些人文主义者们的主要用书。在其他地方也出现这种情况，但这种需求往往是短暂的，书店最终会因为经济或政治压力而无法继续维持。剑桥尤为如此，剑桥远离贸易中心，还面临着伦敦商人的敌对，成功的概率从一开始就很渺茫。

　　席勃齐在商业出版上并非没有精明之处，例如：他出版了伊拉斯谟关于书信写作的第一版手册——《信件书写》(*De conscribendis epistolis*)。伊拉斯谟在欧洲享有盛誉，是历史上第一位畅销作家，因此他的书销量大，销售范围广。这个手册印刷未得到伊斯拉莫授权，席勃齐没有考虑伊斯拉莫本人的感受，他的这种做法惹恼了伊拉斯谟。他还出版了莉莉和伊拉斯谟的小语法教科书《关于八种词性》(*De octo orationis partium constructione*)，这成为当时的标准教科书。这两本书具有良好的商业前景，并有一定的"销路"。他最早出版的是亨利·布洛克的《演讲》(*Oratio*)，这是沃尔西(Wolsey)访问剑桥时布洛克发表的演说，言辞优美凝练，体现了布洛克身为学者具有外交官的潜能。这本书可能是布洛克自己出钱印刷，以便他能把印刷版拿给有意向的赞助者或其他有影响力的人，这次印刷席勃齐不但没有花费分毫，反而赢得了声誉，让人们知道他与人文主义者的领军人物有所往来。布洛克的另一本出版书籍是他用拉丁语翻译的琉善(Lucian)的《神话集》(*Dipsades*)，这本书的修辞手法可能与文艺复兴时期的读者喜好相符。这本书标题中的希腊语文字，用正宗的希腊字体进行排版，布洛克引用的几行希腊文字也进行了希腊文排版，这成为英格兰第一本使用活动希腊字体印刷的书,正因如此,席勃齐在另一本书上写下这句话:"英格兰第一位使用两种语言的印刷商"(primus utriusque linguae in Anglia impressor),两种语言即拉丁语和希腊语。拉丁语为当时学界的世界语言,希腊语为新人文学术语言。

席勃齐出版的书中,有两本是具有实质意义的。托马斯·林纳克(Thomas Linacre)将古希腊名医盖伦的医学典籍《论气质》(De temperamentis)翻译成了拉丁语,席勃齐出版了第一版拉丁译本,这是当时的医学基本资料。他还印刷了一篇有趣的原创作品《赫尔墨典娜》(Hermathena),作者笔名为帕皮瑞斯·杰米纽斯·艾利艾特(Papyrius Geminus Eliates),现在人们认为这是托马斯·埃利奥特爵士(Sir Thomas Elyot)的化名,这本书也有一些希腊语引文。

这十本拉丁语的书当然用的是罗马字体印刷,说"当然"是因为人文主义者认为新字母形式更适合新文化和纯净的拉丁语,通过这种方式,让欧洲趣味高雅的读者也能看到新字体。对于印刷语言为英语的书,席勃齐用的是哥特体进行印刷,这些书主要针对多数普通大众,主题包括:趣事、洪水预言、世俗诗歌。这些书的销量可能更好,人们更倾向于购买这类书籍来看,互相传阅,书也在这种传阅过程中变得七零八碎,如今这些书只余零散的碎片(例如,有些粘在当代书籍的镶边上,被当成废纸,胡乱丢弃了)。我们也许会困惑,席勃齐本可以多印刷这类书籍,这些书会比学术作品更好销售,可以让他的生意做得更长久。但学术印刷是他的骄傲,是他存在的理由,在学术书籍的扉页上,他印得最多的就是这些拉丁语:"in praeclara cantabrigiensi academia"(剑桥知名学府)"in alma Cantabrigia"(于剑桥)、"apud praeclaram Cantabrigiam"(于美丽的剑桥)。历史学家可能认为约翰·费舍尔的演讲清楚地说明了事情走向,费舍尔先后担任过枢机主教、罗切斯特主教和剑桥大学校监,而在马丁·路德作品的焚烧仪式上,这篇演讲稿的印刷版一并被掷入火中。

而这只是宗教改革的开始,先是亨利八世时期,费舍尔等老一辈的英格兰天主教徒因抵制王权而殉难;再到玛丽一世执政时期,新教徒惨遭迫害;最后再到伊丽莎白一世统治时期,不服王权的天主教徒和清教徒遭遇极端的改革。1535 年,费舍尔遭到处决,16 世纪 40 年代到 50 年代期间,大批清教徒惨遭迫害。1531 年到 1558 年间,剑桥大学有 25 人死于殉道。玛丽一世统治期间,约有 90 名剑桥大学知名人士被流放到欧洲,这些人大多是各学院资深成员。1556 年立圣餐日那天,剑桥的耶稣草坪(Jesus Green)举行了一场焚烧仪式,在这场大火中烧掉的不止书籍,还有国王学院的约翰·胡勒(John Hullier)。哈利·波特(Harry Porter)引用福克斯的书《殉道者》(*Martyrs*)讲述了胡勒被烧死的过程:

> 这个过程很漫长。那天剑桥风很大,火很难点燃,有火苗蹿到了他背上。他的朋友们让士官把火堆移到合适位置点燃,好让火从他脸上烧起。一个朋友为了让他免受太长时间的煎熬,给了他一袋火药,让他挂在脖子上,但这并没有奏效,因为他被烧死前火药都没有点燃。后面几个小时,他在熊熊大火中饱受煎熬,一堆堆书被掷入火中,偶然间,一本公祷书落到了他手里,他高兴极了,接住那本书,翻开,朗读,直到最后在大火和浓烟之中倒下。
>
> 哈利·波特,《剑桥都铎时期的改革和反动》(*Reformation and Reaction in Tudor Cambridge*),第 72—73 页

库珀从福克斯的书中摘录的一段内容表明,"给他火药"的人是"西格尔"(Seagar),人们只能猜测这是西格·尼科尔森,西格在悲痛和恐惧之中目睹了路德的书被烧毁、胡勒被烧死的整个过程。(我们猜测)尼科尔森的前同事约翰·席勃齐因为妻子的离世和振兴印刷事业的失败离开了英格兰,再加上不能雇用

外国学徒以及由于没有印刷商的官方身份，大学也不能给他提供帮助，他本人可能想到，欧洲的分裂会给他带来很多麻烦，不如回到自己的祖国。最后，席勒齐在自己故乡去世。

3 1534 年的皇家特许状及书商公会的创立

    出版社的历史学家将席勃齐称为出版社创始人,这结论下得过早,与后来的实际不符。1522 年至 1584 年间,剑桥并没有印刷业,印刷工艺在剑桥昙花一现后,便经历了漫长的停滞,直到 60 年之后才真正开始发展。简言之,印刷业真正创立于 1584 年,这之前,剑桥一直处于大学文具商的时代。如果把席勃齐当作像戈弗雷、尼科尔森、斯佩林格一样的特许外国文具商,那他的不同之处在于,他掌握了印刷技能,并且得到剑桥一众有影响力的人文主义者赞助,特别是得到克罗克和布洛克的支持去践行这项技能。文具商的贸易活动关系到学校的切身利益,学校有权管理这些贸易,而席勃齐的到来和离开没有从根本上改变学校的书籍贸易管理制度。文具商如果没有得到正式授权,也会得到学校认可,他们会穿着特别的学术长袍来表明其文具商身份,同时,他们因在学校履行了特定职责而得到报酬。但他们大多时候都在为自身利益忙活,他们认为自己在某些事务中对同业公会负有义务,也同样对学校负有义务。

    公会代表公会全体成员的利益,并可以制定有利于自身的法律。虽然外籍商人获准在英格兰以外国人的身份或本地居民的身份进行贸易,但公会尤其会监管这些人的贸易行为。1484 年的一项法案允许外国人在英格兰完全自由地从事印刷、装订和抄写贸易;也正因如此,1513 年前,英格兰只有 3 位本土印刷商,他们是卡克斯顿、牛津大学的托马斯·亨特(Thomas

Hunt)和一位来自圣奥尔本斯的匿名印刷商。英格兰反对让外国人主导本国的书籍贸易，于是在 1523 年颁布了一项法规，禁止印刷商招收外国学徒，并限制外国工匠人数，以发展英格兰本土印刷业。

1529 年，一项新法案禁止外国人在英格兰新办出版社，但已有的出版社可继续经营。同年，剑桥大学向当时的上议院大法官沃尔西（Wolsey）请愿，申请任命 3 名文具商的正式权利。同年，尼科尔森因非法持有路德的书籍遭受指控，当时廷代尔的《新约》已在德国出版了 4 年，这本书和其他禁书一起通过荷兰、比利时、卢森堡进入英格兰，随后，这些书籍被检举、搜查、缴获。毫无疑问，剑桥大学当时出于政治和宗教因素以及实际贸易问题而进行了请愿：

> 为对不当言论进行镇压，国王应该允许剑桥有 3 名书商，书商应立誓不引进或出售未经大学图书审查员批准的书，书商应为有声望、有地位的外国人（这有利于书籍选购），且应有特权购买外国商人销售的书籍。
>
> 库珀，《编年史》第一卷，第 329 页

几乎可以肯定的是，学校想要让当前拥有的权力得到认可，并制度化。剑桥的书商中有符合条件的外国人，其中两人是有名望、有地位的人，但另一人有异端倾向。显然，学校有权处理校内新教徒问题，并认为自己能处理好这个问题。现在，学校通过沃尔西向国王请愿，请求国王认可学校作为审查机构的传统权力，并在新形势下将这项权力固定为正式法规。

请愿没有立即获得批准，但最后还是成功了，而且获得的权力比请愿的更广。1534 年，《至尊法案》规定国王是英格兰教会最高首脑，费舍尔因拒绝承认英王的教会首脑地位而被判处叛国罪，并被处死。同年，一项新法案出台，整顿了印刷业，并废除

了 1484 年的法案，废除依据为："此前，英格兰的书籍数量和印刷商人数稀缺……如今，英格兰有大量精通印刷技术的行家，他们能够和任一外国印刷商一样娴熟运用印刷技能。"从那时起，外国商人只能把他们的货物廉价出售给英格兰本土印刷商或文具商，且不再进口任何精装书籍。为此，书籍零售权转交到了英格兰文具商手中，书籍装订也成为英格兰人的专属贸易。

1534 年 7 月 20 日，亨利八世的特许状以一种特殊的方式被授予了剑桥大学，使它免受一般法律约束，准许校监、院长和学者任命印刷商和文具商。特许状拉丁文原版见附录 I，以下为中文译本：

蒙上帝恩宠，英格兰、爱尔兰、法兰西国王—亨利八世，信仰的捍卫者，向所有收到此信的人致意。愿诸位知悉，我们代表自己及以后的继承者，通过特许和特别议案，通过本文件及颁发的特许状，授予我们获基督蒙爱的——剑桥大学的校监、院长、学者以特别恩典，他们及他们的继承者只要得到剑桥大学校监许可，有权指派、任命三名文具商、印刷商或书商，该权利永久有效，受任命文具商、印刷商或书商可以是国外出生的外籍人士或本国出生的国内人士，他们要持有住房，可为租用或自有，他们可以在剑桥大学永久逗留或居住。按照上述方式任命的文具商或印刷商（其中任何一人），均具有合法和无可争辩的权力，可在剑桥印刷经剑桥大学校监或其副手及三名博士已批准或今后批准的所有书籍；他们可在剑桥大学或我们领土内的任何地方，任何他们喜欢的地方，展出和售卖这些书籍，他们还可以售卖所有经校监或其副手和三位博士已批准或今后批准的其他书籍，不论这些书籍是我们领土内印刷或是在领土外任何地方印刷。（上文提及）任何外籍文具商或印刷商，只要在剑桥大学定居并从事以上职业，就应得到相应的尊重，在所有的事情上应该享受和我们臣民一样的待遇,每个人都应把他们视为我们忠实的臣民,他们每个人都应该被尊重、接纳、爱戴。他们有自由权,有权体验本国风俗,有权使用所有法律和享受特权,他们每个人都应和我们所有忠实的臣民一样自由享受这些权力。与我们本国臣民一样,他们需要支付教区税、杂税、佃租、关税以及其他税款,任何已制订、发布、提出的与此相反的法规、法案、法令或条例均为无效。始终规定,上述文具商或印刷商如为外籍人士(前提),其商品和货物运出或运入本国境内,须以外籍人士身份不定期缴纳各项相关关税、津贴和款项。此信件具专利权,以证上述事件有效性。亨利八世执政第 26 年,1534 年 7 月 20 日,于威斯敏斯特。

下图为剑桥大学印刷出版的皇家特许状,这是剑桥大学之后所有印刷出版活动的根基,也是 1583 年至 1963 年间学校与伦敦印刷商、出版商纠纷的法律依据。

亨利八世的皇家特许状。尽管特许状写于耐用的牛皮纸,但已存放在大学档案馆中 450 多年之久,其间管理不当,已受到较多磨损。带有国王画像的首字母未被磨损,第一行字仍然清晰可辨

为了处理某一特定情况中的难题而赋予某一机构以特权的法律文件，必然不适用于另一种不同的情况，除非得到修正或废除，否则就会引发文件使用范围和附带权力的问题。剑桥大学于1534年得到特许状，随即便任命戈弗雷、斯佩林格、尼科尔森为"居住在剑桥大学的三位文具商、印刷商或书商"。这一任命忽视了一个事实，即尼科尔森因持有异教书籍而与有关当局发生纠纷，而校监及其助手和三位博士因为受到另一条法令的制约不能正式批准这些书。但不难发现，学校里有超过三位博士秘密批准了这些书。尼科尔森代表的是向来在学校里很强势的新教，即后来的清教，在16世纪80年代发展成为剑桥的正教。同时，学校通过赋予校内主要文具商以特别的身份地位，将现有权力制度化，学校还将其书籍审查机构的传统权利合法化，从而免受中央（星室法庭、伦敦主教、坎特伯雷大主教）和地方当局——伊利主教的管辖。

这个做法带来了实际的好处。16世纪至17世纪，立法定期重申对出版的审查和控制。审查机构原则上应对所有出版物进行审查，但随着出版物数量不断增加，审查工作难度明显加大，伦敦印刷商发现自己要么等待数月才能通过审查，要么须冒着受到严惩的风险出版未经审查且可能会招致异议的书籍。可见限制和保护出版也是有利有弊。剑桥最终有了印刷商，印刷商们获准在特定的体系之下开展印刷工作，这个体系让他们承受更小的压力，且他们的版权在全国范围内得到保护（这点有待商榷）。皇家特许状赋予的权利为剑桥大学提供了版权保护，在当时的社会背景之下，这一版权可与同时期的其他版权相抗衡。

尽管特许状预见了文具商同时身兼印刷商的情况，正如席勃齐，但1534年之后的50年中，似乎再没有席勃齐这样的文具商出现过。之所以用"似乎"这个词，是因为与那段历史相关的记录很少，内容模棱两可，依据不足，并且50年是一段漫长的时间。对这段时期的历史，我们知之甚少，因此我们难以将事情说清楚,雷米吉乌斯·甘顿(Remigius Guidon)的故事就是最鲜明的例子。托马斯·富勒(Thomas Fuller)提到过一位叫雷米吉乌斯[法语名字雷米(Remy)的拉丁语形式]的造纸者,伊利主教托马斯·瑟尔比(Thomas Thirlby)在拜访查理五世的宫廷后,把雷米吉乌斯带到了剑桥。雷米吉乌斯曾经营了一家造纸厂,这家造纸厂于1559年租给圣体学院,之后改建成了一家玉米厂。造纸厂位于芬迪顿(Fen Ditton),通过推断可以知道它应位于纽马克特路那座漂亮的老房子处或附近,这座老房子现在仍叫造纸厂,不过由于长期疏于管理,已经闲置。1550年至1551年间,一位名为克里斯托夫·弗罗绍尔(Christoph Froschauer,1532—1585)的青年走访了伦敦、牛津和剑桥,并记录下了这段行程。在他的记录中,雷米吉乌斯的姓氏为"甘顿",从事另一项工作,且对历史颇有兴趣。这个年轻人在剑桥待了三天,遇到了来自洛林(法国东北部的一个地区)的雷米吉乌斯·甘顿,他在记录中写道:"雷米吉乌斯是一个技艺娴熟的造纸匠和印刷工匠。他说,在爱德华六世的宫廷中,他为国王和其他大臣们展示了造纸技术和印刷技艺,让他们了解造纸厂和印刷厂的真实情况,而他也因此成了钦定的剑桥印刷商。"但甘顿不可能在剑桥从事过印刷工作;有人可能会心存疑问,要知道印刷商们远在伦敦,用牛车都得走足足一个星期,那他为什么要在剑桥造纸呢? 他被授予的头衔可能与席勃齐自称的"为恩典和特权"(cum gratia et privilegio)而印刷有几分相似之处。但伦敦的印刷商不可能乐意接受外国人带来的更多竞争,剑桥当局和文具商也会认为他们的权力受到侵犯。显然,作者记录这个故事的本意是真诚的,但他可能误解了甘顿的话,又或许是甘顿虚构了自己的这些经历。

这段时期的宗教和政治矛盾让社会动荡不安,相关历史记录也较少。克里斯托夫·弗罗绍尔的叔叔是苏黎世一位伟大的学术印刷师,他在1550年印刷了一版迈尔斯·科弗代尔(Miles

Coverdale)翻译的英文圣经;同年,一版英文版圣经面世,采用进口纸张,并以伦敦印刷的起始页作为开头。小弗罗绍尔可能是因为他叔叔的事务来到了英国。1553年,玛丽一世继承王位后,立即在英格兰范围内停止所有圣经印刷,史密斯菲尔德的火刑也由此拉开了序幕。像许多剑桥人一样(其中一些人和弗罗绍尔一起住在苏黎世),雷米吉乌斯·甘顿可能因为这个原因离开了英格兰,这与30年前的席勒齐如出一辙。

1557年至1558年期间,伊丽莎白接任玛丽一世继承王位,这一时期发生了另一件大事。1557年5月4日,玛丽颁布了一项特许状,成立伦敦书商公会,1559年伊丽莎白在立法中进一步确认了书商公会的权利。1560年,书商公会成为英国贸易和金融服务业中的一个同业公会。君主作为教会和国家的首脑,必然要规范印刷业,以防止任何异教、叛国言论的出版。女王的做法是授予拥有垄断权的印刷商和书商团体合法地位,将印刷业务限定给定数的伦敦印刷商,并要求印刷商进行自我监督,否则将遭受惩罚或失去印刷权。这个制度相当有效,书商和印刷商们出于经济利益而采取了一致行动;公会自然也倾向于抑制部分成员的不当行为,这些人要么因为贪婪而侵犯其他成员的利益,要么因为太过理想主义而给自己和他人带来风险。

书商公会与过去的文具商公会组织极其相似。公会是一个统治集团,由一个会长、两个总监、多个会员和自由人组成,人数控制在100人左右。任何人想要进入该公会,必须先做七年学徒,一个自由人只能有一名学徒(一个公会会员可以有两名学徒)。事实上,一些以文具商和书商身份进行贸易的人过去是现在也还是其他公会的成员(其中有一个人就曾经是鱼贩子,因惹是生非而出了名,而有些人则在其他商品中夹杂着卖一些书,他们过去曾是杂货商和布商),但行业发展趋势是逐渐变为由单一组织主导的垄断贸易。在公会里,书商扮演企业家的角色,他们要么独资,要么以合资的方式印刷书籍,再将这些书籍在伦敦出售,或销往英格兰其他地方,通过这种方式他们掌握了更多的权力,获取越来越多的财富,这种现象在公会中日益明显。印刷商则等待书商提供印刷工作,这让他们处于被动地位,在经济上对书商的依赖越来越大,虽然书商这一称呼一直沿用到了18世纪,但那时的书商扮演的是现在的出版商的角色。

公会还成立了相关组织,供中央政府对异教和叛国言论的出版进行长期管理和控制。书籍审查人员仍是教会和国家当局;但公会实行了登记册制度,对每一份出版物进行登记,登记册的管理人员应确保每一份出版物均已得到相应当局的批准。这种做法使监管和版权保护的双重目的同时得以实现:稿件登记入册后,印刷商将获得该稿件唯一印刷权(无人竞争印刷权的情况下)。现代术语"版权"一词源于这个注册登记的程序:理论上,登记人带来其要印刷的稿件,并承诺不对内容做任何增减。稿件需要接受审查,以核实稿件是否已得到审查当局批准。书商或印刷商支付6便士注册费后,即可将"稿件""载入"登记册,版权随即确立,书籍版权从此属于登记人。

但是由于登记入册速度较慢,以及其他各种原因,这个体系很快就发生了变化。未经审核的稿件可暂时入册,但如果后期审查中发现任何问题,印刷商则需要从市场上撤回书籍,或承担其他后果。很多书籍,因为内容得当或不当,都有没有登记入册。但总的来说,这个系统运行得极其公正,它给公会的成员带来了不少好处。

都铎王朝授予特定个人特权,使其免受区域管辖权或其他个人特权的制约,这些做法导致了一些冲突和矛盾。例如,国王1534年授予剑桥大学特许状,显然是授予该大学及大学任命的文具商以先行权,由此让他们免受书商公会及其成员持有的一般权力制约。国王授予剑桥大学特权的主要原因是,大学要求以机构身份控制学校主要书籍供应商的活动;另一原因是剑桥大学作为古老的教学中心,自1408年以来,一直是出版的审查机构。王室也授予一些忠诚、乐于助人的个人以特权,还会以贸易特权作为奖励授予特定个人,而这些特权影响了书商公会普通成员的权益,尤其是那些穷印刷商。他们为了赚点小钱四处寻找有保障销路的书籍,他们不可避免地会盯上最畅销的书籍,比如圣经、祈祷书、教义问答书、圣咏、年历、幼儿教学书和《莉莉的语法书》(Lily's Grammar,席勒齐印制)等畅销书籍。如果任何私人或团体垄断了这些畅销书籍,那没有特权的普通印刷商必然就失去了市场上最畅销书籍的印刷权。每当遇到这种情况,普通印刷商就会进行抗议,守法的人则会诉诸法律,不守法的人则会在垄断者的眼皮底下印刷盗版。

16 世纪末,垄断者数量大大增加。如今那些喜欢都铎教堂音乐的人可能并不会憎恨威廉·伯德(William Byrd)和托马斯·塔利斯(Thomas Tallis),但是这两人出于个人天赋,垄断了乐曲印刷并控制了乐谱用纸。约翰·戴(John Day)有可能是那个时代最著名的印刷商,他拥有卡宁厄姆(Cuningham)的《宇宙望远镜》(Cosmographical Glasses)的唯一印刷权。他印刷的版本没有包含任何不当内容,这对于文明来说就是标准版;在当时,其他印刷商把这个版本算作"约翰·戴的版权"。威廉·塞里斯(William Seres)拥有印刷启蒙书和教义问答书的专利权,约翰·戴有印刷圣咏集和小册教义问答书许可权,理查德·托特尔(Richard Tottell)拥有印刷"所有普通法书籍"的专属权利,托马斯·马什(Thomas Marshe)和托马斯·沃特里尔(Thomas Vautrollier)拥有专权印刷一些畅销的教科书,亨利·伯恩曼(Henry Bynneman)有专权印刷各类编年史和词典,理查德·沃特金斯(Richard Watkins)有专权印刷历书和预言书,这些都让普通印刷商感到不安。普通印刷商和书商没有垄断权,无权印刷这类最畅销的书籍,这严重限制他们的商业发展前景。

另一种特权为皇家印刷商享有。王室为了确保官方法令得到正常印刷，于印刷史早期设定了皇家印刷商这个职位。1541年2月，安东尼·马勒（Anthony Marler）被任命为第一位皇家印刷商。1553年，玛丽一世任命约翰·卡伍德（John Cawood）为女王印刷商，授权他"印刷皇家所有法典、法案、公告、禁令和其他书籍，这些东西不论是已出版或未出版，不论是什么名称或标题，均用英语印刷"。伊丽莎白一世执政时期，卡伍德和理查德·杰格（Richard Jugge）成为联合皇家印刷商。如今，杰格仍有权印刷4开本的主教圣经（Bishops' Bible）和16开本的《新约》，他与其他印刷商达成协议，让他们自行对这些东西进行排版。但那已经是1575年的事了，那时帕克大主教已经离世。帕克大主教在世时期，一直密切关注书商公会的活动，除了现行版圣经之外，他不允许任何内容通俗、观点激进的圣经或清教的日内瓦圣经（Geneva Bible）在英格兰印刷。由此，当时的一些怪事也得到了解释，如：约翰·博德利（John Bodley）有日内瓦圣经的印刷权，却从未印刷过这版圣经；日内瓦圣经直到1575年之后才开始在英格兰印刷；同年，其他印刷商与皇室印刷匠共同印刷主教圣经，他们乐意使用杰格的印刷设备。当时的印刷业具有典型的特征，即受到政治和宗教的牵制，发展极为复杂，印刷商们需要采纳相关意见或做出妥协，但事实上皇家印刷商并未垄断圣经的印刷。

1577年，杰格去世后，克里斯托弗·巴克尔（Christopher Barker）得到了他皇家印刷的专利权，巴克尔是一个极具进取心的人。他本人已经从事圣经印刷工作，并且得到皇室重臣弗朗西斯·沃尔辛厄姆（Francis Walsingham）爵士的保护。巴克尔在宫廷中还有另一位朋友——外交家托马斯·威尔克斯爵士（Sir Thomas Wilkes），威尔克斯通过某种方式获得了皇家专利，然后将其转让给巴克尔，以获取不菲的报酬（巴克尔在1582年提到了"我付给威尔克斯爵士的那笔巨款"）。威尔克斯还设法授予巴克尔一项新的专利权，这项专利权似乎让巴克尔完全垄断了圣经印刷,这无疑使书商公会的成员感到震惊,因此公会成员在 1575 年达成协议,成立了一家合资企业,并创建了"圣经股份",印刷商共同出资印刷圣经,再共享销售利润。巴克尔自己也印刷了一些圣经;1589 年,他得到了一项新专利权,这项专利权供他和他儿子罗伯特终生使用。他于 1599 年去世,毫无疑问,他去世时非常富有。巴克尔在印刷业享有的地位让他有权自己印刷英格兰所有的圣经,或者他也可以选择只参与所有英格兰圣经的部分印刷活动(这种方式更实际,且利润丰厚),即把他的印刷权转卖给其他印刷商,让他们成为他的代理人。

巴克尔的专利权由 A.W. 波拉德(A.W. Pollard)翻译和总结后,大意如下:

> 鉴于克里斯托弗·巴克尔在印刷方面技艺精湛,女王陛下代表其本人、子嗣和继承人,亲自授予他皇家印刷商一职,其有权印刷所有法典、书籍、法案、议案、议会法案、公告、禁令、圣经和《新约》的英文译本,不论有注释或无注释,无论是已在之前印刷还是随后受女王命令印刷。此外,他还有权印刷所有教堂专用祈祷书,或由女王或国会指定印刷的所有其他书籍,巴克尔作为女王的专属印刷师,可亲自行使该职权,也可由指定单个或多个代理人行使该职权。因此,女王禁止她领地内外的所有子民印刷授予克里斯托弗·巴克尔版权的上述所有书籍,禁止其他人在国内外印刷上述书籍……并授予巴克尔和他的代理人无请示扣押和逮捕的权利。此外,女王还授予巴克尔雇佣良工巧匠的权力。
>
> 波拉德,《英语圣经记录》(*Records of the English Bible*),
> 第 323 页

因此,如果剑桥大学根据其 1534 年的特许状任命同时是印刷商的文具商,那么书商公会将立即面临竞争威胁。按理说,伦敦以外能够进行印刷的地方只有剑桥、牛津和约克郡这三个地方:剑桥有皇家特许状,牛津虽然没有这样的特许状,但学校的校长和几位博士有图书印刷批准权,约克郡是其他大主教的所在地。但直到 1583 年,剑桥大学采取积极措施成立出版社后,印刷工作才在伦敦之外的地区开展。通常情况下,如果学校当时决定行使特权,批准印刷某个伦敦印刷商已经获得垄断权的某类书籍或稿件,那伦敦印刷商显然会向法院提起诉讼,并得到所有其他伦敦印刷商的支持。因此,这个时期学校和伦敦印刷商之间存在冲突,学校必须维护和捍卫自身权利,以此与书商公会或伦敦个体书商拥有的权力相抗衡。剑桥大学作为伦敦印刷业的局外人,如果印刷伦敦书商垄断的书籍而不受惩罚,定会使那些没有特权的伦敦书商愤慨,这些人对这类书籍的印刷权觊觎已久,但因担心受到惩罚而又望而却步。如果说垄断权是伦敦书商产生冲突的主要原因,那么外来者的干预会缓和他们之间的矛盾,并让他们团结起来,一致对外。

书商公会与其他正式公会和之前的行业工会一样,充当救济会的角色,以尽可能保护公会里那些遭受疾病或不幸的忠实成员,并给予他们的遗孀和孤儿以帮助。公会对员工的这种关心导致书商(企业家)和普通印刷商、垄断者和非垄断者之间的关系紧张化。公会设立了上文提到的股票,就像基金一样,用于资助合资企业的印刷出版工作,其中风险和利润并存,成本和利润由公会的成员均分,剩余部分用作慈善款。这个做法有助于垄断者"培养"特权,并重新分配一些收益。随着时间推移,英语股票(主要用于教科书等通用书籍的出版印刷)和后来的圣经股票成为大型联合项目,这意味着牛津大学和剑桥大学这样的外来者要面对垄断者的排斥,并忍受来自文具商们的敌意,这些文具商嫉妒他们的特权转而支持垄断者,同时他们还惹恼了行业中因特权获利的许多人。

在伦敦,书商公会被授予搜查权。公会有特定人员巡视周围印刷厂,检查其是否有印刷未获批准的书籍,并对这类书籍进行销毁,对印刷商提起诉讼。鉴于自身拥有的这项权力,必要情况下,书商公会也会搜查伦敦以外的地方。16世纪80年代早期,书商公会发现他们有必要对剑桥进行搜查。

4　出版社的创立：托马斯·托马斯

　　大主教马修·帕克（Matthew Parker）是剑桥人，他一生都在阻止日内瓦圣经在英格兰印刷，并出于教义原因加强了伦敦书商公会的实力。他曾是圣体学院（当时称为班内特学院）的院士和负责人，花了很多时间和精力处理学校里爆发的尖锐纠纷。这些纠纷通常和清教徒有关，清教徒们自以为是，认为不遵循教条主义的同僚是"天主教会的渣滓"，天主教白袍牧师是通向地狱最近之路。这些纠纷的关键在于，学校坚持其有权自行决定是否对自己的成员进行纪律处分，其权利不应受外界干扰，这违反了中央政府的意愿，中央政府坚持进行统一管理，或无论如何要保持目前的统一管理，并对那些挑事者进行控制。在这些争端中，学校呼吁一些权威人士来充当其赞助者或仲裁者，这些权威人士有可能是享有教会最高权力的坎特伯雷大主教，有可能是像伯利勋爵［威廉·塞西尔（William Cecil）］一样伟大的政治家，也有可能是学校的校监，校监是学校的代表人物，因此选任极其谨慎，皆从伟大的牧师和政治家中选任。校监或赞助者如果曾是剑桥大学的学生，那么他们就有能力影响事情的发展（帕克和伯利都是剑桥大学的学生，而且伯利曾担任过国家财政大臣、国务大臣及剑桥大学的校监），他们每个人都能在表达自己对母校的热爱的同时，压制校内学生的冲突。

　　剑桥大学出版社的真正创建可以看作这段历史的一部分。在席勃齐时代，剑桥是早期新教改革运动的中心，当时年轻的激进分子反抗旧教会。到了16世纪80年代，剑桥的新教激进派思想已成了清教正统，他们不满于宗教改革的现状——圣公会的中庸之道。在16世纪60年代到70年代，剑桥清教激进主义者提出长老制。1574年，沃尔特·特拉弗斯（Walter Travers）在其拉丁语论文中记述了长老制理论。1583年，学校任命了一名印刷商，这激怒了书商公会，他们多次干预和阻止学校的印刷工作，还没收和烧毁了已印刷的书籍，而其中有一本书是特拉弗斯论著的简略版，他们认为这是神学性质的犯罪。书商们肯定暗自窃喜有这么好的理由和方式来保护自身利益。

我们从一些文件中大概了解了这次纠纷的背景。1576/1577年2月8日，剑桥大学参议院批准了一项法令，任命约翰·金斯顿（John Kingston）为印刷商。金斯顿在伦敦的书籍贸易中享有一定名气，他在1561年印刷了一本乔叟的书，法令中称他为"印刷商"而非"文具商"。1577年7月，伯利给剑桥大学校长写信，表明他不赞成任何侵犯伦敦印刷商垄断权的行为，还特别提到诗篇集、公祷书以及塞里斯、杰格和戴的印刷特权，但他表示不反对学校印刷自用书籍。因此，精明的金斯顿似乎发现剑桥大学的特许状可以保护他免受其伦敦对手的特许状约束，他可以通过大学印刷商的身份来建立郡级反对派，与伦敦书商抗衡。而学校本身，或者说校内的清教派系，可能也从中看到了逃避伦敦当局审查的机会。然而这一想法似乎无疾而终，但这说明一些人的想法有可能实现，而另一些人的想法则会招来风险。就像引起伯利的注意一样，法令会引起书商公会的注意。

1583年，事情有了转机。1582/1583年3月18日伯利写给时任校长的一封信是现存的第一份记录，这似乎是伯利给学校的回信。学校早前让一个叫托马斯·托马斯的人给伯利送了一封信，伯利的回信同样由托马斯送达学校。信上说托马斯是

该大学的一员，希望运用特许状授予学校的特权从事

印刷工作。就该事宜，除了我个人意见外，罗勒先生的建议也值得采纳。他也同样考虑了你校的特许状，因此我给他寄了特许状副本。他对特许状的看法和我一样，我们认为特许状是有效的。托马斯先生具备印刷商所需的设备和必备条件，我同意你校任命其为学校印刷商，他开展印刷工作所需字体（即字体类型）和纸张可以以合理价格向任何国外印刷商购买。就该事宜，如你方欲通过条款或法令的方式来持有某些设备，我会随时给予必要的支持和帮助

……

（附言）以防对上述特权的不当使用，我认为得到印刷授权和许可的各方，应持有相关条款规定的权力，或得到校监或参议院负责人的许可。

托马斯·托马斯是剑桥大学的文学硕士，也是国王学院的一名院士。他出生于 1553 年，曾在伊顿公学接受教育，后来升任国王学院的学者，1574 年成为院士。他受过神学教育，是剑桥的清教徒。他娶了一位装订商的遗孀，名叫安妮·谢尔（Anne Sheres）。与他的文具商前辈席勃齐一样，他也因为婚姻的缘故进入了图书贸易行业，在图书印刷和销售中，他从事的是当时极其繁荣的图书装订工作。

剑桥大学显然有意行使自己的特权，并在有条不紊地开展这项工作，其首先需要做的是保住自身的印刷权。学校已经得到了伯利的支持，1583 年 5 月 3 日，一项法令通过，任命托马斯为印刷商。法令的内容要比之前的简洁版更长，也更正式；学校自然很清楚这事会招来麻烦，因此也小心行事，并预想了潜在的法律纠纷，法令内容如下：

5月3日商定,同意托马斯硕士(托马斯是剑桥大学的一名硕士)为你校三位印刷商之一,拥有印刷商的所有特权,根据你们的协议,他应该持有盖上学校印章的特许状。但在他享受这些特权之前,他需立誓遵守尊贵的校监、校长和大多数参议院领导人在契约条款规定的条件、条款和法律。

维恩编,《法令书》(Grace-Book),第 370 页

其中提及"你校三位印刷商之一"和"你们的特权"显然指的是 1534 年的特许状,特许状是大学印刷权利的根基。1583 年的法令是学校发展史上的一个里程碑,它表明了剑桥大学印刷出版真正创立于 1584 年,而亨利八世于 1534 授予学校的特许状为出版社的创立奠定了宪法和法律基础。

对此,书商公会立即采取行动,在托马斯的印刷机和铅字从伦敦寄往剑桥之前就对其予以没收。这又引起了学校与另一位当局权威——约翰·艾尔默(John Aylmer)的纠纷。他是伦敦主教,也是书商认可的图书印刷授权当局。正如书商所期待的那样,艾尔默觉得自己的权利受到了侵犯,于是给伯利写了一封长信,并附上书商的请愿书。这封信的主旨是,所有的印刷工作都应该在伦敦进行,艾尔默作为伦敦的教会权威,负责对印刷进行监督。印刷商的人数不宜太多,因为除了存在异端邪说和叛乱的危险外,没有那么多的打印工作需要印刷商来完成。他一直支持书商们对"隐秘的角落和阴暗的地窖(盗版印刷)"进行搜查。他在信中说道:"他们发现了一台印刷机和一些装备,据说是属于一个叫托马斯的人。(据我所知)此人不懂印刷,他假装自己是剑桥大学的印刷商。我已将这些东西扣留,无释放令不予放行。剑桥大学的校长贝尔博士给我写信,要求我放行这些东西……"

贝尔给艾尔默寄去了伯利的信和特许状的复印件,准备应对紧急情况。艾尔默礼貌地提到了这些文件,并说他无意侵犯大学的权利,但希望学校正当使用特权,不要煽动叛乱,不损害

他人的特权利益。这些人当然是指伦敦书商们，艾尔默随函附上了书商们那封冗长而貌似有理的请愿书。这完全是一封阿谀奉承的信，信中皆为谄媚之词。据说，伦敦外的印刷商并不害怕伦敦主教和书商公会的权威，他们教授学徒印刷煽动性作品，侵犯版权，因为自己没法拿到版权，所以就制造麻烦。书商们明确暗示可能会发生贸易战，他们可以盗印托马斯的书，并拒绝让他的书进入伦敦市场。如果要用一种特权来对抗另一种特权，那么他们的特权更具权威。如果托马斯做出让步，书商会给他补偿。总之，书商们认为托马斯如果做出让步，那么这会对他有好处。用他们自己的话来说就是："如果该学者做出让步，那会对他有利。"

学校和托马斯都不愿屈服于这种威胁和奉承。校长及校参议院领导（可以说是大学内阁）致函伯利，内容如下：

尊敬的英格兰财政阁下，敬爱的剑桥大学校监阁下：

我们时刻将阁下铭记于心。我们从阁下的信中知晓伦敦的某个书商公会试图阻止剑桥大学的印刷工作，并反对诸君王为推进学术进步和大学发展而授予剑桥大学的古老特权。

他们以最谦卑的方式向阁下请愿，希望阁下忽略托马斯硕士事宜（托马斯已受到严重的伤害，他的印刷装备也受到严重损坏），托马斯是剑桥大学的印刷商代表（对于书商公会扣押托马斯印刷设备事宜，我们认为就权利和公平而言，他无权干涉学校的印刷工作）。他们还希望阁下认可他们的委任状，通过这一委任状，书商公会的印刷工作得到快速发展，他们之前对惠特克硕士的书不满，并通过一些手段阻止学校印制其他书籍，而现在他们准备阻碍学校的印刷工作。

对于书商公会提出的质疑，（考虑到他们的私人利益和商品，大学所拥有的特权在时间上要早于书商公会的特权，书商公会特权是伦敦管辖权,因此不管出于什么原因考虑,他们无权干涉剑桥大学的印刷工作),根据我们对托马斯的了解,他是一位极其虔诚和诚实的人,我们代表托马斯硕士保证,学校出版社不会印刷任何内容不当的书籍,也不会给教会和国家带来任何不利。

托马斯已经得到法令许可(我们已将法令副本寄给阁下,并由托马斯本人送达),许可其在剑桥大学从事印刷工作,但须遵守阁下及各学院院长设立的规则。对于阁下所提会议,如阁下需要,我们愿意和平解决,并准时到达会议地点以表示我们的诚意,届时也希望书商公会派出相关权威代表人员与会。

因此,我们真诚希望托马斯的设备不再被扣留,愿阁下能考虑我们的迫切请求,愿真主庇佑阁下。6 月 14 日写于剑桥。

校长　约翰·贝尔

罗伯特·诺盖特

埃德蒙·霍华德斯

托马斯·内维尔

安德鲁·伯恩

威廉姆·福尔克

约翰·斯蒂尔

托马斯·莱格

埃德蒙·巴维尔

这封信经过深思熟虑而成,言之有理,因此带来了第一次休战。这也是最简短的一次休战,托马斯的印刷机和其他设备得到放行。1584 年,托马斯用这些设备印刷了六本书。但书籍本身又带来了更多的麻烦。学校给伯利写的信中提到了惠特克的那本书,这是托马斯和他的朋友以及赞助商想要出版的书。威廉·惠特克(William Whitaker)是著名的加尔文主义者,他是神学钦定讲座教授,还是圣约翰学院的负责人,他也是很多纷争的中心人物,以他的书作为首选,难免要受到争议。1584 年 6 月,托马斯印刷了一本沃尔特·特拉弗斯的书,这正中敌人下怀。这是 1574 年一本拉丁文专著的翻译版,内容与教会管理相关,由托马斯·卡特莱特(Thomas Cartwright)编辑,卡特莱特是三一学院的院士,也是玛格丽特夫人神学教授。和惠特克一样,他在上一代人中因麻烦不断而著称。

这次又有另一位权威人士加入了这场争端,即现任坎特伯雷大主教约翰·惠特吉夫特(John Whitgift)。他曾担任过玛格丽特夫人神学教授、钦定讲座教授、彭布罗克学院的负责人、三一学院的负责人,并两次任校长。他对大学饱含深情,但他更热爱秩序,并严厉谴责年轻的激进分子。他给伯利写信,沮丧地讲述事态的新进展:

> 自闻剑桥有了一个印刷商以来,我就非常担心这样的事或类似的情况发生,我认为这件事必须马上解决。尽管现任校长先生是心思细腻之人,在各方面都值得称赞,但如果事情今后的发展差强人意,那后继校长就不会形成正确认知,也不会关心教会和国家的安宁。这件事无论阁下有什么好的解决方法,都请让我以您的名义或我个人的名义向校长先生说明,也请您向威斯敏斯特的德内先生表明,或由我相应地执行。我认为应该要烧毁这些书,这些书的内容激进且失真,(如果印刷工作仍要继续)印刷商要有担保人对其进行担保,保证其不再印刷任何书籍,除非事先得到合法当局的批准(承诺除非事先得到合法当局的批准,否则不得印刷任何书籍)。如果在一处加以限制,却又在另一处给予自由,那事情将毫无任何改变。他印刷的这个译本与特拉弗斯拉丁语原版书一样,内容上没有任何增减。

托马斯输掉了两场斗争：惠特克的书根本没有得到印刷，特拉弗斯的书也受到压制，以致没有任何副本留存下来。但总的来说，在这场斗争中他还是赢了，因为大学决定支持他。他的职位从根本上得到了保障。1585/1586 年 2 月 11 日，大学颁布一项法令，再次将他任命为大学印刷商，他在同一天与大学签订了一个协议，协议内容是他应采用好的印刷材料进行印刷，书籍价格公道，且不含有煽动性内容，大学当局应该批准他的出版，他要把印刷书籍的稿件交给大学图书馆。因书商在盗版印刷或扬言要盗版印刷剑桥和牛津的书，所以一项法令进一步明确规定，只有在学校出版社印刷的原版书籍才能在学校售卖。1585 年，牛津大学也开始从它的印刷厂发行书籍；这可能是 1586 年《星室法庭法令》（Star Chamber ordinance of 1586）颁布的原因之一，该法令旨在限制在全国印刷师和学徒人数，并规定没有大主教或伦敦主教的批准，任何书籍都不得印刷——这显然是企图通过审查制来保证印刷的中央控权。

1586 年，托马斯再次惹上神学的麻烦。惠特吉夫特在年底给剑桥大学校长写信，信中说道：

致亲爱的校长朋友及其他同僚：

以主的名义致意。据我所知，贵校的印刷商正在印刷一本从拉丁语翻译而来的英文书，即《信仰忏悔的和谐》（*Harmonia Confessionum fidei*）。出于某种原因这本书不被允许印刷；没有我的进一步指示之前，请不要擅自印刷任何书籍。鉴于上议院最近颁布的法令，未经伦敦主教或我本人允许，任何书籍都不得在伦敦或任何大学印刷。为此，也请您特别注意，今后，如未经相应授权，剑桥大学不应擅自印刷任何书籍。请不要因此怀疑自己的勤奋谨慎，我把你托付给万能的上帝。1586 年 8 月 8 日于克罗伊登的家中。

您亲爱的教友，
坎特伯雷大主教约翰·惠特吉夫特

FABVLARVM
OVIDII INTERPRE-
TATIO, ETHICA, PHYSICA, ET
Hiftorica, tradita in Academia Regiomontana à
GEORGIO SABINO, & in vnum collecta &
edita ftudio & induftria T. T.

*Acceffit etiam ex Natalis Comitis Mythologijs
de fabularum vtilitate, varietate, partibus &
fcriptoribus, deq́, apologorum, fabularum, æno-
rumq́, differentia, tractatio.*

Cum Indice verborum & rerum præcipuarum in
Ouidio & Sabino comprehenfarum.

CANTABRIGIÆ,
Ex officina Thomæ Thomæ celeberrimæ Aca-
demiæ Cantabrigienfis Typographi.
1 5 8 4.

托马斯·托马斯 1584 年出版的两本著作（封面）。奥维德（Ovid）的注释由托马斯本人编辑

TWO TREATISES
OF THE LORD HIS
HOLIE SVPPER: Cam. ∂.584.1

THE ONE INSTRVCTING THE
SERVANTS OF GOD HOW THEY
should be prepared when they come to the
holy Supper of our onely Sauiour
Iesus Christ:

*Whereunto is annexed a Dialogue conteining the principall
points necessarie to be knowne and vnderstood of all them
that are to be partakers of the holy Supper:*

The other setting forth Dialoguewise the whole vse of
the Supper : Whereunto also is adioyned a briefe
and learned treatise of the true Sacrifice and true
Priest.

*Written in the French tongue by Yues Rousseau and Iohn de
l'Espine Ministers of the word of God, and latelie transla-
ted into English.*

I. CORINTH. 11. 28. Let a man examine himselfe, and so let
him eate of this bread, and drinke of this cup.

IOHN 6. 58. This is the bread which came downe from
heauen: not as your fathers haue eaten Manna, and are dead.
He that eateth of this bread, shall liue for euer.

PSAL. 51. 16. Thou desirest no sacrifice, though we would
giue it: thou delitest not in burnt offering. The sacrifices of
God are a contrite spirit:a contrite and broken heart, O God,
thou wilt not despise.

Imprinted by Thomas Thomas Printer to the
Vniuersitie of Cambridge.
1584.

学校未对此信进行任何回应，同年这本书出版，因此可以推断书籍内容在剑桥是无可非议的。但无论怎么说，学校在 1534 年就已经获得授权，有权自行决定和批准书籍的印刷出版，同时学校也在坚持行使自身的权力，以此与星室法庭颁布的法令抗衡。此外，对书籍印刷进行中央控权的各种尝试在实际操作中都没有奏效。16 世纪 80 年代，英格兰图书出版发展飞快，这是任何中央许可机构都无法跟进的速度。据估计，1580—1603 年间，有四千余本书在英格兰出版。因此，尽管惠特吉夫特对此持悲观看法，但他唯一能做的也只有选择相信大学在宗教和政治事务上具有责任感。然而，这并不能解决另一个问题，即伦敦书商公会对书籍的垄断欲望，以及他们对一些书籍或某类图书持有的垄断权，这显然与大学的特权相冲突，即大学有权印刷"所有种类书籍"，只要学校自身批准这些书籍。这场冲突没有得到快速解决，下文将对此做更多说明。出版社成立的第一个世纪间，大学与伦敦书商之间的斗争是出版社萌芽期的主要宪政基础，也正是在这些斗争中，出版社磨砺和培养出了作为出版商的志气和责任。最初，这是两个特权之间的斗争：剑桥大学的特许状授予学校印刷"所有种类书籍"的权利，而书商公会的特许状，使其有权限制公司成员的出版和印刷，并赋予某些成员特定书目的印刷垄断权。后来大学审视自身的地位，认为这种斗争是原则问题，同时也与经济利益相关，这种斗争让学校愤慨，因为校内的成员必须要购买书籍，而垄断商对一些书籍要价过高。随后，学校有了更成熟的认识，并下了更坚定的决心，即学校必须能够自由传播特定作品（教育、宗教、学术以及科研类作品），大学作为追求知识的地方，传播知识是其主要职能的自然组成部分。在过去，君主由于要解决当时存在的某个单一问题而授予不同个体以某些特权，这些特权如今引起了纠纷，而这些纠纷中的所有问题都需要得到明确解决。

与此同时，托马斯·托马斯处于斗争的核心，他有一台印刷机,两三个印刷商和一名学徒。他的店铺位于摄政王大道,那是一排早已拆毁的房屋,正对着大圣玛利亚教堂西门。托马斯英年早逝,他在 35 岁时就去世了。和之前的文具商一样,他于 1588 年葬于大圣玛利亚教堂。他为剑桥大学工作了大概五年时间,在这五年里,他印刷了二十余本书。这些书有惠特克备受争议的清教著作,有《忏悔的和谐》,有托马斯自己编辑的一版奥维德的《寓言集》(Fables),有一本重要的教科书——彼得·拉姆斯(Peter Ramus)的《辩证法》(Dialecticae),当然还有托马斯自己的拉丁文词典。

到此我们可以看出,正如当初席勃齐经营他的出版事业一样,托马斯也有他自己的出版策略。惠特克的书符合当时宗教和政治的认知需求,奥维德和拉莫斯的书则主要作为教科书使用,并以公道的价格卖给剑桥当地的学生,而托马斯自己的书,即拉丁文词典,则是当时标准的参考书。像所有词典编纂者一样,他的词典借鉴了其他词典的内容:斯塔恩斯(Starnes)和艾伦·史蒂文森(Allan Stevenson)认为,托马斯借鉴了纪尧姆·莫雷尔(Guillaume Morel)的拉丁语-法语词典,该词典由其专利权持有者亨利·拜恩曼(Henry Bynneman)改编成英语。但托马斯对词典进行了改编,通过借鉴库珀的另一本词典,他开发了词典的另一种独特用法,其中包括单词发音说明。为此他的字典成为当时最实用、使用最广泛的初学者拉丁文词典。这本词典后来为大学印刷商们重印,并成为主要畅销书之一,是库存书单中必不可少的书目,所有出版商都需要大量进购。其 1619 年剑桥的第 11 版中,约翰·莱格特(John Legate)向编者托马斯致敬:

> 作为 30 年前剑桥的一位知名印刷商,他与我们这些印刷商不一样,我们不懂拉丁文,只懂拉丁字母,店里卖的只是被"印刷机上的汗水"染黑的纸张。但是,他是斯蒂芬斯

等一代人的同辈,他们是真正少有的印刷师和最好的预言家。他认为有学问的人,真正精通学术研究的人,应培养天赋并正确地利用上天赐予他们的天赋,以帮助人类发展,让艺术延续。因此,他自己的作品,就是他留给新生一代最好的礼物,无须任何人进行任何改动。

此类褒奖之词已然成了词典再版的一种传统。然而,在当时的市场中,托马斯的词典显然侵犯了拜恩曼的印刷垄断权,书商公会指出,这本词典应该交给拜恩曼来印刷和出版。为此,剑桥大学意识到这是一场旷日持久的斗争,在这场斗争中,不能放松警惕,于是学校给伯利写了一封信。学校在信中阐述了自身的情况,值得一读:

> 我们将阁下铭记在心。皇家特许状授予剑桥大学印刷特权,其得到了杰出的女王陛下承认,而近年来,这一特权也得到了阁下您的肯定。然而不论是学校行使这项特权,还是学校的印刷商经营印刷事业,都遇到了难题,因此我们将学校遇到的困难禀报阁下,恳请阁下知悉。伦敦的书商和印刷商公司拿走了学校印刷商印制的书籍稿件,并印刷盗版书籍,这给我们的印刷商带来了巨大的损失,并给印刷工作带来极大阻碍。女王陛下曾授予书商公会一项特权,赋予他们"印刷所有词典"的权利,凭借这一特权,他们威胁要将学校印刷商编撰出版的词典据为己有。如阁下更正,就词典或书籍而言,书商公会的这项特权,我们可以认为其仅适用于特权授予当时存在的书籍和词典,而不适用于特权授予之后的书籍和词典。
> 学者们需要收获自己的学术成果,并将其传递下去,如果他们不能选择自己的印刷商,那么这些成果会全都交由伦敦印刷商进行印刷,这对学术的发展极为不利,许多好书

会因此受到阻碍,无法印刷出版。他们凭借所谓的特权,来阻碍我们的印刷商的发展,让我们的印刷商无法继续印刷工作。我们认为,这个问题如果不及时加以解决,那学校的印刷事业将永远得不到发展。阁下一直以来都是剑桥大学慷慨的赞助者,我们斗胆向阁下进谏,恳请阁下再次相助,恳求女王陛下恩泽,女王陛下对学校的特许状予以承认,女王陛下如此的大恩大德,我们感激不尽,我们恳求女王陛下再次隆恩,授予剑桥大学印刷商以特权,准许他自由印刷自己编撰出版的词典及此后类似的书籍,让他的印刷工作合法化,并按照相关指定要求进行书籍印刷工作。如此一来,学校方能保住校内印刷事业的发展,并让校内印刷得到认可。只有通过女王陛下的准许,和特许状的加持,我们的印刷商方有可能不受其他印刷商干扰和阻挠,方能继续经营其印刷事业。

希望您能一如既往对学校施以援手,恳请您向女王陛下谏言,施与学校恩泽,使剑桥大学继续保持良好的学术发展。我们非常抱歉因此事打扰阁下。恳求万能的上帝保佑您和您的所有,望教会越来越好。1588 年 5 月 1 日于剑桥。

谨遵阁下教诲的,

托马斯·莱格

托马斯·普勒斯顿

艾佛瑞·廷代尔

安德鲁·伯恩

劳伦斯·查特顿

约翰·科普科特

约翰·斯蒂尔

吉尔·惠特克

罗杰·高德

1585 年，剑桥大学采取了更进一步的措施，颁布了一项法案，禁止剑桥书商购买伦敦或其他地方印刷的剑桥大学和牛津大学的书籍，以此与牛津大学联合共同对抗书商公会。剑桥大学与书商公会之间的斗争开始不久后，牛津大学也开始了与书商公会的斗争。学校的这一做法算是一种反击，但书籍主要市场在伦敦，剑桥大学和牛津大学的印刷商需要这个市场，否则他们无法生存。在这方面，伦敦书商一直都占有优势，他们还有另一个优势，即他们的图书售价总能比大学出版社的更低，特别是教科书等畅销书籍。大学的足智多谋和坚持不懈让学校顶住了多重反对，保住了自己的权利，出版社才得以生存下来，并最终走向繁荣昌盛。我认为，学校之所以这样做是因为他们终于认识到，大学出版社不应仅成为其他出版机构的商业竞争对手，更须履行一项特殊职能。

5 早期印刷商：约翰·莱盖特、坎特雷尔·莱格、巴克以及丹尼尔

1588 年 11 月 2 日，一项法案将约翰·莱盖特任命为托马斯的继任者，1588 年至 1601 年期间，莱盖特一直在剑桥工作，并于 1620 年去世。莱盖特是书商公会的成员，这稍微缓和了公会对他作为学校印刷商的态度，但他很快就卷入了和托马斯一样的纠纷中：书商公会盗印他的书，并投诉他侵犯公会的权利。莱盖特在 1590 年（具体日期不详）印刷了《新约》，1591 年印刷了全本圣经，这加深了书商公会对他的敌意。他印制的圣经是日内瓦版本，为当时最受欢迎的英文版圣经，并极受英国教会清教派的喜爱。日内瓦圣经的种种特征都让其比主教圣经更具有商业优势，8 开本大小，小型罗马字体印刷，现代版面（主教圣经为黑体字印刷），方便携带，且内容丰富，对有歧义的内容进行注释，并补充了一些内容。

莱盖特开启了圣经印刷最重要的先例。当然，圣经可以在苏格兰印制，那时苏格兰仍是另一个王国。但是在英格兰，至今只有一本圣经在伦敦以外的地区印刷，也即约翰·奥斯文（John Oswen）于 1551 年在伍斯特印刷了的《新约》，这是玛丽一世执政之前出现的唯一情况，当时书商公会也还未成立，巴克尔尚未获得皇家印刷专利。1577 年后，圣经的印刷出版权不再只被伦敦书商垄断，皇室印刷商也有特权印刷圣经。而莱盖特当时的做法只是一个尝试。如果剑桥大学能够证明其特许状不受制于巴克尔的垄断权，那么圣经将为剑桥大学的印刷商提供一个有保障的市

场,因为没有任何书籍能拥有圣经的这般销量,并一直畅销。

印刷圣经使大学与书商之间的争端进入了一个新的阶段,因为圣经与所有人的最大利益紧密相连。这次,学校再次给予印刷商支持。校长和院长知道巴克尔加入了这场纠纷,并设法阻止圣经在伦敦出售,他们于1591年6月给伯利写信,寻求他的保护。当年7月,他们再次致信伯利,言之凿凿:

> 致尊敬的阁下和唯一真主:
>
> 剑桥大学印刷商因印制了一版简略版圣经而受到书商公会的指控,他们控诉我们侵犯了巴克尔先生的特权,因为他们的控诉,我们不得不做出正当的自我防卫。现在,他们又指控我们出版的格律版诗篇集侵犯了戴先生的特权。他们试图通过将不同的人列举出来,从而捏造我们的多重罪状。事实上,我们的印刷商只印制了一部书,其中包括两个部分,每一部分都不能单独使用,这部书主要为公共礼拜活动所用。他们向阁下请愿,希望学校下学期后不再保留印刷商,这对于学校的印刷商来说非常不利,这件事中,他们好似占了上风,这只会让我们的印刷商彻底毁灭。尤其是现在,斯特布里奇集市就要开市了,这对于印刷商来说是最关键的时机,他所有辛勤的付出有望在这次集市中得到回报。
>
> 因此,我们谦恭地恳请阁下,此事若无法平定,请阁下征询高等法院院长、首席民事申诉大法官及佩雷亚法官(Justice Peryam)的意见;据我们所知,他们所有人或部分人已经到达或即将到达伦敦。我们曾与精通我国法律的几位人士商议,他们认为书商公会并没有任何正当理由来对我们进行指控,他们并不是因为收取酬金而做出对我们有所偏袒的言论,他们是完全自由地发表个人论断。书商公会的主要依据是:君主出于美德而授予的特权可以被后来授予的新特权所取代或者限制,他们认为这对国家无害。

但这不但违反了自然公平的规则，而且在各个程度上都是有害的，它将为推翻所有专利和特权，以及诸如官职、土地和生计等相关行业和贸易原则开启先例。

我们并没有质疑他们的垄断权和专利的有效性，他们的控诉给我们的日常工作带来严重影响，并让贫困的学者们陷入两难的境地，他们要么得不到最需要的书籍，要么必须以高价购买它们，但这是学者最大的困难所在。如果书商公会能够宽宏大量，让我们的印刷商印刷一些畅销的书籍，以行使他必要的职责，这将给我们带来很大的便利。如若阁下无法说服他们，那么我们有必要为特许状进行必要的辩护，剑桥大学特许状由亨利八世授予，其本身公正合法，且对剑桥大学的学生有益，对国家各个学科的发展有利，特许状也已得到女王陛下认可，并在多年前早已在议会法案中得到认定，如果这样的特许状都不足以与书商公会后来才得到的特许状相抗衡，那么今后，我们将不知道到底何种特权才具有有效性和可信度。

为此，我们再次诚挚恳求阁下，恳求您继续对学校施以援手，维护学校合法而悠久的章程。1591 年 7 月 16 日，于剑桥。

校长罗伯特·索梅

劳伦斯·查特顿

威廉·惠克特

罗杰·戈德

托马斯·宾

艾佛瑞·廷代尔

托马斯·莱格

乔·杜波特

托马斯·普勒斯顿

库珀，《编年史》第二卷，第 491—492 页

and conferred with the best translations in diuers languages.

uerfitie of Cambridge.

1591.
Maij 29.

第一本剑桥圣经：约翰·莱盖特印制的 8 开本日内瓦圣经。1611 年前，这一直是清教徒的首选圣经

学校与书商公会似乎休战了一段时间，这段时间内没有任何双方纠纷的记录，直到 1620 年，争端再起。莱盖特与克里斯多弗·巴克尔的女儿结婚，并于 1604 年成为书商公会的负责人，这让他非常有效地处理了由他引起的纠纷，同时这也是休战的部分原因。莱盖特于 1601 年离开剑桥，但直到 1620 年去世，他一直保留着剑桥大学印刷商的头衔。面对书商公会的敌意，他不断在学校和公会之间周旋，以调解双方之间的矛盾。

莱盖特的印刷出版事业具有一定的营利性。他定期重印托马斯的词典。1603 年，新国王詹姆士一世登基，他出版了国王所著的《君主的镜子》(A Prince's Looking Glasse)译本，这无疑是为了取悦这位君主。詹姆士的书《国王权利的抗议》(A Remonstrance for the Right of Kings)在 1616 年由莱盖特的后继者进行出版（并于 1619 年再版），这本书开启了对宪法这个重要主题的讨论。在宪法问题上，詹姆士比他的儿子查理一世更温和，查理一世最后死于宪法问题。詹姆士并非一个完全的独裁者（但有点专制），他于 1610 年禁止了剑桥大学出版一本书，这本书为《诠释者》(The Interpreter, 1607)，作者是约翰·科威尔(John Cowell)。科威尔是一位著名的律师，时任三一学院的负责人，而这本书让他陷入了危险境地。他认为"国王因拥有绝对权力而凌驾于法律之上"，詹姆士认为这种说法不准确，或者不希望有人将其著书立说，抑或两个原因兼而有之。

同样在 1610 年，大卫·欧文(David Owen)的书《希律王与彼拉多的和解》(Herod and Pilate Reconciled)引发了一场同样的风暴。彭布罗克学院院士拉尔夫·布朗里格(Ralph Brownrigg)读了这本书后，邀请欧文到他家，并质问他，如果国王触犯基本法，是否应该遭到反对。这个问题让欧文很紧张，并感觉自己受到冒犯。但校长提醒布朗里格，作为校长，他和三位博士一起批准了这本书的印刷，如布朗里格质疑他的权威那就是在违反规则。此外，布朗里格还向欧文提出了煽动性的观点。

因此，基于这两个原因，他在校长庭被剥夺了学位。后来布朗里格公开认错，其学位又得以恢复。这种学术风暴经常发生，但往往都是小题大做，一次屈服似乎也无伤大雅；布朗里格最后成了埃克塞特的主教。

1603 年，莱盖特印刷了两卷庆典诗，一卷为《值得歌唱的苦痛与安慰：至福安者詹姆士一世国王的逝世与不列颠、高卢与爱尔兰国王伟大的查理一世的继位》，而另一卷则差不多是第一卷的译本，为《哀悼已故君主伊丽莎白，庆祝仁慈的詹姆士国王成功继承王位》。这些文集，通常以拉丁文著，于整个世纪发行（事实上，它们一直发行到 18 世纪），以纪念皇室的出生、嫁娶和死亡事宜。大学的诗人们需要自如地先后表现出悲伤和喜悦的情绪，这个场合用莎士比亚的话"快乐和悲伤分据双眼"来形容再适合不过。这两卷书列出了剑桥的诗人、政治家和神学家的名单，名单中有：菲尼亚斯·弗莱彻（Phineas Fletcher）、约翰·博伊斯（John Boys，1611 年圣经的主要译者和编辑之一）、马修·雷恩（Matthew Wren，后任伊利主教）、艾伯特·莫顿（Albert Morton，后任内阁大臣）、剑桥大学的赞助人斯蒂芬·皮尔斯（Stephen Perse）、约翰·威廉姆斯（John Williams，后任约克大主教）以及后来的希腊语钦定教授安德鲁·唐斯（Andrew Downes）。这两卷书的作用是确保剑桥大学效忠于国王，同时让国王知道剑桥大学有一个出版社，国王需要维护大学和出版社的权利。而出于同样的原因，往后每当皇室成员访问剑桥时，他们总会得到一本圣经。自詹姆士执政以来，斯图亚特皇室人员常常拜访纽马克特，且经常下榻罗伊斯顿，途中多次访问剑桥大学。可以肯定的是，赠予皇室人员的圣经为剑桥印制版，且学校会特别强调圣经印刷的精美和准确性。

莱盖特最看重他的畅销书作家——威廉·帕金斯（William Perkins），帕金斯是一个"博学、虔诚而又痛苦"的人，曾为圣体学院院士，是 16 世纪 80—90 年代伟大的清教徒传教士。波特曾这样描述帕金斯：

在 1590 至 1618 年之间，约翰·莱盖特和坎特里尔·莱格(Cantrill Legge)在剑桥印刷了近 210 本书，其中帕金斯的作品有 50 多本。帕金斯于 1602 年去世，去世前，莱格特已经印刷了他二十余部作品，始于 1590 年的《金链》(*Armilia Aurea*)，其中一些作品已经印刷了三个版本。1600 年，帕金斯的一部珍藏版作品面世。在他去世后，他的作品继续得到出版。1616 年到 1618 年，剑桥大学出版社出版了一部三卷修订版文集，包含近四十篇文章。其中一些为拉丁文专著的译本，如：圣约翰学院的院士罗伯特·希尔(Robert Hill)翻译的《金链》(*A Golden Chain*，英文版本的 *Armilia Aurea*)；托马斯·图克(Thomas Tuke)翻译的《预言的艺术》(*The Art of Prophesying*)；图克和弗朗西斯·卡克特(Francis Cacot)翻译的宿命论专著[阿米纽斯(Arminius)为这部专著写了评论]；托马斯·皮克林(Thomas Pickering)翻译的《基督教安济》(*Christian Economy*)……托马斯是伊曼纽尔学院的一位院士，他还把帕金斯的专著《良心的案例》(*Cases of Conscience*)编辑成了三本书，首次于 1606 年出版。帕金斯去世后，他的作品由其他人编辑。这些人包含了圣体学院的院士托马斯·泰勒(Thomas Taylor)，泰勒是他"剑桥的普通听众"之一，他在 1608 年通过报刊看到了《裘德的布道》(*Sermons of Jude*)；还有威廉·克拉肖(William Crashaw)、罗伯特·希尔、拉尔夫·卡德沃斯(Ralph Cudworth)和托马斯·皮尔森(Thomas Pierson)。克拉肖还编辑了《忏悔规劝》(*Exhortation to Repentance*)一书，于 1605 年出版。在这部作品的序言中，克拉肖借机谦卑地赞美上帝："上帝给予我美好的大学时光，在那些快乐的日子里，(许多杰出的先知，其中一些已经死去,一些还活着)这位圣人像蜡烛一样燃烧自己,照亮别人。"

波特,《革新和反动》(*Reformation and Reaction*),

第 264—265 页

帕金斯年轻时因过于严苛,遇到过麻烦:在一次基督教堂的讲道中,他谴责基督徒接受圣礼时将脸朝东方跪下的做法。他被叫到校长面前,解释自己的行为。但毫无疑问,和 H. 格雷(H. Gray)比起来,他的言辞要温和许多。1586/1587 年 1 月 8 日(即圣诞节后),在大圣玛利亚教堂的一场布道中,格雷宣称英国教会保留犹太音乐,教会通过玩骰子和牌等娱乐活动玷污了耶稣的教义;他痛骂教堂里的蠢人和唯利是图的牧师;他还暗示大学里有人给罗马和兰斯(指英国天主教流亡者)送信;宣称人们以种族主义者、无神论者和享乐主义者的身份庆祝耶稣诞生。格雷也被要求解释其行为,且他需要解释的东西显然更多。与格雷比起来,帕金斯不那么激烈,他更注重精神上的说教,他的虔诚打动了听者,正如富勒所观察到的那样:

> 他会着重强调"入地狱"一词,使其好似悲伤的回音,萦绕在听众的耳畔。而基督教理讲授员在宣读戒律时,用平常的语气念出了同一个词,这几乎让听众们心头一颤,汗毛直立。

波特指出,帕金斯是一个重要的人物,他的影响持久而深远。新英格兰的早期定居者中有 100 位剑桥人,其中六人曾是院士,四人后来成了哈佛大学的院长。他们随身带上了一些书籍,正是这些书塑造了他们的信仰,他们把帕金斯在 16 世纪 80—90 年代于剑桥集会讲道用的布道辞印刷成了书籍,带着这些书横跨大西洋,去建立一个虔诚的国度,"在早期的马萨诸塞州的布道辞和作品中,帕金斯是同时代作家中最知名、最受尊敬、最具有影响力的作家"[佩里·米勒(Perry Miller)、波特引用]。

继莱盖特后,剑桥大学的印刷商为坎特雷尔·莱格,于1606年得到任命;伦纳德·格林(Leonard Greene),于1622年得到任命;托马斯·巴克(Thomas Buck)于1625年得到任命,是剑桥印刷商世家的创始人,他或独立印刷出版书籍或与人合作,并于1668年前活跃于印刷界。

剑桥大学徽章,首次使用于莱盖特出版的帕金斯
《金链》扉页(1600)

坎特雷尔·莱格曾于1589年在伦敦当过约翰·莱盖特的学徒,最初,这有利于他与书商之间保持良好关系,但在1620年莱格印刷了最畅销的教科书——《莉莉的语法书》,书商公会因

此起诉了他,争端再起。因为这次争端,学校向坎特伯雷大主教和大法官维鲁拉姆男爵(Lord Verulam)弗朗西斯·培根(Francis Bacon,曾是三一学院的学生)寄去了庄严的拉丁语信件,以寻求他们的保护。学校诉状的实质是,伦敦书商要价过高,他们不满于学校印刷商对书籍的定价;而学校至少应该保护自己的学生免受伦敦书商的剥削。

1621年,国王途经罗伊斯顿,剑桥大学借机将此案呈交给这位国家最高裁决者。莱格在一个小代表团的陪同下,骑马至罗伊斯顿,向国王递交了一份请愿书。这份请愿书值得完整再现:

致诸位陛下
剑桥大学校长及各位院长的请愿

最谦卑的请示:

亨利八世在位第26年时授予剑桥大学校监、院长和学者以特许状,授权他们任命三名书商或印刷商,这些印刷商或书商有权印刷学校校监、三名博士准许印刷的书籍,特许状于第13部议会法案中得到证实,陛下时任殿下,特许状也得到了您的认可。自那以后,诺顿先生和伦敦的其他书商和印刷商从陛下那里获得了各种专利权,他们以此为依据,享有英格兰所有畅销书籍的唯一印刷权和出售权。书商公会通过结合其特许状和其他法令、命令授予的权利(他们通过购买得到这些权力并自行制定这些法令),出售自行印刷出版的书籍,他们也会用8—9先令的价格从英格兰其他印刷商那里购买一些书的版权,印刷后将其以20先令的价格出售。书商公会的这种做法让学者们不得不以高额价格购买图书。这极大阻碍了学术的发展,并引发学者们的不满。

书商公会的主要目的是推翻除了他们公司以外的所有

印刷商,滥用公共财富。他们的书籍纸张劣质,且有多处印刷错误。他们授权自己的印刷商重印《莉莉的语法书》(对书上的错印进行修订),并以比原价便宜两倍的价格出售。据诺顿先生所说,他拥有这本书唯一的印刷权,但他以 300 英镑的价格将印刷权转让,并每年收取 300 英镑的转让费;他还从陛下那里得到一项指令,以限制其他印刷商销售他拥有版权的书籍,并对违规者进行抓捕,以此彻底摧毁那些贫穷的印刷商。

学校所有的利益都为书商公会以其特许状的名目夺取,陛下的臣民受到书商公会欺压。因此,恳请陛下给予我们和学校以保护,颁布法令保护剑桥大学,用合理的方式恢复学校的权利和应得的利益,挽救学校岌岌可危的出版业和贫困的印刷商,让学校有权自由发展和传播知识,以惠及整个国家。恳请陛下任命委员会来审理、调查、审判这些恶行和不满。请愿人谨上。

国王采纳了第二个建议,他请大主教、林肯主教(Bishop of Lincoln)、孟德维利爵士(Lord Maundeville)和首席大法官调查此事。但这些重臣称:"由于亟须处理其他严重和复杂的工作,当前没有时间来讨论大学和书商公会的权益问题。"于是他们做出一项临时裁决:"剑桥大学清贫的印刷商"可在不影响书商一般权利的情况下出售相关语法书。

但是,书商公会占有惯常优势:作为书商,没有人能强迫他们买卖学校印刷出版的书籍,他们也拒绝这样做,并阻止其他有意愿的书商这样做。剑桥大学竭尽所能进行了反击,学校于 1622 年 6 月通过了一项法案,禁止剑桥的书商与比尔、诺顿、贝瑞特和伦敦爵士或他们的任何合作伙伴进行交易往来;并规定大学印刷商去世后应将其拥有的所有书籍版权移交给该职位继承者;学校的毕业生所写任一作品都应交由学校印刷出版,如学生毕业后担任老师,则应该让他的学生只使用剑桥印制的书籍。

这项法令体现了学校的决心,却很难执行。枢密院审议了这一争端,于1623年提出了折中裁定。该裁定对学校无益,裁定内容为:大学不印刷圣经、语法书、诗篇集、圣咏、普通法书籍、年历,"但以上出版物的第一副本应交由学校保存"。而另一法令规定,学校不得印刷公祷书;但有权印刷原稿件为学校所有的书籍。此外,学校只能有一个出版社。

书商公会的成员为此拍手称快。但是一次失败并不意味着斗争结束;学校正在进行一场长期的、精心组织的运动。一个政权的结束意味着另一政权的开始,而新的君主会施行新的政策。1625年,查理一世登上王位,并立即发布一卷文集《值得歌唱的苦痛与安慰:至福安者詹姆士一世国王的逝世与不列颠、高卢与爱尔兰国王伟大的查理一世的继位》。1626年,按照国王意愿,剑桥大学选举白金汉公爵为其校监。这一选举备受争议,并引起了轰动,主要原因为白金汉当时受到下议院弹劾。为此,学校以失去下议院的支持为代价,得到了国王的庇护。选举被热议期间,国王告知下议院:

> 他赋予剑桥大学和所有公司权利和特权;他有权认为大学高于其他所有机构,他决定捍卫大学的权力,任何机构不得有意或无意限制剑桥大学的自由。

国王的这项决议给剑桥大学带来希望。1626/1627年,白金汉公爵访问剑桥大学,有一段文字记录了公爵的这次访问:"公爵对每一位学者都毕恭毕敬,不论其身份高低。在摄政院,他对每一个到场的人行以鞠躬礼,他行经街道时,如果有人对他脱帽行礼,他会以礼回敬。"得益于公爵的访问,1627/1628年2月6日,学校得到国王授予的新特许状:

亨利八世于其任期第 26 年就印刷商事宜授予剑桥大学特许状,特许状得到议会认可,伊丽莎白一世任期第 28年,通过星室法庭颁布法令,授予伦敦书商公会特许状,詹姆士一世在第 21 年任期的 9 月 25 日发布遵守该法令的公告。为此,大学与书商公会就图书印刷事宜常起争端,诸如大学印刷商是否有权印刷和销售书商公会拥有印刷特权的书籍。为消除特许状引起的这类歧义与争议,并鼓励学术发展,国王认可亨利八世授予大学的特许状,并宣布该大学的书商和印刷商可在学校内或在国王管辖范围内印刷和出售国王或伊丽莎白女王或詹姆士一世授予任何个人、政治团体或公司出售的所有书籍,以及所有其他已印刷或未印刷的书籍,或由校监或应由校监等人批准出售的书籍,不受任何专利特许特权、禁令、限令、法律条款、法令条例制约。

库珀,《编年史》第三卷,第 199 页

　　可以看出,该特许状的内容大体上与亨利八世在 1534 年授予的特许状并无二致,这让剑桥大学感到欣慰。但是,由于与书商公会的斗争过程中,矛盾主要在于如何执行双方特许状中相互冲突的特权,所以问题并没有明朗化。1629 年,书商公会似乎再次尝试挑起事端,而剑桥大学的权利再次得到保护。最高法院首席法官声明,通过与首席大法官及其他法官商议,他们一致同意:剑桥大学校监、院长和学者选拔和任命的三位书商和印刷商,可依法印刷经校监或校长、博士批准的各种书籍,包括任何拥有唯一印刷专利的书籍。

　　不久后,枢密院于 1629 年 4 月下令,剑桥大学能够以 4 开本或中型对开本的形式印刷英语圣经,数量不受限制,内容要包括祷告文,并在结尾附上唱颂的诗篇,但不能单独印刷不包含圣经的祷告文和诗篇集(莱盖特在 1623 年印刷过这样的版本)。

学校每年可以印刷 3000 本《莉莉的语法书》。这项决定提供了一个有效的折中方案，为纠纷不断的双方提供了权宜之计。事实上，这个决定对书商公会有利，因为价格更低的 8 开版圣经最受欢迎，而语法书在市场上的需求量远远超过 3000 本。但校方得到了协定股份，达成协议总好于不断的诉讼。这一裁决可以说是认可而不是限制了剑桥大学的权利。

1629 年，托马斯和约翰·巴克出版了第一版剑桥版圣经，即现市面上最流行的新版圣经，这版圣经的印刷最初于 1604 年的汉普顿会议上提出，当时清教徒约翰·雷诺兹（John Reynolds）提议圣经应有新译本。国王詹姆士一世接受了这个提议，并在某种意义上成为这个项目的赞助人。因此，1611 年出版的这版圣经未得到教会和议会的正式授权，但其英文名称却为"钦定本圣经"（Authorized Version），严格意义上说这个名字并不准确，而其美式名称"詹姆士国王圣经"（King James Bible）则更为恰当。新版圣经生产的速度堪称典范，主要得益于译者们认为他们的任务不是制作一个全新的版本，而是将英语圣经翻译的传统发扬光大，这一传统可追溯到 1568 年的主教圣经、1560 年的日内瓦圣经，再到 1539 年先驱者廷代尔和科弗代尔翻译的大圣经（Great Bible）。正如詹姆士国王圣经的序言里说的那样：

> 我们从一开始就没有想过要做新的译本，也没有想过要去改良一个不好的译本，而是要让好译本变得更好，用许多好译本制作出最好的译本，而不仅只将这些译本排除在外；这一直是我们的信念，我们的目标。

翻译团队由来自剑桥大学、牛津大学以及威斯敏斯特的学者组成，他们一起完成了翻译工作。剑桥的学者中，最著名的是兰斯洛特·安德鲁斯（Lancelot Andrewes），曾任彭布罗克学院

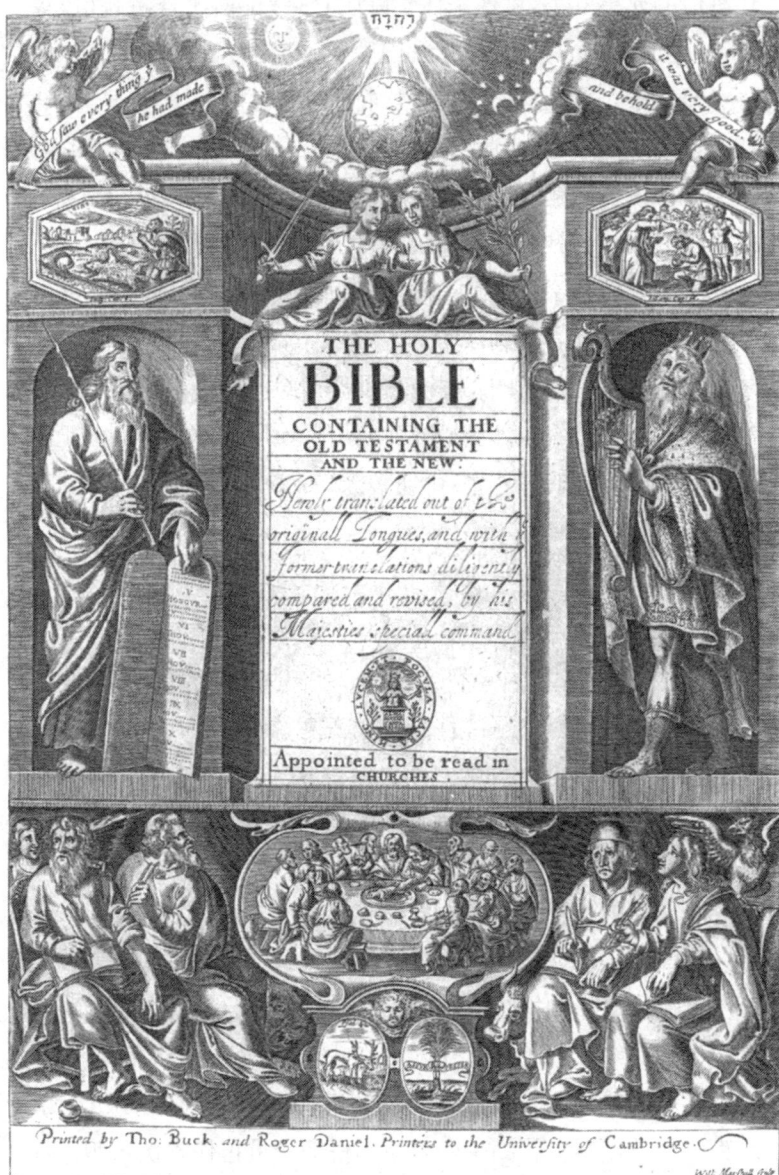

托马斯·巴克和罗杰·丹尼尔：1638 年对开本圣经，扉页版画

的院长，当时是威斯敏斯特大教堂教长，后任奇切斯特的主教；还有他的兄弟罗杰，后任圣体学院院长；劳伦斯·查特顿（Law-rence Chaderton），伊曼纽尔学院院长；以及约翰·博伊斯（John Boys），克莱尔学院院士，后任坎特伯雷教堂教长。众所周知，新版圣经于 1611 年出版，但现在并没有多少人知道那时出版的圣经存在诸多问题，用现在的话说就是文本编辑或印刷准备工作存在缺陷，当时巴克必然是在仓促的情况下印刷了这版圣经，导致很多方面都不尽人意。随后，巴克很快又进行重印，但重印版的内容不但没有得到改善，相反，文本内容进一步遭到破坏。每个人都听说过所谓的 1631 年"邪恶圣经"中，罗伯特·巴克尔（Robert Barker）和马丁·卢卡斯（Martin Lucas）在印刷时遗漏了第七条戒律中的"不"字，因而各被罚款 200 英镑和 100 英镑。大约 10 年前：

> 阿尔马主教厄舍博士（Dr Usher）在保罗的十字架前讲道，一位书商从旁边匆匆走过，他想要一本圣经，随后得到了一本伦敦出版的圣经。他在上面寻找经文，发现自己编辑的文本在印刷中被省略了。因为此事，国王第一次抱怨伦敦印刷商和出版社在工作上的严重疏忽，并随后掀起了剑桥大学和伦敦书商关于圣经印刷的一场大争论。
>
> 托马斯的奇闻轶事，引自库珀《编年史》第三卷，第 142 页

巴克兄弟印制第一版对开本圣经时，基于商业利益的圣经重印工作已经开展了近二十年之久。但印刷商只要有责任心，就仍然可以找到原圣经翻译团队还健在的成员。有证据表明，巴克和丹尼尔至少找到了两名原剑桥翻译员担任本次再版的编辑。根据当时的标准评判，他们 1638 年出版的对开本圣经印刷极其准确。19 世纪的圣经学者 F.H. 斯克里文纳（F.H. Scrive-ner）只在其中发现了三处印刷错误。相传巴克和丹尼尔自豪地

在大圣玛利亚教堂门口贴了一张告示，宣称任何人只要能找出印刷中的一处错误，都可以免费得到一本圣经，虽然这有可能是虚构的故事，但剑桥大学仍有理由感到骄傲，因为它开启了专注圣经文本印刷准确性的传统，这个传统只为剑桥和牛津两所大学保留了下来，这一直是他们免于皇家印刷专利垄断限制的最有力论据。

1625 年，托马斯·巴克被任命为印刷商。他是仪仗官、圣凯瑟琳学院的院士、教会委员，在剑桥占有举足轻重的地位。至今，在小埃弗斯顿（Little Eversden）有一条乡间小路，名为巴克巷，通向一座古老的乡间别墅。圣爱德华教堂祭坛前面摆放着巴克的黑色大理石葬礼板，似在表明他的亡灵有权占据教堂中的显赫地位。与莱盖特一样，莱格似乎在摄政大道上托马斯用过的印刷厂内开展了他的印刷工作。但是，巴克把印刷厂搬到了市场山（Market Hill）的北侧，也就是现在玫瑰新月街（Rose Crescent）与市场山的交汇处，然后又搬到了老奥古斯丁修道院（Old Augustinian Friary）的旧食堂所在地，修道院在亨利八世时期已经解散，其建筑物后沦为世俗所用，巴克于 1636 年从斯蒂芬·皮尔斯（Stephen Perse）那里买下了这些房子。这条街现称为免费学校巷（Free School Lane），因为皮尔斯女子学校（Perse School）最初位于这个地方，街角的商店现仍叫修士之家（Friar's House）。

剑桥大学有权任命三名印刷商，但学校通常会谨慎地行使这项权利，以免权力失效。这就意味着，在 17 世纪的任何时候（或是 18 世纪），都应有三人拥有印刷商的头衔；但其中有一人或两人可能是书商，充当代理人，或为合伙人或是挂名差使。巴克自己也有好几个合伙人，但都和他们闹翻了。第一位合伙人是伦纳德·格林（Leonard Greene），一位经验丰富的伦敦书商，负责贸易联系工作并提供贸易知识（"巴克先生是一位经验丰富

巴克 1636 年买下的印刷厂：老奥古斯丁修道院食堂，修道院 16 世纪为亨利八世解散，后沦为世俗使用。这幅水彩画创作于 1770 年，当时这座房子已归为后面的老植物园的园长所有

的人，他过着学生式的生活"）。格林还享有书商承认的某些权利，因此巴克作为他的搭档可以在免遭书商诉讼的情况下参与印刷和出版活动，也许这是巴克希望得到的。格林觉得巴克待他不诚，向学校投诉。1630 年，格林去世，巴克抓住机会，让他的兄弟弗朗西斯来填补职位空缺。他已与自己的另一个兄弟约翰是合伙人的关系，他还计划要引入当时的国王印刷专利继承者——巴克尔，因为此人如果不是他的朋友或合伙人，那便极有可能成为他最大的对手。弗朗西斯·巴克（Francis Buck）担任了两年的合伙人，罗杰·丹尼尔（Roger Daniel）于 1632 年接任了他的职位，成为真正的印刷商，而巴克当时则在追求他作为仪仗官和资产人士的利益。丹尼尔成了印刷厂的承租人和住户，给巴克支付了 190 英镑的租金，并得到了企业三分之一的利润。除了印刷其合伙人为剑桥大学及其成员提供的书籍外，巴克实际上还承包了伦敦书商埃德蒙·韦弗（Edmund Weaver）所需剑桥书籍的印刷工作，韦弗提供纸张，并按书籍的伦敦售价付费，1631—1634 这三年间，巴克的供货清单如下：

《伊索寓言》	12000 本
《维吉尔作品》	3000 本
《曼图亚》	6000 本
《灵感源泉的对话》	4250 本
《托尼乌斯》	2000 本
《童话格言》	18000 本
《谈话》	6000 本
《卢多维奇·维尔谈话摘要》	3000 本
《奥维德书信集》	3000 本
《斯蒂文的书信》	3000 本
《奥维德的哀怨集》	3000 本
《科尔迪耶》	3000 本
《年历》	1560 本

罗伯茨,《剑桥大学出版社》,第51页

巴克的工作存在一个明显的缺陷,他无法为其他剑桥书商提供书籍,他们不得不以伦敦市场价从伦敦购买书籍。丹尼尔也对此感到不满,他于 1635 年向校长提出上诉,这触及了一直以来的敏感问题:"剑桥大学出版社已沦为该书商的附庸,特权赋予学校和人民的利益受到剥夺。"他还指出,出版社的人际关系已达到低谷:"他(巴克)不断地诽谤你的请愿者,经常与他们争吵,并与他们的工作人员打架,他经常殴打、威胁和激怒他们,为此他们对这样的生活感到厌倦。"

无论厌倦与否,巴克和丹尼尔于 1638 年出版了他们的第二版圣经,另一个对开本,这是他们在圣经印刷方面取得的最高成就,这版圣经的精装本曾敬献予国王。1641/1642 年 3 月,国王访问剑桥:"剑桥大学校长觐见陛下,在陛下面前发表了长篇演讲,并敬献了一本精美的圣经。"而在这次访问的两天前,国王学院的教务长柯林斯博士也向威尔士亲王赠送了同样的圣经。此次访问提及两点事宜。首先，国王正在巩固加强与剑桥大学的特殊关系。1628年，国王指定的剑桥大学校监候选人白金汉公爵遭到暗杀，国王立即提名荷兰伯爵亨利接任其校监一职。"亨利热衷于推进我们国家的宗教发展和知识传播，尤其重视知识传播的源头，毋庸置疑也即是我们的大学。我们会遵守诺言，继续支持你们的校监推动学校的发展……"其次，大学本身正在寻求权威人士的赞助，以维护其特权；而大学的印刷权仍受争议。1586年的星室法庭法令旨在严格限制印刷，并将印刷集中在伦敦；但法令已向这两所大学授予了一项权利（剑桥的特许权）。1637年7月11日颁布的另一项星室法庭法令在很大程度上确认了旧法令的内容，但增加了其他条款。两所大学保留出版社的权利再次得到承认，校长成为印刷许可当局，同时另一书籍版权法开始实施：每一本书的副本都应该送到牛津大学的博德利图书馆（Bodleian Library）。

6 联合与复兴

　　剑桥大学的印刷商,尤其是巴克和他的合伙人,与书商的关系从对峙、扣押对方财物和诉讼的阶段过渡到试探性合作阶段,以便双方都能获益。但双方之间夙有仇怨和嫌隙,因此冲突并未结束。17 世纪 40 年代,因迫在眉睫的国家危机,双方之间的矛盾首次暂时搁置。国王将白金汉公爵提名为剑桥大学校监候选人,这必然让议会不满,而剑桥大学那些天生具有清教倾向的人对议会报以同情的态度。白金汉公爵以 108 票对 102 票当选,计票的公正性受到质疑,因为东英吉利是虔诚的清教徒的故乡。奥利弗·克伦威尔(Oliver Cromwell)是亨廷登郡的国会议员,克伦威尔家族是地方贵族,他曾就读于剑桥大学西德尼·苏赛克斯学院(Sidney Sussex)。1642 年,国王要求大学为他筹集资金,但当时克伦威尔上校向镇民发放武器并教他们使用武器,他亲自在乡下搜寻和截取诺丁汉寄给国王的贵重物品。

　　当时出版的一些书籍为那段历史做了恰当的注解,这些书有:约翰·克鲁索(John Cruso)的《骑士的军事指南》(*Militarie Instructions for the Cavallerie*,1632);《集会指南》(*Directions for Musters*,1638),克鲁索翻译的杜·普拉伊萨克(Du Praissac)的《军事话语理论和战争的艺术》(*Military Discourses and Arte of Warre*,1639)和罗翰的《完整的上校》(*The Complete Captain*,1640)。1642 年,剑桥大学出版社出版了《国王陛下给

臣民的公告》（*His Majesty's Declaration to All His Loving Subjects*）、《国王陛下对 7 月 1 日议会宣言的答复》（*His Majesty's Answer to the Declaration of Parliament of July 1*）、《肯特郡民众的请愿》（*Petition of the Commons of Kent*）、《上议院和下议院的请愿》（*Petition of Lords and Commons*）、《国王答复》（*His Majestie's Answer*）、《禁止征税和武力宣言》（*Proclamation Forbidding All Levies of Forces*），以及《违天主教者不应服役》（*That No Popish Recusant Shall Serve*）……1642 年 8 月 23 日，下议院下令立即传唤剑桥大学的印刷商罗杰·丹尼尔出席众议院，事关印刷为地方军队辩护的相关书籍；9 月 3 日，下议院下令"丹尼尔先生……未经国会两院同意或命令，不得印制任何与议会的会议记录相关的内容，并取消其出席议会的权利"。1643 年 5 月，议会逮捕了校长理查德·霍兹沃思（Richard Holdsworth）博士，谴责他批准出版社印刷首印于约克郡的《国王宣言》（*King's Declarations*）。丹尼尔似乎向下议院解释了剑桥的内部分工，致使身为印刷授权当权者的剑桥大学校长本人陷入了危险境地。

17 世纪 20 年代到 30 年代，剑桥还是诗人的摇篮，但这些危险和争论让学校和出版社与那个年代渐行渐远。诗人当然也包括清教徒诗人，其中最知名的当属约翰·弥尔顿（John Milton）。1638 年，出版社出版了哀悼爱德华·金（Edward King）的挽歌诗集，这位才华横溢的年轻人在前往爱尔兰的途中遭遇海难而溺亡。这卷诗集包含一卷拉丁语诗集和一卷英语诗集。英语诗集中包含了弥尔顿的《利西达斯》（*Lycidas*），这是这卷诗集的首印：大学图书馆保存的副本是弥尔顿亲自更正的版本（更正内容包括增加了印刷中遗漏的一行内容）。1633 年，巴克和丹尼尔印刷了第一版乔治·赫伯特（George Herbert）的《圣殿》（*The Temple*）。赫伯特曾是剑桥大学一颗冉冉升起的新星，他是一位杰出的公共演说家，举止优雅，后来退休回到了乡下教区伯莫顿（Bemerton）。他的这本书后来又重印了几次。出版社在1634年出版了理查德·克拉肖（Richard Crashaw）的《圣公会自由语录》（*Epigrammatum Sacrorum Liber*）——克拉肖在其中阐明其反清教理论，他不仅在言行上如此，后来还皈依了天主教——1634年出版的作品还有一卷约翰·多恩（John Donne）的道辑录遗作，以及圣吉尔斯（Giles）和菲尼亚斯·弗莱彻（Phineas Fletcher）的系列著作，出版社还在1639年出版了富勒的《圣战的历史》（*The Historie of the Holie Warre*）。

巴克和丹尼尔印刷圣经的同时也为书商公会印刷书籍，这些实用的书籍以伦敦价格出售并为伦敦市场提供了稳定的货源，从这些方面来看，无论是从"商业"经营还是从文学知识标准上来评判，校出版社和书商公会的合作都是成功的。大学印刷商通过谨慎与对手和解来平衡他们的账目，但长远来看，这种做法可能会损害学校的权利。当时最常见的做法是学校印刷商作为书商公会的分包商，为其印刷指定书籍，书商公会支付酬金并将书籍带到伦敦售卖；或者双方之间达成限定协议，学校印刷商在约定期间限量印刷特定书籍，自己售卖，不影响和威胁伦敦市场；又或者双方签订"宽限契约"，伦敦书商每年给学校支付一笔资金（200英镑），大学不行使相关印刷特权，不印刷书商公会的畅销书目，或只在书商公会要求之下印刷畅销书目，即所谓的合伙人关系。还有其他的合作方式，即大学印刷商成为书商公会一员（如莱盖特），或伦敦某一书商也可能得到学校任命（作为合伙人），在剑桥拥有股份，或成为大学的印刷商，从而成为书商公会在学校出版社的实际代理人。

除了圣经和祈祷书外，校出版社印刷最多的书籍是教科书（我们已经看到巴克是如何印刷这些书籍并将其在伦敦出售）和年历。著名的《老摩尔年历》（*Old Moore's Almanac*）是现存最知名年历，至今仍有小贩在街上售卖。年历最初包含了日历功能（每年的吉日、集市日、月相以及大量占星学信息），还有报纸上和女性周刊上的星座图，以及对国家乃至世界的预言信息（并非个人预言）。成千上万人即使不愿购买其他印刷品也会购买年历，17世纪及之后的年历总销量一定是个天文数字。年历基本上是一次性用品——人们每年都需要购买新年历。根据编者所处的地区不同和每个编辑的独创性，年历有许多不同的版本，例如，1627年，剑桥印刷的年历主题有鸽子、霜、湖泊、河流、斯特洛夫（the Strof）和水域，1629年的主题是克拉克（Clarke）、池塘和河流；1631年的主题则是基德曼（Kidman）。然而，剑桥大学也有一些年没有出版年历，在那些年里，学校出版社可能被包了或者受到了威胁。

虽然圣经印刷工序尤为冗杂，但销路稳定，销量巨大。印刷圣经所需要的字体远比一个印刷商拥有的或能购买的字体要多得多。当时，圣经印刷的工序是一次只能放置一张或两张纸，每一张纸印刷完成后，下一张的印刷需要重新排版。事实上，所有书籍每一次印刷都需要重新排版，因为铅字无法保持固定状态，即便书籍简短也无例外。圣经是内容最长的书籍，一次次的重新排版印刷是供应市场需求的唯一方法。18世纪，德国慈善机构康斯太因协会（Canstein Society）发明了让必要字体保持固定的工艺，铅板印刷也在19世纪得到完善，这些工艺首次用到剑桥的圣经印刷中。

不断的重置排版降低了文本的质量，尤其是在印刷商太急于校对的情况下，这种情况下主印刷商通常是自己校稿，他们常常因为太忙而不能很好地完成校稿工作，或者因为成本太高而不雇用正式的校稿人。巴克和丹尼尔1638年版的圣经在当时是一个重要的印刷项目，他们似乎雇用了编辑和校稿人。但剑桥进军圣经市场产生了另一个重要的影响。1641年，伦敦出现一个宣传册，这个小册子被称为："火花，或划入黑暗库房的一道光。一群神秘的印刷商、合伙文具商以及联合的书商仔细琢磨了垄断者拥有的一些专利和剑桥大学与书商公会各自拥有的特

弥尔顿的《利西达斯》，第一次发表于 1638 年纪念爱德华·金的诗集中。大学图书馆保存的副本是弥尔顿亲自更正的版本（更正时增加了印刷中遗漏的一行内容）

THE
TEMPLE.
SACRED POEMS
AND
PRIVATE EJA-
CULATIONS.

By Mr. GEORGE HERBERT.

PSAL. 29.
*In his Temple doth every
man speak of his honour.*

CAMBRIDGE:
Printed by *Thom. Buck,*
and *Roger Daniel,* printers
to the Universitie.
1633.

第一版乔治·赫伯特的《圣殿》

许状后,开始行动起来,用 8 磅活字印刷圣经,他们的目的是囤货,并过度抬高圣经的价格。"作者迈克尔·斯帕克(Michael Sparke)是清教徒的书商,因出版威廉·普林(William Prynne)的作品而遭到罚款并被抨击。在这一小册子中,他把注意力转向了圣经市场——揭示了巴克兄弟在 1629 年印刷第一版圣经的真相,他们的印制成本为 10 先令,这远低于伦敦的价格。"皇家印刷商有 6 个印刷室,他们可以用同样的方式在 5 秒钟的时间内印刷完成一本对开本圣经,通过这种方式,他们推翻了剑桥印刷,把所有的一切都掌握在他们自己的手中。如果他们的售价一直保持不变,那倒无伤大雅,但事实并非如此。"斯帕克还发现,"在伦敦印刷的剑桥圣经更正了之前的错印内容",但遗憾的是这些剑桥圣经却以伦敦价格在伦敦售卖,"而且剑桥印刷商已与垄断者们达成协议,他们不再自己印刷圣经,而只为垄断者印刷"。

斯帕克认为,专利垄断制度"掏空了人们的口袋,人们自己吃着难吃的黑面包,却让书商享用山珍海味",他呼吁议会作为权威机构必须改变这种情况。不久后,局面得以改变,但这并非出于斯帕克的呼吁,而是君主制被推翻,这给图书贸易的管理带来了重大改变,剑桥大学本身也受到了深远的影响。

1647 年,查理一世被俘,他在走向监禁、审判和断头台的路上经过了特兰平顿,在逃往怀特岛的卡斯布鲁克城堡时带上了他的公祷书,这是巴克和丹尼尔于 1638 年以对开本版式印刷的书。6 月,议会军驻扎在剑桥附近,拒绝了议会通过费尔法克斯提出的解散议会军的提议。1647 年,剑桥印刷了一些不寻常的政治文件,其中有:

《批判对十一名成员的诉讼》
《托马斯·费尔法克斯爵士和其参谋的宣言》
《给国王陛下的五个建议(H.哈蒙德)》
《以军队之名发起的主要罪状》

《军队为国王送上的人头》

《奥特兰法院的信》

《托马斯·费尔法克斯爵士的声明》

《托马斯·费尔法克斯爵士的公告》

《费尔法克斯爵士的代表》

《国王陛下的宣言和声明》

《白金汉郡和赫特福德郡的两份请愿书》

1648/1649 年 3 月,查理一世的大臣荷兰伯爵亨利被斩首,曼彻斯特伯爵爱德华当选为首相。他的职责是在大学进行政治和神学改革,查理一世的支持者和高级神职人员被剥夺院长、教授和院士职位。1650 年,罗杰·丹尼尔学校印刷商的头衔因其工作上的疏忽而被撤回,这可能也是大学改革计划的一部分。

丹尼尔的直接继任者是约翰·莱盖特(John Legate),约翰·莱盖特是之前担任过大学印刷商的莱盖特之子,他是书商公会的自由人,实际上也是书商公会在大学出版社的代理人。他于 1650 年得到任命,但因工作上的失误,任命于 1655 年终止。担任学校印刷商期间,除了一直具有影响力的巴克在幕后支持他,学校对他的工作安排并不满意。巴克与莱盖特达成了一项复杂的协议,这表明巴克还保留有一项权利,但他因为收了钱而不能行使这项权利。书商组成了第三方:

巴克先生应停止剑桥印刷工作,只要他停止在剑桥印刷,书商公会……将每年向巴克先生支付 20 英镑……

未经约翰·莱盖特允许,托马斯·巴克和他的兄弟约翰·巴克都不应为印刷商行使他们的印刷专利权,以便莱盖特先生可在剑桥大学享有唯一的印刷权……

巴克先生拥有许多书的版权,他最近在剑桥印刷了许多书,就他手上现有的书籍(现在他免除了莱盖特先生在剑桥大学出版社的股份，同时他最近印刷了版权内的一些书）书商公会应尽最大努力出售上述所有书籍……

就剑桥印刷厂的所有专利（自创始人比尔时期和莱盖特先生首次被任命剑桥的印刷商以来所购买的所有专利），书商公会应按他们所花费价格的三分之一向托马斯·巴克支付酬金……

约翰·莱盖特有义务自己行使剑桥大学的印刷特权，这是该大学的最大荣誉和声誉，托马斯·巴克和约翰·巴克应在上述大学的印刷厂停止行使其印刷特权，他们的声誉不会因此受损。

罗伯茨，《剑桥大学出版社》，第 62—63 页

值得注意的是，在莱盖特的任期内，剑桥几乎没有出版任何作品，书商公会似乎也没有受到任何竞争威胁。1653 年，受到拥护的克伦威尔成为护国公。为庆祝英格兰取得与荷兰之间的和平，剑桥大学出版社出版了一本拉丁文诗集《和平的橄榄：光明卓越的奥利弗共和国，英格兰、苏格兰与爱尔兰的主要保护者》

这时，书商公会陷于飘忽不定的处境，容易受到竞争影响。星室法庭于 1641 年被废除，因此它的管理权已经失效，其颁布的印刷法令也失去了法律效力，议会在 1649 年重申了旧法令中的一些规定，将印刷限制到伦敦、约克郡和剑桥与牛津两所大学，现在新增了芬斯伯里（Finsbury）。没有君主，就没有国王的印刷商，于是在一段时间内，书商公会侵犯了圣经的垄断权，印刷圣经并建立了他们的圣经库存。但是在 1656 年，克伦威尔下令将圣经的垄断权授予亨利·希尔斯（Henry Hills）和约翰·菲尔德（John Field）这两位合伙人。菲尔德自称为"殿下的印刷商之一"和"议会的印刷商"——所以他相当于是国王的印刷商。而且，他在 1655 年 10 月成了剑桥大学的印刷商，因此在很大程

度上垄断了印刷出版界。

　　菲尔德担任印刷商期间,大学出版社的产量得到了提高,印刷了圣经、教科书、诗集和年历,这显然是出版社与书商公会建立友好关系的标志。出版社还印刷了一些学术作品,其中包括艾萨克·巴罗(Isaac Barrow)的欧几里得(Euclid)作品,詹姆斯·杜波特(James Duport)的一些实用且优雅的作品,以及雷(Ray)的《剑桥初期植物学目录》(*Catalogusplantarum circa Cantabrigiam nascentium*)。杜波特是彼得伯勒学院的负责人兼剑桥大学马格德林学院的教师,有时也担任希腊语钦定讲座教授。蒙克主教谈到他的拉丁诗文时说:"我们发现他的性格真诚、坦率、幽默,这有益于学习到细微的东西。"这犹如在宣布 18 世纪的到来。雷的目录学开创了研究分类植物学的悠久传统,这类研究最初基于当地植物区系的研究而建立,至今仍盛行于出版界。

　　约翰·菲尔德的非凡之处在于他在王朝复辟时期幸存了下来。罗伯茨引用了《伦敦印刷商——对出版界的压迫和过度压迫》(约 1600)的一段话:

　　　　是谁在 1648 年印刷了虚假的《英格兰下议院法案》,以建立高等法院并审判殉难国王?是谁印刷了废除王权,放弃王室血统和斯图亚特王朝头衔的法案?是谁宣布什么罪行应被判定为叛国罪……是谁印刷了 1652 年 9 月 13 日伍斯特战役后的公告,向所有人悬赏 1000 英镑逮捕国王陛下?但只有约翰·菲尔德是英格兰议会的印刷商(菲尔德是克伦威尔担任护国公以来的印刷商并于后来担任剑桥大学印刷商!)……他们侵犯了,而且仍然在侵犯国王陛下的王权,特权和卓越地位……他们难道不是从 1655 年 3 月 6 日起就得到了(现在仍还拥有)最后一份圣经英文译本的手稿吗(经詹姆士国王时代德高望重、博学的翻译人员证实)?

　　　　　　　　　　　　　　罗伯茨,《剑桥大学出版社》,第 64 页

然而，《剑桥哀悼诗与祝颂诗》(*Musarum Cantabrigiensium Luctus ac Gratulatio*, 1658)的出版似乎恰好标志了克伦威尔的死亡，《剑桥学术》的出版则是查理二世复辟的标志。这两份出版物都由菲尔德印刷出版，他先后担任了护国公的印刷商、国王的印刷商、书商公会和大学的印刷商，他在矛盾的双方之间不断周旋，游刃有余，其能力甚至让两面派都自叹不如。

大学出版社与书商公会的和谐关系一直持续到 1662 年，这一年第一个许可证法案出台，法案忽略了书商公会，成立了一个新的许可机构，即印刷术和印刷出版社监督机构(the Surveyor of the Imprimery and Printing Presses)。该法案规定减少印刷师数量，并且还补充了 1637 年颁布的一些条款。法案承认两所大学作为印刷授权机构，但未经垄断者允许，他们不得批准印刷其他人拥有垄断权的书籍。每一本书在印刷出版之后，其原稿需送往国王图书馆和剑桥大学图书馆与牛津大学图书馆。

在这种情况下，学校与书商公会又产生了新的争端，其中学校处于不利地位。学校向大法官克拉伦登(Clarendon)请愿，而国王印刷商则向桑克罗夫特大主教(Archbishop Sancroft)请愿，大主教是伊曼纽尔学院前负责人。冲突双方恢复了先前的协议，问题似乎得到解决。一位富有同情心的旁观者匿名发表了关于校长的一个重要评论，署名为 W.D.[可能是威廉·迪林厄姆(William Dillingham)，时任伊曼纽尔学院负责人]，学校与书商之间的争端由来已久，读者现在或已感到乏味，但这位旁观者从一个全新的视角去审视了这个争端：

> 大学的特权是对公益事业的一种信托，只要大学印刷这些书，伦敦书商公会就会被迫印刷一些较为真实的东西……只关注利益的人不会在意他们的印刷有多腐败，巴先生(巴克)在他印刷的圣经中发现了 200 处亵渎神明的错误；他们印刷的教科书上也出现了数以百万计的错误，且每

一版都在增加,只要巴先生和书商一直保持合作……除非老师十分细心,给学生发放语法书之前亲手改正上面的错误,否则一些语法书在学校还未纠正印刷错误之前就开始被学生使用。学校的目的是让年轻人们能拥有印刷精良的书籍,而整个国家也应该拥有真正的圣经。就这两方面而言,我不禁想到大学受托人,如果他们继续以出租的方式经营出版社,恐怕他们会辜负这份信任。

麦肯锡,《剑桥大学出版社》第 1 卷,第 5 页

　　W.D.的评论可以用来概括当前形势。菲尔德与书商公会有"合作关系",因为他与公会签订了某种协议。但"出租"一词暗示更激进的东西,即大学事实上已经将其特权出租给书商公会,并每年向书商公会收取一定的费用。菲尔德印刷的圣经错误率比巴克的还高,他印刷的 1653 年、1655 年、1656 年版的圣经皆遭到控诉。如果他与公会的有限竞争已转变为完全妥协,那么他的印刷质量会更差。无论如何,W.D.对于公益信托的看法可以有更宽泛的意义:准确性是公众最基本的要求;但信托则可以通过不同的方式来实现,信托更加重要,它是整个出版事业的灵魂和发展趋势。当时竟已经有人意识到了这一点,这极具远见。值得一提的是,与书商公会冲突存在危害,而与其合作却不光彩,这像是一场拉锯战,而正因如此,学校里的有识之士开始寻找更好的解决方法。

　　菲尔德担任印刷商时期的一个重要事件是他在 1655 年把印刷厂搬到了皇后巷。他在皇后巷和银街的拐角处有一处住宅。在这处住宅后面,即现在的圣凯瑟琳学院院长宿舍的旧址上,他盖了一幢长长的楼,那就是出版社所在地。1827 年前剑桥大学的印刷商一直在这里工作,中途有一次短暂的中断。

　　1668 年,菲尔德去世,仍担任印刷商的托马斯和约翰·巴克似乎在之后的一段时间里用其印刷商身份经营出版社谋利。

1669 年,学校临时任命了教务主任马修·惠(Matthew Whinn),以便三个职位都有人担任。同年,学校以不再与书商公会签订任何附加条约作为条件任命了约翰·海斯(John Hayes)。海斯每年向大学支付 100 英镑,以有特权"自己经营出版社,自行处理出版社的问题并享受利润,并单独执行印刷商的工作"。他的任期很长,任期期间一直很活跃。从某种意义上来说,他直到 1705 年去世前一直拥有学校印刷商的头衔。但在此期间,另有五人担任了名义上的印刷商职务,可以认为学校是在有意行使其任命三名印刷商的权利,以保持其特权的有效性。同样在海斯任职期间,本特利创办的新出版社开始运作,这是下一章的主题。新出版社与海斯经营的大学老式印刷社共存,这表明出版社的公共服务和学术服务理念与只考虑商业利益的日常印刷业务存在极大差别,并开始得到重视。

海斯在印刷出版工作上极其活跃且成果颇丰。他印刷了圣经、年历、圣咏和教科书。马维尔和牛顿是他众多作家和编辑中的一员,德莱顿(Dryden)是其庆典诗作者之一,这些贺词至今仍在国家庆典上使用。神学和圣经仍然是学术界的重心所在,但是随着 1688 年的到来和逝去,人们已经意识到教堂与国家间的关系更多地转移到了幕后。拥有实验思维的学者将关注点集中在哲学和科学领域,他们确实也应该如此,而古典学学者则将重点放在文本上。1672 年,拉姆斯(Ramus)的作品仍在出版,但牛顿编辑出版了瓦伦纽斯(Varenius)的《地理学通识》(*Geographia Generalis*),普芬多夫(Pufendorf)的《法学要素》(*Elements of Jurisprudence*)也得到出版;1682 年,普芬多夫的另一部作品出版,同年出版的还有 J. 舒勒(J. Schuler)的《笛卡尔原理实践》(*Exercitationes ad principiorum Descartes primam partem*)。1684 年,一部大学章程出版,J. 巴恩斯(J. Barnes)的《爱德华三世史》(*History of Edward Ⅲ*)是英国历史书籍的代表,巴恩斯的对开版欧里庇得斯(Euripides)作品则是古典学术书籍的代表,人们认为这本书可以与欧洲学术印刷商的作品齐名。

海斯在学校出版社的活动,及学校出版社与书商公会之间的冲突神秘消失,都暗示着他已经违背了对学校的承诺。1670年,他以商定的费率获得了工作保证,签订了另一份不体面的协议。菲尔德的遗嘱执行人——伦敦书商乔治·索布里奇(George Sawbridge),是英语股票的管理人之一,他买下了海斯印刷社的租约和设备,并从中分得了一份利润。由于海斯印刷社的工作是为伦敦书商公会供货,因此索布里奇双边获利。此外,他还挪用公款,独自支配剑桥印刷的股份,而没有将其记入英语股票的账簿。但挪用公款是索布里奇在滥用职权,并非是海斯,这件事表明秘密交易通过简单的转换可以变成贪污。1679年,索布里奇的行为被公会发现,但未受到起诉,他与海斯的合作仍在继续,如此一来,海斯事实上只是充当索布里奇在出版社的代理人,以此换取每年的酬金和一所免租金的房子。索布里奇和他的儿子去世后,海斯与书商公会又达成了类似的协议,因此,书商公会实际上秘密控制了剑桥大学出版社。这是剑桥大学出版社发展的一个低谷期,也许是因为事情已经发展到了这一地步,学校才于1696年尝试去发展一个新出版社。

在将近一百多年的经营之后,出版社陷入了奇怪的处境,其中夹杂着胜利和失败。胜利,是因为出版社从持续的教会和宪法冲突中幸存了下来,其中还包括一场内战,这场内战给剑桥和学校都带来了深远影响;还从与书商公会一百多年里断断续续的贸易战中存活了下来,书商公会应该殷切希望大学出版社在1584年成立之时就被废除掉。但在长期的冲突结束后,一直拥有经济优势的书商公会,通过暗中控制剑桥出版社,遏制了剑桥大学出版社的发展,而这就是出版社的失败所在。

至此,有必要对各个相关问题做出总结。大学本身的权利,或一些与大学相关的权利是主要问题。其中,两项权利可追溯到中世纪。第一项是大学的权利,大学作为教育权威当局,有权就教义问题向学生发表意见,直到 19 世纪晚期,半数学生还定期接受圣职,在教会担任布道者或传教士。1408 年的教士会议的目的是镇压威克里夫的异端邪说,两所大学有责任教授正统教义,压制异教,而这必须通过书面语言和口头语言来完成。至少从那时起,这两所大学已被视为独立的授权机构,与中央政府、郡级大主教和教区的主教相匹敌;这一身份得到了相关的印刷立法定期承认。学校校长和博士正式成为授权书籍印刷的资格人员。

审查权和许可权与出版权相关,但与出版权不完全相同;这是两所大学必须主张和证明的一点,这首先基于大学在中世纪对自我身份的认识,即大学自身是一个与其他机构相对立的机构。中世纪时期,大学首先免除了主教对学校的管辖,然后宣称其在城镇中拥有卓越地位,这导致了无休止的纠纷。在现代读者看来,这些纠纷似乎很荒谬,但由于纠纷牵涉了两所大学的地位和权力,因而当时的斗争极其激烈。给葡萄酒商授权就是斗争的其中一个例子:大学和沃尔特·罗利爵士(Sir Walter Raleigh)的代理人之间发生了一场激烈的冲突,包括一些肢体暴力,这场冲突与大学和书商公会在圣经印刷上的冲突如出一辙,并且几乎是在同一时间发生。罗利在全国范围内拥有特许酿酒商的垄断权,这类似于国王的印刷商拥有的圣经垄断权。但从远古时代起,剑桥大学就已经有权给剑桥的葡萄酒商颁发执照,为此学校不打算承认任何剑桥之外的人后来得到的专利权。伯利不得不耐心的审理这个案件,校长写了一封长信上诉说学校的职员撤掉了由罗利许可的酒商的标志,并"故意抵制这样的葡萄酒,因为他们基本不需要掺杂莱姆酒、艾什酒和水的混合酒,这些酒里还夹杂了小石子和碎砖……有待观察"。校长收到了罗利傲慢的来信(信的开头为:"我并不惊讶于您强硬而傲慢的处理方式",结尾为"您应给予解释的朋友。W. 罗利")。这次纠纷中，大学的特权得到了维护；罗利不得不从其他城镇收取授权费。国王因为授予专利权而引发此类争端，但他也可以通过撤销个人的专利权来解决这些问题。出于这个原因，罗利终于不再给任何人添麻烦。剑桥大学一直在为剑桥的葡萄酒商人授权，这项权力 1894 年之后还仍在延续。

大学坚持管理与自身供给相关的基本事务，给一些商人授权，并授予他们作为校内成员的身份特权，这一做法与学校对文具商的管理运作有重要的联系，因为书商也影响了学校作为许可和审查机构的职能，而这两项职能对出版至关重要。与牛津大学不同，剑桥大学在 1529 年通过请愿将自身的许可和审查职能正规化，并在 1534 年得到了皇家特许状，这与 1534 年的《书籍印刷者与装订者法令》(The Act for the Printers and Binders of Books)立法相一致（绝非巧合）。换句话说，学校的这两个职能已经具有法律效力；学校的特权在 1584 年受到了检验，在 1628 年的第二个特许证中再次得到确认，并得到所有与书籍贸易相关的法律认可，1586 年之后的立法承认了两所大学授权书籍印刷的古老权利，以及肯定了剑桥大学的印刷权。

书商公会在 17 世纪与两所大学的斗争中落败，他们不得不反复承认大学的权利，而中央政府也定期对这些权力予以确认。但是，他们能够维护自己的某些垄断权，因此，大学的侵权行为通常仅限于以特定格式印刷某些书籍或限量印刷特定书籍。实际上，中央当局试图同时捍卫双方的权利，并让双方达成和解。

双方确实达成了和解，但大学与其强大的对手书商公会达成的任何和解都可能是一种有损身份的妥协。在双方如此漫长的斗争中，一个从事出版业的人，通过对这一行业的观察，会同情大学出版社，也会同情书商公会，因为他也体会到了这一行业给每一位从业者带来的经济压力。书商和大学印刷商大都是正派的商人，生存是他们的首要目标，是生活中其他所有一切的基础。他们必须在一个几乎完全由英国人主导的小市场上谋生，如果可能的话，还要依靠这个市场来发财。在这个市场上，公认的版权法几乎没有提供有效的保护。书商公会登记册上的书目，不能为垄断者垄断；任何积极的出版商，要想有稳定的销量，以维持他的出版业务，又要从中获利，并能够支付租金，通常都需要印刷这些书籍。因此，冲突是不可避免的，书商公会和大学之间的冲突是原则性的，双方的诉求都以有效的特许状为基础。双方主要是通过诉诸法律或向国王的行政官员申诉来捍卫自身权利，而且他们也做出了努力，试图寻找临时解决方案。书商公会控制着伦敦各大书店，并具有较强的经济实力，剑桥大学最终只能得到带有容忍性和限制性的解决方案；而且学校总是处于沦为书商公会殖民地的危险中，要么是公开为书商公会印刷书籍，要么就是被公会管理者秘密控制。这种情况发生时，书商公会每年会向大学支付一笔可观的费用，以承认大学的权利。拿这笔钱本身并不可耻，但是大学应将这笔钱明确使用为信托基金。学校作为一个慈善机构，将这笔钱用于日常开销并没有错，但如果将这笔钱进行托管，建立基金，专门用于学术出版，那么学校所做的事将与尽责的大学出版商最终会做的事一样，这些出版商如果继续经营出版社，那么他们会通过印刷更多畅销书籍来资助学术作品的印刷出版。年历印刷的争论比圣经和祷告书印刷的争论要简单得多，年历的印刷准确性问题和《1622年统一法案》(The Act of Uniformity of 1662)颁布前后的教义印刷问题让学校关注了印刷准确性和广泛适用性，因为学校的传统角色是代表教会作为正统教义传播的源头。但圣经是最畅销的书籍，已经高度商业化，这让问题变得更加复杂。然而，对于大学出版社而言，它要有能力履行宗教义务（提供授权版本），履行学术职能（保持文本纯净和优化圣经文化），还要能从经营中获得可观收益，只有这样它才能够有收入，才能支付学校日常的管理费用，同时还要有盈余，这些盈余用于资助投资大且销售缓慢的学术作品。

实际上，这是学术出版的第一个经典出版方案。但毫不意外，学术出版发展得极其缓慢。1662 年，W.D. 想到了以这种方式发展学术出版，颇有远见卓识。劳德主教（Archbishop Laud）通过他在牛津的工作总结和思考，也得出了相似的结论，他的继任者菲尔主教（Bishop Fell）也想到了这些，并把这个想法传递给了更多的人，最后影响了本特利。1759 年，在王座法院尤其是福斯特法官一项明智判决的推动下，伟大的黑石集团考虑到了两所大学出版社的情况，并将这些学术出版的想法具体化。

在剑桥，一家出版社通常有一名印刷师、几名工匠和一两名学徒，他们几乎不可能有这样的远见或觉悟。剑桥大学出版社是一家小型出版社，与其他出版社无异，只是主印刷商与学校签订了协议，这已经成为一种传统协定，具有某种权威性，无须再做商议。印刷商得到学校任命，学校的参议院法案认可这一任命；他要向学校保证不印制任何异教或叛国的言论，并每年向学校支付一笔职务费。这笔钱相当于一笔租金，他必须从书籍印刷和销售中赚回来，同时还要支付印刷厂的租金，购买和更换设备，以及支付工人的工资。出版社、印刷机和字体并不归大学所有，但印刷商知道，如果他在书商那里遇到麻烦，学校会支持他；为了确保特许状的规定在任何法律诉讼中有效执行，他需要确保印刷的每一本书扉页上都有校长和三名的署名，并将这些书的扉页印刷下来单独订成一本书，再将其保存。对于剑桥大学而言，学校知道印刷商会印刷联合文件、荣誉学位考试诗文、通知、面包和其他商品的法定价目表，以及在王室成员登上王位、结婚、生子、打赢战争或签署条约时，印刷大量庆典诗文。（联合文件是大学牧师的名单。荣誉学位考试诗文是专门为荣誉学位考试的开幕式而创作并在典礼上分发的拉丁诗文。面包（或麦芽酒）的法定价格源自大学早期拥有的一项控制权，控制生活必需品的重量和价值。校长会规定：便士白面包应该重 6 盎司 5 德拉克马，等等。而通知可能是一个公告，说城里的某个商人已被禁止交易，也就是说，大学的任何成员不得向他购买任何东西，这使不守规矩的商人迫于经济压力而遵守规则。如果大圣玛利亚教堂的讲道引起轰动，作者可能会将布道辞印制出来。学校里的教员本身是一群潜在的作者、编辑和顾问。印刷商向教员们出售书籍，也会为他们出版书籍，或受他们委托工作，如果印刷商有冒险精神，他会采纳他们的出版建议。很多东西印刷商都会印刷自己的版本，通常情况下，一部学术作品印刷 500或 750 份，教科书、年历或圣经印刷 1500 份甚至更多，然后再将这些书籍销售出去。他的商店和剑桥其他本地书店只有几本的需求量。每年巴恩威尔（Barnwell）附近的斯陶尔布里奇（Stourbridge）会举办大型展览会，这是英格兰甚至欧洲的大型展览会之一，展览会上有书商专用道，并且一直保留到了 1750 年。剑桥的印刷商兼书商会在展览会上售卖他们的书籍，尤其是将书籍卖给乡村书商。但最终，他还是得将大部分书籍寄给圣保罗教堂庭院里的伦敦书商，让他们出售或双方进行交换。这就需要双方之间保持良好的关系；在双方关系不融洽的情况下，学校印刷商会采取更为简便的做法，即为伦敦的大型书商印刷书籍，并收取酬金，这样不但不会惹上麻烦，而且不用花费成本或承担竞争或反对导致书籍库存积压的风险。这些伦敦书商已经走上了我们现在所说的出版商的道路：即支配印刷商的劳动成果。英国图书业的第一位伟大的出版商是雅各布·汤森（Jacob Tonson），他于 1678 年结束了他的学徒生涯。麦肯锡指出，汤森或多或少定义了 1680 年代和 1690 年代的文学市场。而他自然而然也对刚复兴的剑桥大学出版社感兴趣，著名的理查德·本特利是这个新出版社的真正推动者。

7 本特利的"公共出版社"

1696 年,理查德·本特利担任国王专职牧师和圣詹姆士宫皇家图书馆管理员。后来,他成为三一学院的神学钦定讲座教授和院长,他是那个时代最伟大的古典学者,也是最活跃的辩论者之一。他为人刚愎自用,在与人争论或知识辩论中反应敏捷,思维活跃,才华横溢,虽然有时语言锋利,令人反感,但他总能够挫败任何对手。正是因为这样的性格特点,他在后来谈到剑桥新"公共出版社"时,说"新出版社完全由我个人单独规划和创立,由我朋友购入和资助"。(在剑桥,当时的"公共"一词意为"不属于任何学院",等同于如今的"大学"这个词。)

实际上,这一想法是在 1696 年 6 月由学校校监——第六任萨默塞特公爵查尔斯·西摩(Charles Seymour)向参议院提出的。他给参议院写了一封信,内容为:

> 我有幸成为众位大人的仆人,身受这般荣誉,我常思虑如何为诸位行裨益之事。大学应有优秀学者及有识之士,此乃大学当之无愧之特色。大学印刷社的成员常印刷大量精良之作,这些成员皆为博学之才,但难免因印刷工拙劣技艺而殃及文体,以我拙见,众位于印刷社之名望应以复原为益。为此,我冒昧向众位呈上不成熟之计(已随函附上),以起抛砖引玉之效,供众位完善。时下,几位热心公益人士达成共识(应将他们称之为我们的朋友),自愿捐献 800 英镑,

用于实施完善这项有益之事。

　　各位先生，我已完成筹集资金事宜，现需要得到诸位的认同和许可，允许剑桥再次创立出版社。就此项事宜，希望您们能出手相助，让新出版社创立事宜得以完善。完成此事定能让我感到自豪，各位先生也应如是。愿此事能让我有所成就。冒昧打扰，别无他愿，望诸位海涵。您最忠诚、谦卑的仆人。

麦肯锡，《剑桥大学出版社》第一卷，第 6 页

　　这封信的言辞谦逊优雅，这往往与能力和独创性相关。萨默塞特公爵在许多方面都与本特利一样是个有勇有谋的人。他曾就读于三一学院，后来娶了伊丽莎白·珀西（Elizabeth Percy）为妻，伊丽莎白是诺森伯兰郡末代伯爵之女及继承人〔珀西家族因莎士比亚戏剧《亨利四世》（Henry IV）而名垂千古不朽的家族〕。詹姆士二世统治期间，公爵是新教徒，他过于活跃，且言行令人反感，因而不受待见；但 1688 年之后，他开始重新修建珀西家族府邸佩特沃斯庄园，并开启了他颇具影响力的政治生涯。1689 年，他成为剑桥大学校监。他痴迷于自己的血统，并认为他的孩子在他面前要一直站着，有一次他从睡梦中醒来发现有一个女儿坐着，便将女儿继承人的身份从遗嘱中删除。他总是穿着宫廷服，系着嘉德勋章的标志蓝丝带去吃早饭，对待乡邻傲慢无礼，因而从未有人来拜访过他，他平时也总是一个人用餐。回到上面这封信的内容，其中"众位大人的仆人""拙见""不成熟之计"都是经典的修辞语，也就是所谓的自谦语，只有具有强烈优越感的人在假装谦卑时才会使用这些语言。1696 年，这封来自萨默塞特公爵的信可能引起一两个人的质疑，收信人会发现这位极其富有的公爵本人并没有承担提议中的大部分费用（尽管他确实慷慨地把钱捐给了圣凯瑟琳大教堂和三一学院）。

　　公爵可能以自己的名字命名了由他的顾问提出和发展的计

理查德·本特利，来自三一学院的肖像画

划，这些顾问显然包括本特利，或许还包括詹姆斯·塔尔伯特（James Talbot）。塔尔伯特曾是三一学院负责人，现为公爵秘书和专职牧师，并担任公爵儿子的家庭教师，不久后成为出版社的负责人之一。这个计划还咨询了其他人的建议，包括约翰·埃沙尔（John Eachard）和亨利·詹姆斯（Henry James），埃沙尔是圣凯瑟琳学院院士并于 1697 年担任校长，詹姆斯是王后学院院士，于约翰后担任校长。这些人都是资深学者，本特利当时只有 34 岁，但他在 1692 年发表了著名的波义耳演讲，以牛顿的理论作为基础，他相信智慧的造物主创造了宇宙系统，他以《千禧年书信》（*Epistola ad Io. Millium*）开启了他的批判学者生涯，并于 1699 年发表了《法拉里斯使徒书信专题论文》（*Dissertation upon the Epistles of Phalaris*）。他是英国皇家学会会员，是牛顿、克里斯托弗·雷恩（Christopher Wren）、约翰·伊夫林(John Evelyn)和洛克(Locke)的朋友,在这个天才荟萃的团体中,他显然是兼具传统和批判特性的人。那时,英国成为欧洲的文化中心。这些人当时创作的作品,对后世影响深远;皇家学会将牛津大学和剑桥大学联系了起来,事实上,皇家学会在早期是国家特殊学术机构,这样的学术环境自然就催生了创立学术出版社的想法。事实上,牛顿的第一版《数学原理》(*Principia*,1687)是由英国皇家学会赞助出版,学会秘书哈雷(Halley)担任编辑和制作负责人,并负责支付印刷费用。

收到萨默塞特的信两周后,学校于1696年7月10日颁布一项法令,授予本特利为新出版社采购铅字的权利,法令让他担任学校的代理人,有权代表学校行事。实际上,萨默塞特的倡议让学校的地位发生了改变,学校原本只担任管理当局,有权任命商人来为学校开展印刷工作,不拥有任何出版设备,但现在学校变成了出版社、印刷机和铅字的持有者。新出版社的固定设备用公爵的借款和支持者的捐款购买,并由本特利监督管理使用。本特利并没有亲自去荷兰购买铅字,而是委派了科尼利厄斯·克朗菲尔特(Cornelius Cronefelt/Groenevelt),即后来的克朗菲尔德(Crownfield)来完成这项任务。克朗菲尔德是一位荷兰印刷商,他能干、做事积极,印刷技术娴熟,本特利打算让他担任新出版社的负责人(或者督察,克朗菲尔德是出版社第一个被称为督察的人)。

学校的这些行动引起了约翰·海斯的质疑,约翰·海斯于1669年被任命为剑桥大学印刷商,之后自己创办了新印刷厂,并一直担任负责人,他代表书商公会行事,每年向学校支付一笔可观的特权使用费。学校这时必须与书商公会进行谈判,向书商公会保证学校设立"公共出版社"的目的是为校内成员提供学术印刷服务,这是纯粹的学术出版,并非以竞争为目的:"他们无意印刷任何有损书商公会利益的书籍,而只是印刷一些作家的经典著作和必要的学术作品,他们想要租用公司的印刷厂……"

书商们一定觉得这一切都很安全，他们没有理由因为这种堂吉诃德式的幻想感到惊慌。

起初，新出版社设于一栋新楼里，或者更确切地说是一座有了新用途的小剧院，距离海斯的印刷厂仅有几步之遥。这个地方本应为海斯使用，但他拒绝搬离原来的出版社，因此学校就取而代之，将其设为了新出版社。把剧院用作出版社是有些奇怪，这栋精美的建筑完全不适合用作印刷厂，而牛津大学谢尔登剧院就是这么一个例子，但这对于印刷商而言就再方便不过了。不论适合与否，剑桥大学的小剧院在1697年后半年被改造成了印刷厂，并使用了几年的时间。1716年，剧院被归还给学校，用作化学演示室和解剖室（这在阿克曼的一幅画中有说明），并于19世纪40年代拆除。如今，小剧院唯一残留的痕迹就只有圣凯瑟琳研究员停车场边上的三角门了。

同时，海斯说服了学校让他永久保留他的印刷厂（他于1705年去世）。学校同意了此事，因为海斯向王后学院支付了租金（时任院长为亨利·詹姆斯），而且他每年向学校支付150英镑的出版商职务费，这些费用或许由书商公会承担，但都由他经手。海斯去世后，书商公会将职务费提高至210英镑，条件是大学不再印刷100本或以上书商想自由发行的书，而书商公会也不再在剑桥印刷书籍。这是一个重要的休战协定，书商之后搬离了剑桥大学，但同时剑桥大学的出版也受到了限制，因为它不能印刷任何营利性书籍。

小剧院印刷厂其实已足够大，但海斯去世后，克朗菲尔德在1707年年中把印刷设备搬进了海斯的印刷厂，那个地方更大，也更方便。克朗菲尔德最初担任出版社督察，1705年他成为大学印刷商。他想方设法让萨默塞特和本特利的企业赢利，但最终失败了，这并不是因为他精力不足或缺乏技能。借助后见之明的优势，历史学家可以说，创办新出版社的尝试是有必要的；这是剑桥大学第一次尝试探索如何经营印刷社，探索什么样的组织结构和经营模式能够让学校真正持有和成功经营出版社，并最终将其发展成为一家出版企业。

学校的第一个尝试是出资建造自己的印刷厂并购买新的印刷设备，任命一名经理（克朗菲尔德担任督察）并聘请只对学术出版感兴趣且品格高尚的企业家来管理出版社。这是一项重要的举措，从那时起，学校便开始拥有出版社和出版社的所有设备。克朗菲尔德作为出版社的一名雇员（担任印刷商和督察得到的工资较低），他显然要通过其他方式来增加收入。他还担任上文提到的出版社管理者之一，并自己印刷和销售书籍，此外，他还是出版社技巧最娴熟的排字工人和校稿者。年底时，出版社对整年的工作进行核算，收入与支出持平，学校为新出版社的运营赤字提供资金。

另一项重要举措是，学校成立了自己的管理委员会。1698年剑桥大学参议院通过了一项法令来任命出版社的监理人。这是一个烦琐的监管组织，组织成员名义上包括校长、16名学院领导、9名教授和12名提名成员，但其法定成员人数仅为5人（有点现实主义）。1698年10月又增加了3名成员，1699年4月增加了17名成员，总人数达到58人。这个庞大的团体很快就分成了几个小组，每月轮执，每周例会（这是最初的管理模式）。

1696年，本特利做了一些笔记，题为"本特利博士对出版社的运营构思"，提出了运作章程和原则。这值得一读：

1. 出版社常任监理人有校监、校长、钦定讲座教授和玛格丽特夫人神学教授、法律教授、物理教授、数学教授、希伯来语和阿拉伯语教授、希腊语教授以及现任国王陛下的图书馆管理员本特利博士，以上人员负责对出版社进行监管；如有必要，该人员名单还可进行增加。

2. 所有用新铅字印刷的书籍都可由三名或以上监理人进行授权印刷，监理人在做任何书籍印刷相关决定时，需

新印刷厂于 1697 年由旧剧院改建而成。约翰·海斯的印刷厂就在图片右侧前景的外面,皇后巷和银街的拐角处,建于 1655 年。1707 年,克朗菲尔德搬进了这栋大楼,"新"印刷厂归还给了大学

要深思熟虑，谨慎授权。

3. 在监理人的领导下，或应由监理人任命一名档案管理员，该职位可暂时任命公共图书馆管理员，或其他监理人认为有资格担任该职务者，受任命者只要其表现得当，可终身担任该职务。档案管理员的职责是对出版社进行定期检查，并直接引导印刷商、校对人员及下级所有人员工作；同时需要管理模型版、打印器，须将其小心保存于公共箱子中；所有书籍，凡需要新铅字印刷，须由承办者将书籍上交与档案管理者，再由管理者交与监理人，经监理人审查后方可交与出版社印刷。

4. 在监理人指导下，档案管理员可同意以承办人名义使用新型铅字；或在监理人指示下接收或使用监理人指定为出版工作所用的相关款项，管理员有义务在会议上向监理人报备相关事宜。

5. 如果出版商受雇于监理人，则监理人可决定出版商与书商之间的图书价格。

6. 任何人，凡愿意出版监理人批准书籍，经监理人任命，可从学校账房和学校指定的年度基金中获得一笔奖励（从书商处得到的奖励除外），该奖励可视为其功绩，该项奖励或还需经档案管理者同意。

7. 任何经过出版商二次审查的书籍，如未经档案管理者检查，不得印刷出版。

8. 上述所有监理人或其中五人（必须包含校长在内）每年可举行2—3次会议（日常举行的例行会议除外），以特别视察出版社情况；处理新铅字相关的所有收支账目；查询有关人员是否履行职责，出版社是否运用适当的印刷材料，是否聘用能干的工人；以及在最有利于大学荣誉和利益的情况下，增加、修改或削减他们认为必要的内容。

1698 年 8 月 23 日，监理会举行第一次会议，13 名监理人员参会，共同商议以 4 开本印刷维吉尔、贺拉斯、泰伦斯、卡图卢斯（Catullus）、提布卢斯（Tibullus）和普洛佩提乌斯（Propertius）的作品，这些书籍按雅各布·汤森的要求印刷，并由他承担费用。汤森发现古典文学书籍具有潜在市场，每一个有学识的人，都应该拥有版面精致、印刷正确的古典文学藏书，不论是否翻阅这些书，这些古典文学都应以更小版式大量印刷，供学生使用。这批书用克朗菲尔德从荷兰购买的漂亮铅字进行印刷。监理会第二次会议同意在剑桥雇佣一名下级校对员对这批书籍进行仔细校对，即清样校对者代原编辑进行校对。新出版社向欧洲的学术界和英国的上流社会表明，剑桥有一家出版社，这家出版社将与欧洲大陆的学术印刷相齐名。

在这些早期的赞助下，泰伦斯的作品由伦格（Leng）编辑，伦格是监理会成员之一，后任诺威奇主教；贺拉斯的作品由另一位监理人塔尔博特编辑，塔尔博特是希伯来语教授；卡图卢斯作品、提布卢斯作品和普洛佩提乌斯作品由安斯利编辑；维吉尔作品由劳顿编辑。1711 年，本特利编辑的贺拉斯作品出版，该版本的编辑极其谨慎细致，这让塔尔博特的版本遭到抨击和质疑。本特利的传记作者蒙克（Monk）说，本特利编辑的这本书对之前的普通文本进行了 700 到 800 处校改，"与以往任何拉丁文作家的版本不同"。本特利在 1726 年编辑出版了泰伦斯作品，旨在取代和压制弗朗西斯·黑尔版本的特伦斯作品。

本特利在出版社以自己的名义出版书籍，并自己承担出版费用，这并不意外。1687 年，牛顿的《自然哲学的数学原理》（*Philosophiae Naturalis Principia Mathematica*）一书首次在伦敦出版。这本书一经出版，立即在英格兰和整个欧洲引起强烈反响，因为它证实了牛顿本人的主张："我已经奠定了哲学的原理；但这些原理不是哲学上的原理，而是数学上的原理；也就是说，我们可以此为基础进行推理……运用相同原理，我已经证实了世界体系的框架。"——这并不是一个普通的主张，这个主张已经得到证实并为人们所接受。这本书已经绝版了，而牛顿自己的思想也在继续发生变化。那些具有真正划时代意义的两三部科学和哲学著作中，总有一部需要重新再版，牛顿就读于剑桥大学，学校迅速将他的《自然哲学的数学原理》（以下简称《原理》）作为本科生的主要教学内容。而在这本书再版的过程中，本特利将他的才能运用得淋漓尽致。他除了有远见卓识，开启了这一系列工作外，还在印刷准备过程中格外谨慎，极具耐心，并展现出了非同寻常的外交才能。牛顿似乎对本特利的动机表示怀疑。他很了解本特利，他说："他为何贪得无厌，他爱钱，那我就让他得到钱。"但另一方面，牛顿本身的性格也非常复杂多变，他诋毁本特利，这或许只是一种下意识的行为，以此让自己免遭他人的审视和批评。事实上，本特利品格高尚、为人务实，勤奋好学。他在接手印刷工作时，表现出了对印刷真正的兴趣，以及对具体细节的敏锐观察力。他给牛顿写了一封信，信中附上了一张样本页，他在信中说道：

> 希望你能喜欢新版编辑和这封信，通过一番尝试，我们对你的书进行了重新排版，编排比原版更恰当。校样已随函附上，你会在上面看到一些改动，改动部分已用大写字母标明，我希望这些改动能让书籍变得更好。校样是从你之前的版本上复制下来的，上面有你自己做的修改和添加的笔记。仔细对比校样和最终版，你会看出我在后面做了一些改动，这些改动在我看来都是合理的。原来的版本每一页都没有页眉标题，这样的编排不太合理。原版每一章节的标题为缩写的"解一、解二"（Def. Ⅰ. Def. Ⅱ.），新版采用全称和大写的编排方式，将章节标题改为"解说：一、"（DEFINITIO. Ⅰ ＆ c.），《惠更斯论震动》（*Hugenius de Oscillatione*）这本书印刷得非常巧妙，它也是通过这样的

方式编排的。对比新旧两个版本,你会发现新版通过对细节和字母大写的变化来进行强调,让意思更加清晰明了,而这个样张所展示的旧版却没有这样编排。

麦肯锡,《剑桥大学出版社》第一卷,第 168—169 页)

本特利让罗杰·柯特斯(Roger Cotes)担任这本书的再版编辑,科特斯当时 27 岁,是一位有远大抱负的数学家(23 岁就担任了普鲁米安天文学教授),他编辑时将牛顿的修改和他个人的修改相结合。他通过仔细研究牛顿的成果,经常能够提出改进建议,甚至纠正错误,牛顿在与他的通信中极不乐意地承认了这一点。修改工作通过书信沟通的方式进行,这项工作花了 3 年时间完成,1713 年,新版终于得以出版。

柯特斯一生中只在剑桥出版社出版了一部作品,即 1722 年出版的《调和计算》(*Harmonia Mensurarum*),该书于 1732 年再版。他的作品《流体静力学和气压学讲座》(*Hydrostatical and Pneumatical Lectures*)在他去世后得以出版。继牛顿之后,有一小部分杰出的学者将目光转向了自然科学领域,柯特斯就是其中一人。柯特斯英年早逝,他的抱负没有实现,牛顿说:"如果他还活着,我们可能还会有更多的发现"。但是柯特斯既没有收到本特利的报酬,也没有得到牛顿的公开致谢。事实上,牛顿曾在一时冲动下于序言中表达了对柯特斯的敬意,但他撤销了这份序言,并且删除了文本中提到柯特斯的内容。本特利的账目显示,他以 117 英镑的价格订购了 700 本《原理》。到 1715 年底,他已经赚取了 200 英镑的利润,700 本书只剩下 71 本。1714 年和 1723 年,新版《原理》在阿姆斯特丹被盗印。

如果作者是一个完美主义者,其作品的印刷出版则会耗费较长时间,这将会严重阻碍出版社的繁荣发展。1703 年,本特利的贺拉斯作品开始印刷,但整本书直到 1711 年才得以出版。这本书没有排好版,因为印刷商拥有的铅字不多,日常印刷工作都要用到这些铅字,印刷商负担不起铅字闲置的费用。因此,这本书一次只能印一到两张,并保存在仓库里。如后面的内容有所改动,影响到前面的内容,那么印刷好的内容就要作废并重印。牛顿是一个完美主义者,在书籍印刷完成后很长一段时间,他还继续对内容进行更正和改进。

PHILOSOPHIÆ
NATURALIS
PRINCIPIA
MATHEMATICA.

AUCTORE
ISAACO NEWTONO,
EQUITE AURATO.

EDITIO SECUNDA AUCTIOR ET EMENDATIOR.

CANTABRIGIÆ, MDCCXIII.

1713 年牛顿的第二版《原理》,由本特利策划,柯特斯编辑。两旁有天使支撑的剑桥徽章刻版,这是由西蒙·格里贝林为本特利的出版事业制作,用于当时出版物的版权页标记

剑桥大学出版社对学术印刷出版充满斗志，德国学者卢多尔夫·库斯特（Ludolf Kuster）编辑的《苏达斯希腊语词典》(*Suidas Greek Lexicon*)的出版就是一个鲜明的例子。这部词典的印刷也是由本特利提出来的，但他把这项任务委任给了中介约翰·欧文（John Owen），由欧文负责提供资金和书籍销售方面的专业知识。这是一个大规模的项目：三卷双栏对开本，用两种规格的希腊语和罗马字体印刷，需要印刻章节花饰并装饰首字母，总印制 1500 份。这一印刷版式极好，足以与 16 世纪的学者印刷商的作品相媲美。但书籍印刷速度比出版社期待的要慢很多，印刷花费 4 年时间才得以完成。书籍印刷中途，欧文就破产了（尽管合作还在继续），伦敦的创业者西奥多·詹森爵士（Sir Theodore Janssen）成了他的合伙人。项目进行到 1705 年时，监理人开始面临成本收回问题，这不只是为了他们自己，也是为了欧文和詹森的付出（更不用说克朗菲尔德了，他为这次复杂的印刷工作解决了很多难题）。这版书定价过低，但还必须给订阅者提供更低的订购价，并给予书商一定的优惠。后来，随着时间的推移，出版社发现海外销售通常是通过兑换进行，因此很难将书籍转化为现金。由于销售缓慢，长期储存导致库存积压问题，学校在 1733 年成立了一个出版社委员会（该术语首次与出版社联系使用）来解决这一问题。1748 年，这套书库存还有 300 本，储存在伦敦的一个库房中，学校每年都要支付储存费。1752 年，学校将这套书廉价出售，以每套一几尼的价格全部卖给一位剑桥书商（几尼为英国旧时金币或货币单位，价值 21 先令，现值 1.05 镑）。这是一个悲哀的故事，因为这部作品本身极具价值。这个项目从开始到结束，过程极其漫长，从头到尾都没有得到关注；因此不得不怀疑学校是否从这件事中吸取到任何经验教训，或者是否能够知晓整个事件的前因后果。

现存账目表明，在这一时期，只要出版社一直在经营运作，每年都会产生赤字，这无法避免。顾客支付的现金和书籍销售所得经常低于当年的工资支出;再加上日常开支,学校发现每年都要给克朗菲尔德支付一大笔钱,但似乎没有人想到用书商公会支付给学校的那笔钱。18世纪30年代,出版社交易额下跌,1737年,学校成立新的委员会来调查出版社的经营。1741年,委员会报告说,1698年到1738年间,学校的开支超出收入3000英镑;出版社每年完成的工作量在减少,因此每年的损失在增加。唐纳德·麦肯锡指出,出版社实际记录的损失总计1814.18.11 $\frac{1}{2}$ 英镑,因此委员会要么是为了达到效果而夸大其词,要么是计入了名义利率上的利息费。他还指出,在同一时期内,书商公会给学校的款项,如果得到适当投资并分配于印刷和出版账目,就足以弥补亏损,并有所盈余。因此,从理论上讲,即使按照1696年差强人意的模式经营,剑桥大学也可以运营"公共出版社",并保持收支平衡。

但想象总比实际容易,想象的财务管理是一回事,好的财务管理和积极的政策是另一回事。出版社在经营管理上的许多事都需要靠克朗菲尔德一个人来监督和策划,分派给他的任务太多太重。克朗菲尔德拥有多项技能和本领,他是一个精力充沛的人,但到18世纪20年代中期,即使是他这样的人也开始感到倦怠。他从1696年开始担任出版社督察后就一直在出版社工作,并于1705年担任印刷商。那些在30多年前跟他一起充满斗志地创办新出版社的人,有些已去世,有些离开了剑桥,有些也上了年纪,这些让他的精力更不如以前。克伦菲尔德于1740年开始领取养老金,1743年去世,葬于其担任教会执事的圣博托尔夫教堂(St. Botolph's Church)。

第一批监理人对出版社的经营管理可谓满腔热情。他们的选任大多都基于资历,并非是否适合这个职务,或对出版有真正持久的兴趣。由于他们人数太多,所以无法成为有效委员会,但成员们从未一同出现过,这反倒解决了人员冗杂的问题。他们设立的监理人小组每次只负责监管 1 个月,这并没有起到真正的持续监督作用,而会议记录显示,他们只关注小细节而不关注管理政策。1699 年 9 月 6 日,监理会一致同意要求克朗菲尔德购买 12 加仑亚麻子油、1 卷羊皮纸,并更换窗扇。印刷商确实需要大窗户,这些窗户通常没有装玻璃,而是用油纸封住,这些油纸是半透明的,能防风雨。每年巴塞罗缪节之后,这些油纸都要重新更换,每年的这一天印刷厂要为书商们举办娱乐活动或印刷商宴会,巴塞罗缪节标志着夏天的结束,此后的工作大多都要在烛光下进行。我们可以想象出监理人在 1699 年饶有兴趣地了解到这些知识,但这并不是复杂的金融知识或深层策略知识。校长当然是监理会主席,但校长每年一换,所以根本不懂这一行。所有安排必然会把实际的管理工作交给克朗菲尔德负责,而因为缺乏效率,监理人渐渐失去兴趣。因此,监理会(后来的委员会)似乎先是失去了动力,而后又渐渐不再开会;在 1725年到 1737 年新的委员会得到任命之前,没有任何会议相关记录。简而言之,出版社已经从斗志昂扬的时期过渡到 18 世纪中叶的停滞期,大学本身在这段时期中也没有经历大发展,因此基本上也不会给出版社带来任何影响。

在此期间,出版社已经开始印刷一些具有重大影响力的作品,如:汤森的经典文学著作,本特利出版的作品包括他自己版本的贺拉斯作品和牛顿的《原理》,以及《苏达斯希腊语词典》。从新出版社创立至 1705 年期间,海斯还在印刷年历、圣咏和教科书,1705 年后,克朗菲尔德经营出版社,出版的皆为学术作品。当时仍存在许多有争议的神学流派。威廉·惠斯顿是一位颇有名望的数学家,也是牛顿的朋友,出版社印刷了他的一些著作。牛顿并不是一个思想正统的人,而惠斯顿的异端学说或就是缘于他的影响。正如理查德·韦斯特福尔(Richard Westfall)所说:

惠斯顿并不像牛顿那样性情"焦虑、谨慎、多疑"。他只要发现真相，就会搭起路障来保卫真相。1707年底，他在波义耳演讲中公开承认了自己的预言。他一旦迈出这一步，就忘记了什么是谨慎。他在剑桥公开宣扬自己的观点，出版了大量的神学作品，旨在冲击正统，并亲自在大学传播这些思想。他有一本神学作品是《关于几个主题的布道集和散文集》(Sermons and Essays upon Several Subjects)，这是1705年一篇布道的翻版，布道最后以对基督的祈祷为结尾："与真主与圣灵，三个人和一个神同在，都是荣誉、荣耀……从今以后，直到永远。"但在文集末尾，出现一个印刷错误，变成"在圣灵中阅读，删除三个人和一个上帝"，这误导了读者。在这个节点上出错，对他极为不利。当时，为了让保守政治获得更大荣耀，臭名昭著的萨切维尔(Sacheverell)博士鞭笞了东正教的偏执狂，他抓住了惠斯顿的这个错误，将其作为亵渎神明和不信教的例子。1710年秋天，惠斯顿受到校长和院长传唤，他被指控违反大学章程，信奉阿里乌主义，他选择通过攻击诉讼程序来为自己辩护。他发现自己被撤销了职务并被赶出学校，这让他非常痛苦，而他似乎已将自己视为新的路德，将领导最终的宗教改革。在他的余生中，他一直在抗议自己遭受的不公正待遇，并一直困惑为何教会没有遵循他的领导。在此类问题上，牛顿从未让自己陷入如此境地。剑桥大学在驱逐牛顿选定的继任人时，他静静地坐在一旁，一言不发。三一学院负责人本特利选择缺席对惠斯顿的审判。

　　　　　韦斯特福尔，《永不停息》(Never at Rest)，第651页

　　出版社发现自己出版了惠斯顿的数学和神学作品，在1702年到1710年的大部分时间里，惠斯顿的名字以作者的身份出现这类出版物上；1708年他的名字出现在《圣经预言的成就》(The

Accomplishment of Scripture Prophecies）和《新地球理论》（*A New Theory of the Earth*）两部作品上。

　　奈特的《伊拉斯谟的一生》（*Life of Erasmus*，1726）在长达一个多世纪的时间里一直占据经典文学的主要地位；里昂的《希伯来语语法》（*Hebrew Grammar*，1735）延续了人们犹豫选择学习希伯来语还是阿拉伯语的传统，这一传统开始于奥克利的《东方语导论》（*Introdiictio ad Linguas Orientates*，1706）。巴尔内斯的阿那克里翁（Anacreon）作品（1705）和荷马（1711）作品都是令人称道的版本，采用了剑桥优美的希腊字体印刷。1721 年，科尼尔斯·米德尔顿（Conyers Middleton）在伦敦出版了一本小册子，讽刺本特利出版新版希腊《新约》（The Greek New Testament）的提议，这导致了一场争议的爆发，这场争议与本特利相关，同时也是他引起的。本特利错认为作者是奈特布里奇的伦理神学教授约翰·科尔巴奇博士（Dr John Colbatch），他以更具侮辱性的措辞对此进行了回复，并诽谤了科尔巴奇。克劳菲尔德发表了这篇回信，还售卖了这封回信，而因为售卖回信，他在校长法庭受到起诉。而本特利本人也被传唤出庭，但他最终用特有的聪明才智逃脱了惩罚。尽管这只是本特利与他的同事们长期斗争中的一个小插曲，但却具有一定的特点。一天早上，科尔巴奇醒来发现自己受到了严重诬蔑。眼下，本特利认为在伤害科尔巴奇这件事上，他只是打错了敌人，这让他突然变得极其警惕。最后的结果是科尔巴奇从一个无辜的受害者变成了罪犯，因为他试图为自己辩护，但他的辩护不得当且筹划不周。最后，他因为写了另一本小册子，声称剑桥大学不服从威斯敏斯特地方法院的权威，而遭到王座法院以藐视法庭为由定罪。他因此被罚款 50 英镑，如果拒不支付罚款，他将面临监禁。

　　本特利像冒险故事中的英雄一样自由自在，不受束缚，他采取了一系列有谋略而又合法的步骤，让科尔巴奇在余生中困惑：

挑衅者是如何变成了无辜的一方。但这是本特利的天赋，或者说是他众多天赋中的其中一个。他开始可能是犯错的一方，但他会抓住对手的错误，让其陷入不利地位，从而使自己变成委屈的受害者，最后让士气低落的对手认为这可能就是上帝的惩罚。科尔巴奇事件发生在本特利与米德尔顿（Middleton）的一场斗争之后，在这场激烈的斗争中，本特利暂时被剥夺了学位。本特利为此进行了几年的诉讼，最终胜诉。他的宿敌米德尔顿成了大学的图书管理员，并在出版社出版了几本书，包括《英格兰印刷起源》(*Origin of Printing in England*, 1735)。他早先出版的《剑桥大学书目编排法》(*Bibliothecae Cantabrigiensis Ordinandae Methodus*, 1723)使他遭遇了与科尔巴奇同样的命运，而且是基于同样的原因：他被判蔑视法庭罪，受到罚款、定罪，并只有在支付罚款并保证一年内规范自身行为后才得到释放。这个结果可能让本特利极为满意。克朗菲尔德有四台印刷机，一次最多可雇佣七名排字工人。按当时的标准来看，出版社不是一个小企业，它持续经营的时间极为长久，并在巅峰时期运营良好，它本身就是一个卓越非凡的出版社。出版社的实际功劳必须归于积极的克朗菲尔德。但是，萨默塞特校监和杰出的本特利也为出版社立下了功劳，他们提出了创立学术出版社的想法，让出版社为学校所有，并由一组资深人士进行管理，只出版学术作品；而学校作为一个教育、宗教、学习、研究的场所，本身也有更大的功劳。

8　18 世纪

　　惠斯顿失去了教授职位,并于 1710 年被学校开除,他觉得自己遭到了不公平对待。这件事如果发生在 1510 到 1610 年间,他有可能会被烧死,即使在 1610 年到 1710 年间,他也本应该遭受酷刑,但是他没有,时代无疑在改变。在 1710 年之后的一个多世纪里,对于在剑桥大学担任相关职务的人而言,不遵守国教信条仍是一个严重的问题,但发表代表个人观点的文章变得越来越普遍。这在一定程度上是由于出版本身已经没有受到严格限制。在印刷业刚发展的前两个世纪,王室对印刷进行了高度控制。为此,剑桥大学做出了种种努力,才让其印刷中心得以存续,剑桥大学的印刷出版业之所以得以发展,主要归功于学校作为书籍印刷授权机构的特权。剑桥大学在得到了伦敦以外地区的印刷权之后,又必须得到相关书籍的印刷权,否则这些图书将为书商所垄断。

　　18 世纪,人们认为垄断显然限制了自由贸易的发展,越来越多的人反对书籍印刷垄断。剑桥大学和牛津大学不再以合作伙伴的身份在出版界中行事,这变得越来越有必要,而他们与书商公会达成的和解也是倾向于此。1695 年,随着《许可证法》(The Licensing Acts)的废除,印刷业得以自由地向伦敦以外地区扩展,以本地市场大众贸易为主的郡级印刷业开始兴起。现在,政府主要运用经济或财政形势限制出版,并对一些出版物和纸张进行征税。与此同时,版权法也逐渐向今天的版权概念发展：作者和印刷商拥有书籍版权，书商公会登记册中记录的版权也渐渐移除。自 1665 年，在一系列许可证法的作用下，所谓的版权图书馆得以建立，随后，1710 年的一项法令取代了这些法令，并明确规定了九座版权图书馆。《1711 年历税赋法》（Almanac Duty Act of 1711）颁布，政府开始对纸张征税，1690 年的税率从 5％上升到 10％，1700 年上升到 15％，1712 年上升到 20％。18 世纪晚期类似的法令重复确立，随之重复的还有一个重要的法令附加条件，即两所大学支付的拉丁文、希腊文、东方语言和"北方"语言书籍的纸张税款可以退回。版权法对古老的大学图书馆极其重要，而所谓的纸张"退税"佐证了大学出版社所从事的是公益事业。如今，人们越来越倾向于把大学出版当成一种公共服务，认为大学出版社是国家财产的一个组成部分。

18 世纪 30 年代，出版业萎靡不振，剑桥大学出版社的经济发展也毫不意外地随之走向低谷。那时，克朗菲尔德已经老了，本特利陷入与同事的一系列暴力争端之中，这两位让出版社在 1696 年得以复兴的重要人物慢慢退出舞台。1737 年，一项法令重新任命了出版社委员会成员，让他们全权代表出版社。该法令指出，学校 40 年前为了获益而设立和使用的印刷设备现在管理不当，学校为此遭受巨大经济损失。这个说法在某种意义上并不合理，因为新出版社的创办者和老一辈监理人所构想和推行的并不是商业政策。最终，委员会提出整改建议，其中有一条建议较为精明，并改变了出版社的发展方针。建议如下：

以大众最青睐的版式印刷圣经，理由是：1. 为大众提供一本版面比当前圣经更精美、印刷比现有圣经更准确的新版圣经。2. 为了大学的荣誉：出版社出色完成这项工作将会让大学的荣誉得以提升。3. 为了保证出版社员工的稳定就业，保留能干人手，以随时为任何印刷工作做好准备。4. 印刷圣经能为学校带来可观利润。

1706 年，书商公会与剑桥大学签订了一份宽限契约，双方达成和解。英语圣经贸易一度掌握在约翰·巴斯克特（John Baskett）手中，他同时享有皇家印刷专利和牛津大学的印刷出版特权。他出版过一些印刷精美的圣经，也出版过一些错误百出的圣经，其中较为典型的错误被戏称为"巴斯克特式印刷错误"。巴斯克特家族从 1709 年起就取代了巴克家族，成为皇家印刷专利的世袭持有者，并在 1772 年将其传给了艾尔家族。但专利持有者通常会暂时出让专利权，并让受让人充当其代理人，正因如此，其他出版商的名字常以"受让人"的身份出现在一些伦敦印制的书籍上，巴克和巴斯克特作为不同时代的领头书商，他们总是乐意与书商公会签订股权协议。18 世纪前 40 年，有 3 个最常见的出版商标识，第一个是"贝尔和纽科姆女遗嘱执行人"（Bell and executrix of Newcomb），这是 17 世纪书商协议的遗留物；第二个为"牛津大学印刷商"（University Printers Oxford），这个出版标识主要出现在书商公会指定人获得牛津大学任命时期（这与书商公会通过海斯控制剑桥大学出版社的时间大致相同）；第三个为"巴斯克特及纽科姆、希尔斯受让人"（Baskett and the Assigns of Newcomb and Hills），这标志了巴斯克特在 1713 年主导了伦敦图书贸易市场，1715 年主导了牛津大学印刷出版社，他于 1715 年以"国王陛下和牛津大学印刷商"的身份在牛津大学印刷了一版对开本圣经。他用年费买下了在牛津大学的职位，他还在伦敦与纽科姆和希尔斯的受让人达成了一项协议。1716 年，他甚至得到了国王的苏格兰印刷商专利权，在对持有这项专利的其他股东进行诉讼后，他的名字于 1726 年开始出现在苏格兰圣经的版本信息上。这类出版大亨并不崇尚学术精神，剑桥重新进入圣经出版业定会受到欢迎。

　　在此期间有一段奇怪的插曲。在 1730—1738 年间，剑桥大学没有将圣经印刷权租给书商公会，而是将其租给了一个名为"詹姆斯兄弟"（Mr James and Company）的企业，该企业对印刷历史拥有浓厚的兴趣。

圣经销量巨大，但因为圣经版面较大，且每次印刷都要重新编排，销量优势已经掩盖不了印刷上存在的短板。虽然圣经印刷是劳动密集型工作，但劳动力比铅字便宜。铅字是一种资本，需要不断重复使用且不得停滞，而排字工人和印刷工人的工作速度必须能够赶上它的速度。这样的印刷方式严重影响文本的准确性，在一次次的印刷中，只有少数错误得到更正，旧的错误在不断重复，新的错误也层出不穷。

1710年，德国的卡尔·希尔德布兰德·冯·康斯太因（Karl Hildebrand von Canstein）在德国城市哈雷创立了康斯太因协会（现仍作为圣经工会存在），他正面解决了这个棘手的印刷问题。康斯太因协会是一个深谋远虑的慈善企业，这个企业用固定铅字的方式解决了印刷问题。铅字固定后，可进行反复印刷，直到铅字磨损再进行更换，每一次印刷间隙，印刷错误可得到更正，且极少需要重新排版。康斯太因是一个传福音机构，他们的圣经售价低廉，这让商业出版商失去竞争优势并逐渐被市场淘汰。

"詹姆斯兄弟"想到了另一个方法，这是后来发展的铅板印刷的雏形。一个名为格德（Ged）的苏格兰人发明了一种印刷工艺，通过这种工艺可将整页字体印在模具中，再用模具制作金属铸件并作为印刷面进行印刷。铸件中的铅字可从模具中松开供进一步使用，这种印刷方式准确度高，且花费的成本在印刷商承受范围内，即使以康斯太因版的圣经价格出售，也不会让印刷商走向破产。格德、书商芬纳（Fenner）、铸字工人托马斯·詹姆斯（Thomas James）和他的兄弟约翰·詹姆斯（John James）形成合作。他们知道剑桥大学可以任命三名印刷商，而当时学校的印刷商是乔纳森·品达（Jonathan Pindar），品达于1697年得到学校任命，但只是一个闲差。有人劝品达辞去印刷商的职位，这样他会得到一笔报酬。1731年4月，作为合伙人团体一员的书商芬纳,接任了这个职位。1732年,他们在剑桥租了一所房子,并雇用了一些人进行印刷试验,计划印刷小版式圣经和公祷书。巴斯克特听说了这件事,向大法官法庭提出对芬纳的诉讼,但他后来又改变了主意,撤回了诉讼。事实上,巴斯克特没有必要担心。用格德的方法印刷出来的成品并不好,无法出售,而芬纳于1734年去世,负债累累。他确实在剑桥出版了几本书,他那不幸的遗孀继承了他的职位,试图继续经营他的事业。牛津有一位女士的情况和她相似,据说这位女士和猫一样对拉丁语一窍不通。玛利亚·芬纳(Mary Fenner)懂的英语可能和一只鹦鹉差不多,她给校长写了几封内容不通顺的信,承诺会支付她的职位费。让人惊讶的是,她为本特利印刷了一版他的《波义耳演讲》(Boyle Lectures,1735)。1738年,她可能是因为无力支付租金而放弃了租约,至此这个有趣的尝试结束在了合伙人的争端之中。

巴斯克特无疑已经意识到,任何压制剑桥大学印刷圣经的尝试都将失败,他必须等待时机,等待一个成熟的时机。同时在1743年,现任大学印刷商约瑟夫·本瑟姆(Joseph Bentham,于1740年任命)印刷了一部圣经、三部小版公祷书,1744年出版了一部格律圣咏,1745年出版了更多祈祷书,并在1747年出版了另一本圣经。基于巴斯克特对市场的掌控,本瑟姆和出版社委员会需共同承担出版风险,他们比1741年的委员会更加谨慎,不仅构建了蓝图,还付诸行动。本瑟姆在伦敦任命了一个代理人——伦敦佛里特街的查尔斯·巴瑟斯特(Charles Bathurst),这是一个重要的新发展。巴瑟斯特的名字以指定独家代理人的身份出现在这些书的标题页上;巴瑟斯特发现圣经的销售速度和印刷速度一样快,为此他对出版社的谨慎态度失去了耐心。

1741年,巴斯克特等到了时机。本瑟姆发表了一份有关啤酒、麦芽酒、白兰地、醋和其他酒类消费税的国会法案简本(在剑桥这个简本是一个实用的东西,剑桥大学是这些物品的授权机构）。托马斯·巴斯克特和罗伯特·巴斯克特以国王印刷商的身份对学校出版社提起诉讼，理由是他们的另一个垄断权受到侵犯，他们得到了禁售令。大学进行了反击，一系列的反击行动将这起案件闹到了王座法院。法院做出了决策，决策对被告方剑桥大学有利，内容为：

> 国王的印刷商确实有权印刷国会法案和简本……这是国王印刷商独有的权利，其他人未经国王事先批准，不得印制相同内容。
>
> 但我们认为，亨利八世在执政第 28 年的 7 月 20 日授予剑桥大学的特许状，及查理一世于执政第 3 年的 2 月 6 日授予学校的特许状，赋予了剑桥大学特别权利。凭借特许状中的条款，剑桥大学校监、院长和学者有权印刷议会法案及议会法案简本，这项权利和国王印刷商的权利并存。
>
> 1755 年 11 月 24 日
> 库珀，《编年史》第四卷，第 301 页

大概也是在这一时期，伟大的法学家布莱克斯通正在重振牛津大学出版社，王座法院的福斯特大法官给他寄了这份决议的副本，并在信中说：

> 通过对一些内容（斜体）进行强调的方式告知学校，我们认为特许状赋予学校的特权，是对学校作为一个学术机构的信任，相信学校能够为公众利益着想，能促进文学发展进步，而不是以盈利为目的将特权转让他人。我希望剑桥大学和牛津大学能一直秉承皇家特许状颁发的初衷。
>
> 库珀，《编年史》第四卷，第 301 页

这些观点引用了 17 世纪 60 年代 W.D. 的先见性评论（第 79

页），深谋远虑且见解独到。事情开始变得清晰起来，剑桥大学在过去的争端中只确立了它能拥有的权利；现在这些权利必须被赋予明确意义。18世纪，剑桥大学正式谈论学校地位时，逐渐改变了以往的强硬立场。之前学校宣称自己是一个独立机构，不受伊利主教管辖，并在剑桥享有卓越地位；如今，学校在提及自身地位时，已经有了明确目标，那就是学校作为学术中心，必须传承和发展学术；作为教育中心，必须把知识传授给新一代青年；作为宗教中心，必须为国家的宗教发展服务。印刷权建立在学校作为宗教教学中心的权威之上，因此学校也是正教的中心，这让学校成为印刷授权机构，而现在印刷权被赋予了更广泛的意义。本特利和他的同事们通过努力创建了一个真正的学术出版社，运用高质量的印刷材料，拥有专业的印刷工艺并保证了印刷的准确性，印刷作品皆为学校资深学者之作。那时，出版社在与书商的竞争中获得权利，这些权利本可以用来为出版社谋利，但却通过高明的方法转让给了书商使用，收入却不由出版社支配。法官们根据他们现在所了解的情况指出如这些权利得以用信托方式管理，那学校和出版社可以充分利用这些权利来获取一定利益。而关于"以盈利为目的"的谴责是指将特权租让给他人使用，为他人谋取商业利益提供便利。如果学校将转让特权所得收入用于学校的公共事业，尤其是用于出版学术作品，那这些权利就得到了恰当使用。从本质上讲，学术作品出版成本高，读者大多为那些学识渊博的学者，他们并不富裕、也负担不起太高的价格，因此这些作品销量低，销售速度慢。为此，出版学术作品需要由其他一些工作来提供资金，但这些工作不能有损出版社的声誉，且不会影响学术出版或优于学术出版。要提升出版社声誉，最好的办法莫过于为国家教会成员和其他人提供教会钦定版圣经或1662年《议会法案》规定使用的公祷书。

作为国王的印刷商，巴斯克特被告知，他作为牛津大学印刷商从事的工作和作为国王印刷商的工作是同时行使一项权利，而本瑟姆作为剑桥大学印刷商拥有的权利更为古老,这个权力也是巴斯克特作为牛津大学印刷商权力的根本来源。皇家印刷商(书商现在已经失去了作为贸易实体的权力)和两所大学之间的争吵并没有就此结束,但双方之间也没有发生严重斗争,直到1961年3月,女王印刷商企图质疑两所大学的新英语圣经(New English Bible)版权,纷争再起。

剑桥大学对圣经文本准确性要求很高,因此准确性已默认为圣经印刷特权所特有的优势。在1629年和1638年,巴克兄弟和丹尼尔不仅准确印刷圣经,还纠正了伦敦版圣经前后内容不一致的问题;而他们的这项工作显然是由一位博学的编辑完成的,编辑知道大体要怎么做。1762年,本瑟姆出版了他的对开本圣经,这版圣经被称为"标准版",因为剑桥印刷商和其他印刷商都把这版圣经当成再版的标准。这版圣经是由西德尼·苏塞克斯学院院长F.S.帕里斯博士(F.S. Parris)和三一学院的泰隆博士(Dr Therond)精心编排而成。他们不但纠正分层错误和留存了几代的印刷错误,还修改了拼写和标点符号错误,并保持了文本中斜体字使用的一致性(斜体字不是文本的原语言,但在英文意义上有保留的必要)。同年,同版圣经的4开本发行。但帕里斯版的圣经因为一场大火而大量烧毁,为此这版圣经产生的影响有限,远低于它该有的影响力。但就剑桥印刷商和其他印刷商将其当作标准参照版而言,帕里斯的圣经还是带来了有益的影响。

约翰·巴斯克维尔(John Baskerville)为了印刷一本对开本圣经和一本8开本公祷书而想办法担任学校印刷商,并最终得到学校任命。他担任学校印刷商的时间大约只有5年,因此他当时和本瑟姆一起共事,本瑟姆从1740年得到任命后就一直担任印刷商,直到1766年退休。巴斯克维尔爱好美学和工艺。他在伯明翰开始了他书法教员的生涯,这显然是他对字母格式和字体设计感兴趣的主要原因。他在"涂漆"产品贸易中赚了一笔钱,因为他了解涂料,这无疑让他对油墨制造也产生了兴趣,并着迷于印刷页面的精细加工,这让不平整的老式木制印刷作业得到改善,更具现代特色。

1757年,他给在剑桥的一个朋友寄了一份字体样本,并对这个样本做了解释,解释方式与本特利写给牛顿那封著名的信如出一辙。他说这些字体是为中年读者而设计,他们往往患有中年人通常有的近视问题,但又不愿意在教堂里戴眼镜。他在信中说道:

> 如果我得到学校支持,他们允许我根据这个样本印刷一版祈祷书,我会将两台印刷机寄往剑桥,并带上印刷工人和所有必需品,如果有这样的机会去印刷我自己版本的圣经,我将会倍感荣幸,我请大学考虑这个请求,学校也可以做一些适当调整……我最大的愿望就是以样本中的字母印刷对开本圣经,样本已随函附上。

与大学商议后,巴斯克维尔于1758年12月得到大学任命,成为学校的一名印刷商。他的主要目的是印刷圣经和两版祈祷书;如果他想印刷其他版本的书籍,则必须得到出版社委员会的正式许可。他把自己称为圣经和祈祷书印刷商;他的印刷室需要定期检查,每印刷1000本大版祈祷书,就必须给学校支付20英镑。1759年5月,巴斯克维尔给校长写信(出版社委员会主席):

> 我下了很大的功夫来设计精美的圣经扉页和样本,希望能在6周内完成这个工作。这项工作极其重要,需要我全身心投入;这不仅是为了我个人(永恒的)名誉;(我希望)通过此事让全世界相信,大学给了我这份荣誉,我没有辜负学校的支持和信任。
>
> 您会乐意接受我的请求,并让我对学校,尤其是对出版

社委员会履行我义不容辞的职责。如果这项工作能引起几位先生的兴趣，让他们赞成这项工作，我会很乐意在员工们纠正稿件错误之后再做检查，以尽可能确保印刷的准确性，为此，我也将会向他们表达谢意。

在 18 世纪英语中，"引发兴趣"是"支付酬金"的意思（在 19 世纪，支付费用被称作一种"恭维"）。出版社委员会在回信中可能也用了同样客气的语言，但态度非常强硬。经过再三斟酌，委员会决定巴斯克维尔每印刷 1000 本小版祈祷书就要支付 12 英镑 10 先令。这笔费用和印刷中的困难让巴斯克维尔有些恼火，他在 1762 年 11 月给霍勒斯·沃波尔（Horace Walpole）写了一封信：

> 剑桥大学已经批准我在学校印刷 8 开本和 12 开本的公祷书；但他们开的条件对我来说极为苛刻。每印刷 1000 本 8 开本公祷书我需要支付 20 英镑，1000 本 12 开本需要支付 12 英镑 10 先令，为了在小版祈祷书中印刷格律诗，我还需要向书商公会支付 32 英镑，印刷厂在一百多英里之外，交通极为不便，用马车运输书籍也需要花费一大笔费用。这个夏天我没有任何东西印刷。在剑桥，我的对开本圣经是极为精美和准确的，印刷这版圣经需要花费 2000 英镑，雇员的工资为 5 便士。如果这版书卖不出去，那我必须牺牲一笔小遗产，用来换取每年 74 英镑的收入，并用于这项印刷业务。我对此深感厌倦，对自己当初的尝试感到无比后悔。我在人类最有用的工艺领域获得了卓越的成就，但我不应该在自己的国家谋生（出国已经太迟），这无疑是一件特别困难的事情；而每个出色的演奏家、小提琴家、舞蹈家不仅生活富足，而且还有能力攒下一笔财富。

THE

Holy Bible,

CONTAINING THE

OLD TESTAMENT

AND

THE NEW:

Tranſlated out of the

Original Tongues,

AND

With the former TRANSLATIONS

Diligently Compared and Reviſed,

By His MAJESTY's Special Command.

APPOINTED TO BE READ IN CHURCHES.

CAMBRIDGE,

Printed by *JOHN BASKERVILLE*, Printer to the UNIVERSITY.
M DCC LXIII.
CUM PRIVILEGIO.

巴斯克维尔的对开本圣经(1763 年,缩小版)

巴斯克维尔的圣经于 1763 年出版,祈祷书于 1760 年出版(有两版祈祷书于 1761 年再版)。这些书都用了巴斯克维尔的精美罗马字体和斜体字印刷,其中祈祷书用他设计的漂亮字体装饰。他用光滑的布纹纸印刷,而没有用当时普遍使用的粗糙螺纹仿古纸,布纹纸是詹姆斯·沃特曼(James Whatman)专门为他制作的。他使用的印刷墨水也是按照他的要求制作,黑色的墨汁极具光泽。轻型字体印在新型布纹纸上,版面非常整洁,经过铜板热压后,印刷的纸张犹如刚熨烫过的新布料一般布满光泽。巴斯克维尔在印刷中秉承字体、油墨、纸张不加装饰的原则,他把注意力放在字体设计、准确排版、高印刷工艺,高品质纸张和油墨的各个细节上,这让他创造出了印刷的经典纯净之美。他印刷的圣经细节精致优雅,整体无过多修饰,匠心独具,不失典雅。这是有史以来最伟大的圣经之一,16 世纪时期,法国和瑞士出现过大约 6 部同等质量的对开本圣经。巴斯克维尔之后,布鲁斯·罗杰斯(Bruce Rogers)于 1935 在牛津大学印刷了一版圣经,只有这版圣经的权威性和庄严性能够与巴克斯维尔版本相媲美,但是罗杰斯版圣经主要借鉴了罗伯特·埃斯蒂安(Robert Estienne)1532 年和 1540 年大对开本圣经的印刷风格。

剑桥大学将一项印刷权利租给巴斯克维尔,并向他收费,但他的目的显然不是借此来谋取商业利益,正如弥尔顿所说:他追求的是自己(永恒的)荣誉——这是崇高灵魂最后的弱点。确实,他得到了荣誉。虽然他的圣经有 265 个订阅者(他在圣经前面几页都印上了这些人的名字,还有一些书商也会购买两本、六本或更多),但是就商业角度而言,这似乎是失败的。他于 1775 年去世,去世后,博马舍(Beaumarchais)中介机构购买了他的字型冲压机,并运到了瑞士的纳沙泰尔(Neuchatel)。大约两个世纪后,有人认出了这些机器,后法国德本尼和佩尼奥铸造厂(Fonderies Deberny and Peignot)将其慷慨赠予剑桥,这些机器又回到了剑桥大学手中。

本瑟姆继续担任印刷商,于 1766 年退休。约翰·阿奇迪肯(John Archdeacon)接任了本瑟姆的印刷商一职,他于 1766 年 12 月得到任命,工资为 140 英镑。克朗菲尔德当初的工资仅有 26 英镑,即使考虑到通货膨胀,货币贬值的因素,这份薪水足以说明这个职位在当时极其重要和关键。还有其他迹象表明,这一时期的出版社发展较为繁荣。1765 年,伦敦书商鲍耶(Bowyer)得知大学过去 7 年中每年有 1300 英镑的盈余,此外,每年还从书商公会处得到 200 英镑,作为学校出版社不印刷年历的报酬,鲍耶想从事印刷业,并让阿奇迪肯担任他在剑桥大学的代理人。鲍耶想"开辟新的贸易渠道"来"赚取一笔巨大的财富",他企图成为现代的巴斯克特,但后来这个计划无疾而终。

出版社的财富积累无疑要归功于圣经和祈祷书的销售。18 世纪 60 年代到 80 年代,出版社每年至少印刷一版圣经,通常不止一版。从对开本到 4 开本、8 开本、12 开本,出版社几乎印刷了所有版式的圣经。这些圣经大多由伦敦书商销售,出版社定期往来账目中的代理商不止一个,这些代理商包括:爱德华·迪利(Edward Dilly)、约翰·里夫顿(John Rivington)、詹姆斯·沃(James Waugh)、T. 梅里尔和 J. 梅里尔(T. and J. Merrill)。阿奇迪肯负责记账,这些账目由出版社委员会委员批准和签署。

另一方面,剑桥大学放弃了年历的印刷权,1777 年,学校与书商公会签订新契约,规定允许书商公会印刷大量教科书,剑桥大学出版社不得与其竞争。这些书还包括前文经常提到的《莉莉的语法书》,这本书在 200 多年后仍在使用,书商公会连续 21 年每年给学校支付 500 英镑的报酬。书商公会与牛津大学也签订了同样的协议,但这两份契约都被托马斯·卡南(Thomas Carnan)打乱了。所有迹象表明,卡南是一个极为乏味之人,但他最后却给两所大学带来了意想不到的好处。卡南是圣保罗教堂教院里的书商,是个好诉讼的人,他在 1788 年去世,人们认为他去世前花在诉讼上的钱有1万英镑。有一件事不仅让他遭受致命打击,并对其他人产生了严重影响,但这又让人们坚定相信他做的任何事都是正义的。这件事和他最喜欢的一匹马有关,起初这匹马被偷了,他成功起诉了偷马贼。随后,这匹马死了,但有人告诉他说这匹马其实是又被偷走了,报告上说它死了其实是企图隐瞒实情。所以他"追回"了一匹马,但并不是他的马,他因此被起诉,被判败诉,再上诉,指控那些做伪证的人,又败诉,然后因为恶意起诉遭到控诉,再次败诉,后向上议院提交错误令状,还是败诉。他显然不是命运的宠儿,但他的努力得到了高度评价。在与书商公会的诉讼案件中,他因为占有优势而更加走运。1775年,他因印刷年历遭受书商公会起诉,民诉法院做出一项裁定,即年历印刷权是一项普通法权利,国王对此没有控制权,这项裁决对他极其有利。书商公会因此受到沉重打击,决定停止向两所大学支付年历印刷权的酬金,卡南热心的行为损害了两所大学的利益,但近年来学校已将这项收益用于公益事业。年历印刷权问题在接下来的一段时间里一直受到热议,1779年,第一财政大臣兼牛津大学校监诺斯勋爵(Lord North)向下议院提交一项议案,提议将印刷年历的唯一权利授予这两所大学和书商公会。这个提议对大学有利,也对书商公会有利,事情本可恢复原样,公会自身不能将这笔收益当成信托基金,并以致力于学术发展的慈善机构身份将其用于公益事业。在后续的讨论中,垄断权显然成了对公众舆论的冒犯。最后的讨论决议中,会议主持者宣布投票结果,议案以60比40的票数被否决。此处值得一提的是三一学院的托马斯·厄斯金(Thomas Erskine,后来的厄斯金男爵和英国大法官),他当时是卡南的律师,在这次会议中做了如下发言:

> 议长先生,我已从你的议会退出,我希望我可以自信地说我已获胜。如果可怜的书商公会是我唯一的对手,那我

有十足的信心,我有十足的把握用法案去解决它自身的不足之处,而不应该在这件事上浪费你十分钟的时间。但是,我发现原告是牛津大学和剑桥大学,这让我感到担忧,我觉得我有必要说点什么,我知道你一向宽宏大量,如言辞不当,你不会跟我计较。议会在座的各位都是从这两所大学走出来的佼佼者,他们无疑会自觉拥护母校的利益。先生,这种情感是如此自然和可敬,我认为暗示这些情感对事情的影响并无不妥之处。然而,我相信这两所学术机构已经慷慨地向你们传播了自然科学知识,这份学术情感已经超越了他们的自身利益;我相信,在你们看来,这是智慧博学之所,正如开明的政治家,令人心生敬畏,他们无视个人利益和情感,坚定追求公私正义,不畏权威,不持偏见。

正因如此,我的委托人又有了希望。如果大学失去一项违反法律的利益,失去了良好的政策和自由,你会庆幸下级法院做出反对学校的明智审判,并且你不会为了扭转局面而设立一个不良的榜样。但是,你不能忘记学校已经失去了一项利益,如果这是一种损失,且这种损失可以由其他机构慷慨弥补,那么这份损失就可以通过国家赠款或你自己捐款来弥补。英格兰人民应该每年分别给这两所大学1000英镑的补偿,这比学校通过垄断自由贸易或违反自由民的身份来谋求分毫利益要好得多。

库珀,《编年史》第四卷,第 392 页

厄斯金这席话言辞理智,措辞优雅且有说服力,最终发挥了一定的作用。1781 年,《年历赋税法案》通过,规定不论谁印刷年历,都需要交纳税款,并规定政府每年给两所大学各 500 英镑。这笔款项的依据是:"大学在过去所收到的款项皆用于发展文学和科学各个分支学科,用于促进宗教和学术的发展,极大增加了这些领域的普遍利益和优势。"剑桥大学的 1780 年 6 月 11

日法案规定,这笔款项由出版社委员会支配,用于出版新作品或再版旧作品。

年历税在威廉四世统治期间被废除;但200年来,政府每年都给出版社发放500英镑,这是学校唯一定期从外部获得的补助金。委员会通过精打细算,将这笔钱分别用于印刷正在出版或出版不久的指定学术作品。随着补助金贬值,它后来变成一个标记,政府发现这两所老牌大学出版社没有稳定的资金支持,独自肩负印刷出版学术作品的重担,这份责任如果不由出版社承担,那就会由国家来承担。1981年,补助金于发放的第200周年停止发放,政府遗憾地停止了对出版社的资助,并承认这是一种失败的投资,因为它没有为纳税人带来明显收益,也没有减轻公务人员的行政负担。它仅具有象征意义,并且应为此而得以保存。它可能象征一种感恩之情,一个具有举足轻重的国家性文化机构不需要纳税人的帮助,凭借其独创性,毅力和活力经营了400年,并发展成为具有特色的英国企业:它具有独一无二的特征,它是慈善机构却又不依靠外力支持,且运营良好。

阿奇迪肯担任了近30年的印刷商,约翰·伯吉斯(John Burges)于1793年接任这个职位。理查德·瓦茨(Richard Watts)又接任了伯吉斯的职位,任期从1802年到1809年,瓦茨之后约翰·史密斯(John Smith,1809—1836)和约翰·威廉·帕克(John William Parker,1836—1854)开始了他们的长期任职。到了19世纪,我们已经进入了另一个时代,在这,我们该停下来回顾出版社由本特利创立后将近一个世纪的发展历程。

这个时期出版社的发展和萨默塞特公爵的设想极为相似:出版社让学校的资深学者们能够印刷出版他们的知识成果。萨默塞特公爵对这些作品的评价夸大其词,他说:"学校学者频繁地出版学术作品,这些作品伟大而又优秀。"如真要这么说,那其伟大和频繁程度远远低于他的想象。

现在看来,这两所老牌院校在18世纪时期只是大多神职人员的避难所,这些人在学院或学校中担任某个职位,领取工资,此外无所事事,正如诗人蒲伯(Pope)暗示的那样,他们"住在避风港中"。这一时期,大多教授都不讲课,帕尔博士(Dr Parr)是个虔诚和善的人,他默默观察着这一切,并说道:"我想,华林博士(Dr Waring)那些深刻的研究并不适用于任何形式的讲座交流。"为了将牛顿的数学理论融入教学中,学校绞尽脑汁,迅速调整了教学和考试内容,在 18 世纪,学校把重心放在学校的考试和各学院讲座之中,中世纪的考试形式已经包含了牛顿学说的内容。许多资深学者为了获取更高学位参加拉丁语口试辩论,他们在口试中所阐述的辩证法就是他们的主要成就,除了这一主流做法之外,个别学者可以自由从事研究,但研究与教学分离,这注定是一种孤独的追求,独身的学者往往会成家,离开学校去往乡下,依靠学校的赞助生活,这个时候,研究就会中断。但也有几个学者坚持了下来,他们的研究成果在出版社得到发表。化学学科教授并不活跃,1758 年约翰·哈德利(John Had-ley)发表了《化学讲座课程计划》(*The Plan of a Course of Chemical Lectures*)——一份 45 页的详细大纲。哈德利用两年时间讲授了这些内容。彭布罗克学院的院长罗杰·朗(Roger Long)是剑桥大学第一位朗兹天文学教授(Lowndean Professor of Astronomy),在该教授席位章程起草的前 12 年他就已经得到任命,学校要求他讲课、购买天文仪器并进行天文探索。他在出版社出版了两卷关于天文学的著作。后来的化学教授威廉·法里什(William Farish)就化学在英国艺术和制造业中的应用做了一些讲座,这些讲座非常受欢迎,讲座教案于 1796 年出版(显然,因为这些教案频繁出版,听众们掌握了课程的整体结构)。另一位化学教授理查德·沃森(Richard Watson)将在下文中进行介绍。

理查德·波森(Richard Porson)是欧洲一位著名学者,在剑桥研究希腊和罗马文学,于 19 世纪前几年出版了他的作品。

理查德·道斯(Richard Dawes)是剑桥这一领域研究的前辈,出版社在 1745 年出版了他的作品《评论杂记》(*Miscellanea Critica*),19 世纪,这部作品在波森和他学生的影响之下,再版了两次,截至 1827 年,这部作品共发行了 5 个版本。

剑桥大学有些老师不满于学校长期的学术休眠和过时的教学规程。事实上,圣约翰学院每年都要让本科生参加考试,约翰·杰布(John Jebb,一位德高望重的剑桥学者)发起了一场长期的运动,让各个学院参与到教学改革中。1773 年,他在出版社发表了他的《教育评论》(*Remarks on Education*),这引发了后续的一系列讨论,W.S. 鲍威尔(W. S. Powell)就此在 1774 年发表了《年度考试观察》(*Observations on Annual Examinations*),其他的学者也参与到讨论之中。

杰布的这场改革运动最终失败了,这不是因为事件本身不合理,而是他自己出了问题。他发表了一份《报告》(*Account*),报告内容为他在 1770 年发表的神学讲座,这揭示了他与剑桥当时的异端——唯一神教派相关联。他参与了唯一神教派的早期运动,这场运动导致了 18 世纪 90 年代那场闹得满城风雨的威廉·弗伦德(William Frend)事件,最后弗伦德于 1793 年被剑桥大学开除,这让柯勒律治(Coleridge)这类优秀的青年人极为愤慨。这些争议存在及偶然爆发的主要原因是学校对其成员具有正式要求,即校内的成员应该是英国正统教会的成员,应该签署包括"三十九条信纲"的方案。这是其中一个原因,另一个原因是杰布还参与了 18 世纪后 25 年的"反签署"论战。因此,他的考试改革方案被蔑视为狂热分子计划,遭到驳回。

考试和教会成员问题之下,潜藏着根本的政治暗流。出版社的另一位作家理查德·沃森的例子可以用来说明文化发展趋势和个人活动之间的复杂关系。沃森是极为活跃和自信的人,他和当时所有的学校教师一样,是一名英国国教的牧师。他是剑桥大学荣誉学位考试的第二辨者,即在参议院举行的数学考试中排名第二,这是获得学位的主要考试,考试近几年才从拉丁语改为英语。沃森作为考试的主持人,对这个考试做了一些改进,他根据考生在其他方面的表现对他们进行分组,所以他也是荣誉学位和普通学位差异性考试的创建者。沃森想要在工作上得到晋升,他把目光投在化学教授这一职位上,并于 1764 年当选为化学教授,但他其实对化学一窍不通。更让人惊讶的是他用了 15 个月的时间学习了化学,并开始授课。他的作品《化学论文》(*Chemical Essays*)于 1781 年在出版社发表,后来被重印并翻译成德语,并得到了化学家汉弗莱·戴维爵士(Sir Humphry Davy)的认可。他改进了火药的生产工艺,为国家节省了 10 万英镑。他头脑精明,不感情用事,但担任化学教授得到的国家津贴每年只有 100 英镑,对于具有雄心壮志的沃森来说,这点津贴并不够用。因此,他辞去了化学教授职位,转而担任神学钦定教授。在这个职位上,他同样成了一名作家(作为神职人员,他显然更擅长写作)。1789 年起,他的《神学短文集》(*Theological Tracts*)相继出版,1787 年后,《致年轻人》(*Addresses to Young Persons*)和《对神职人员的指控》(*Charges to the Clergy*)系列作品开始出版。

神学教授职位最初的工资为每年 300 英镑,但教授们似乎更善于管理职位收入,沃森通过良好的管理将他的薪金提到了每年 1000 英镑,这是一笔丰厚的收入。然而,他认为主教的职位收入更加丰厚,因此他担任了兰达夫主教(Bishop of Llandaff)。他委任了一个代理人代他在剑桥大学讲课,这样他就不用辞去教授职位。因为他主要住在伦敦和威斯特摩兰郡(Westmorland),所以即使作为兰达夫主教,他也没有过多地打扰教区的教长和教士。威斯特摩兰郡是他的家乡,他在这里有一所翻修过的精美乡间别墅,并在这实施了土地改革。1793年,他收到了一个剑桥大学毕业生的一封长信,这让他十分惊讶。这个年轻人名叫华兹华斯,是一位诗人,毕业于圣约翰学院,没有什么学术成就,他强烈反对沃森在伦敦发表的一篇布道词,所以给沃森写了这封信。这篇布道词涉及法国发生的动乱,在法国爆发的九月大屠杀中,国王受到了处决。弗伦德、杰布、华兹华斯等自由派人士曾认为革命是新时代的开端。但现在,他们不得不怀疑自己是否愿意看到相似的革命在英格兰爆发。虽然法国的动乱让华兹华斯感到震惊,但他仍坚持自己的想法。沃森过去也是自由派人士,因此他现在自鸣得意的样子让华兹华斯极为懊恼。沃森现在在布道中说上帝创造了富人和穷人,富有和贫穷都是上帝的安排,英格兰的穷人不应该抱怨,他们并没有受苦。沃森在教会的最初几年发展得并不如意,他因太过激进而不受神职同伴欢迎,为此,他只得通过担任化学教授来谋生。他甚至还赞同1776年爆发的美国革命和1789年爆发的法国大革命,他是一个可憎的变节者。而讽刺的是,华兹华斯本人最终放弃了年轻时的幻想,成了保守党人,或许他在长期的思想转变中所经历的痛苦也会触动更世故的沃森。1776年至1815年或1789年至1815年时期,剑桥的年轻人们所经历的变动和他们在1917年至20世纪50年代期间经历的极为相似,在19世纪中叶的所有改革发生之前,人们不应批判理查德·沃森,也不应批判大学。沾沾自喜的表象下,一场动乱的改革正在酝酿:越来越多的问题慢慢为人们所发现,并引发人们思考、讨论。

这一时期,出版社出版的作品并不多,但诗人克里斯托弗·斯马特(Christopher Smart)连续好几年稳赢西顿奖,这极为罕见,他的获奖诗歌都在出版社得到出版。西顿奖根据托马斯·西顿(Thomas Seaton)的遗嘱创立,西顿是白金汉郡拉文斯顿教区的牧师,也是克莱尔学堂的院士。他留下了一笔遗产,这笔遗产的利息被用来设立奖金,奖给创作最佳英文诗歌的文学硕士。副校长、克莱尔学院院长和希腊语教授负责评选获奖诗歌,评选出来的最佳作品将用这笔资金发表。诗歌有许多主题,"第一年的主题从'完美的上帝或上帝的特性'中任选一个，接下来的几年以第一年未用的话题作为主题，直到这个主题不再具有写作意义而淘汰；这个主题之后，新的主题为'死亡、审判、天堂、地域、纯洁的心灵等'"。在斯马特创作时期，"上帝的特性"主题还未淘汰，关于这个主题，他的作品有 1750 年的《上帝永垂不朽》("Eternity of the Supreme Being")、1752 年的《全知的上帝》("His Omniscience")、1753 年的《广博的上帝》("His Immensity")、1754 年的《上帝的能力》("His Power")以及 1756 年的《慷慨的上帝》("His Goodness")。

托马斯·格雷(Thomas Gray)的《纪念颂歌》("Commemoration Ode")为格拉夫顿公爵就任校监一职而作，由兰德尔博士(Dr Randal)谱曲，于 1769 年出版。在这一时期，剑桥的植物学研究取得了一些进展，植物学教授托马斯·马丁(Thomas Martyn)于 1771 年出版了《植物园目录》(*Catalogue of the Botanical Garden*)，1772 年出版了《植物乳杆菌尾数》(*Mantissa Plantarum*)，1775 年出版了《自然史要素》(*Elements of Natural History*)。有一段时间，他担任了讲座教授，为众多听众讲授植物学。到 1791 年，他认为"自己通过口头传授的方式已经给五百多人讲授了植物学和林奈氏分类系统知识"。

1793 年出版的两卷《伯撒抄本》(*Codex Bezae*)也许是 18 世纪后半叶耗资最大的出版项目。这本书的编辑为托马斯·吉卜林(Thomas Kipling)，这个版本持续印刷和使用了 100 余年。1581 年，伟大的瑞士加尔文主义学者西奥多·德·伯撒(Theodore de Beze)将 5 世纪的原稿交给剑桥大学，这是希腊文《新约》文本的主要来源，它以这种形式出版表明学术并没有消亡，对过往英雄史诗的传承也没有被忽视。

9　19 世纪（一）

毫无疑问，剑桥大学 19 世纪的历史可以分为两个阶段，在第一阶段的末期，皇家委员会于 1852 年向国王报告了大学的发展情况，1856 年新法定委员会成立，以修改大学和学院的章程。委员会完成修改工作后，新章程于 1861 年开始实施。委员会介入大学管理工作之前，学校已经在许多方面进行了自我改革，如在 19 世纪上半叶，亚当·塞奇威克（Adam Sedgwick）和威廉·休厄尔（William Whewell）等人已在努力说服身边同事进行自愿改革，因为这些事他们现在不做，以后也必须得做。整个改革过程中，学校进行了自我革新，并在某些方面被强制改变（尽管委员会成员大多都是剑桥大学的杰出人士），在之后爆发的知名文化运动中，这些变革的必要性都一一得到了证实。数学和古典文学是改革前仅有的两门荣誉学位考试科目，这两门旧学科的地位得到加强，而自然科学、道德科学、神学、历史等科目也加入荣誉学位考试科目中，在道德科学荣誉学位考试中，经济学、民族志研究（实际上就是历史学）等新学科渐渐发展起来。改革前，数学和古典文学是仅有的学位考试科目，所有学位课程的正式教学都由学院安排，学校教授讲授的其他非学位课程只有一些业余爱好者和外行人来听，因此，为了吸引更多潜在听众，出版社都会发表这些讲座"计划"信息。改革后，其他学科正式成为了荣誉考试科目，学科教授的地位也随之发生变化，他们的授课质量和表现也随之提高，同时，从书籍出版的角度出发，他们更有兴趣创作与科目相关的更多作品。

但在 1800 年,所有的一切都在为未来的发展做铺垫。这一时期,出版社已经发展成为一家大规模的印刷企业,它通过印刷圣经和祈祷书积累了财富,这些书大多通过伦敦代理商销售,且极其畅销。19 世纪,圣经印刷是出版社积累财富的主要业务,其重要性大大提升,这主要有两个原因:1. 英国和外国圣经协会的成立为廉价印刷品提供了越来越多的销路;2. 印刷术的发展满足了不断增长的市场需求。

圣经公会成立于 1804 年。起初,剑桥的当权派对它持怀疑态度,因为它不是英国国教创办的公会。依照法规,公会有 36 个委员会席位,其中 15 个席位留给反对教会,6 个席位留给欧洲教会。1811 年,剑桥大学福音派的本科生尝试建立一个圣经公会的分支机构,但遭到了资深人士反对。王后学院的院长兼出版社委员会委员伊萨克·米尔纳(Isaac Milner)博士,和伟大的圣三一大教堂福音派牧师查尔斯·西米恩(Charles Simeon,出版社从 18 世纪 90 年代开始出版西米恩的布道辞)负责与学校进行交涉,并接手了建立分会的计划。最后,校监进行了捐款并担任公会会长一职,几位贵族公爵和一位兼任主教的伯爵也许诺捐款,三一学院院长(诗人克里斯托弗·华兹华斯的兄弟)和米尔纳同意参加建会会议。在福音书中,支持建会的行为不仅是得到上帝恩宠的标志,还堪称一种典范。西米恩由此感叹:"上帝证明了他主宰着世界。"会议上全体一致同意创会,西米恩认为这"正如圣灵降临节那天一样",圣灵火舌降临到了三一学院院长身上,否则他不会同意创会,但这并没有相关记载。

该公会是出于人们对威尔士语圣经的呼吁而成立。剑桥大学曾在 1746 年印刷过这样的圣经,19 世纪后期,福音派得到复兴,这版圣经的需求量随之增加,但圣经的读者多为穷困者,这就意味着这版圣经必须以慈善的方式来提供。圣经公会从一开始的地方性机构发展成为全国性机构,再后来成为国际传教士机构,传教士们用各国语言在整个欧洲乃至世界各地分发圣经。圣经不仅需要翻译为欧洲各个国家的语言,还要翻译为欧洲以外国家和地区的语言,圣经公会及其所属协会(美国圣经协会成立于1816年)发展成了卓越的语言研究中心。英格兰有三家出版机构有权印刷詹姆士国王圣经,在他们看来,为圣经公会印刷圣经是一项极大的挑战,这主要在两方面存在难题:首先,圣经公会作为一个慈善企业,致力于利用其资本为读者提供低于商业价(实际低于成本价20%)的圣经,或在必要时免费向读者提供圣经;其次,对享有印刷特权的出版社,圣经公会无疑成了他们难以超越的对手,并给其带来了一种潜在的毁灭性威胁。但正因这些出版社享有了特权,所以只有他们才能向公会供应圣经,并能在彼此的竞争范围内影响供应条款的制定。因此,他们之间达成了一项临时协定。

凑巧的是,这个时候,改进的模版印刷技术再次得到了发展,新印刷术最终代替了迄今为止一直使用的两种较为浪费的印刷方法:一个是康斯太因法,即字体固定印刷法;另一个是其他印刷商普遍使用的印刷方法,这种印刷方法每印刷一次都要重新设置字体。模版印刷中,铸件可以从整页的组合字体表面取下,并保留模具。这些材料可以用来浇铸印版,印版在必要时可以重铸,因此一个印刷面可以用来制作无数的印版。新印刷工艺是由多才多艺的著名科学家和发明家——斯坦霍普伯爵(Earl Stanhope)发明的。1803年,他在格德印刷术的基础上进行改进,发明了这项新印刷术,并把这个新工艺的商业权授予企业家安德鲁·威尔逊(Andrew Wilson)。威尔逊考虑到了一些基本问题,并与剑桥大学进行沟通,随后剑桥大学出版社出版了第一批使用模板印刷工艺的圣经,其中《新约》于1805年出版,圣经全集于1806年出版。这些作品一经出版,立即被圣经公会大量购买,在新的印刷方法出现之前,人们一直使用的都是这项新工艺。

国王印刷商和牛津出版社迅速获得了这项技术，并加入公会圣经供应商的行列，以满足公会不断扩大的圣经需求，现在，出版业短暂地拥有一个商业优势。从理论上讲，印刷机构利用技术优势与圣经公会竞争是有可能的，也容易得多。但三家特权印刷机构做出了更为明智的决定，他们为协会提供圣经的同时，还试图维持自己在中高端市场中的份额。

　　斯坦霍普还发明了印刷机，他生产出了一台铁印刷机。与老式的木印刷机相比，铁印刷机的压力更大、受力更均匀，印刷精确度更高，使用寿命更长、更安全。1803 年，福德里尼尔兄弟（Fourdrinier brothers）雇用了英国工程师布莱恩·唐金（Bryan Donkin）制造了第一台实用的造纸机，到了 1812 年十台福德里尼尔造纸机在欧洲投入使用，由于机器生产纸张的速度快，产量大，纸张价格开始下跌。1806 年，弗里德里希·科尼格（Friedrich König）来到伦敦，并与他的同胞鲍尔（Bauer）合作开发了一台印刷机，1810 年，科尼格为他的印刷机申请了专利，并在 1814 年 11 月 29 日星期二，以每小时 1100 张的速度印刷了整版《泰晤士报》（The Times）。在手动印刷时代，非常优秀的印刷团队也许能够在 12 小时内生产出这么多的纸张，但实属罕见。如果古登堡在他发明印刷术之后的 100 年或 200 年甚至 300 年内起死回生，他会发现与他那个时代相比，现代印刷基本没有发生什么变化。只有在 400 年后，印刷术的发展才会让他感到惊讶，话虽如此，一旦一项技术发生改变，其他技术也会在随后的百年间迅速变化。19 世纪 30 年代，蒸汽动力在印刷中投入使用，这大大提高了印刷效能和印刷速度。19 世纪后半叶，印刷进入了最后发展阶段，排版和书籍装订开始机械化。

　　在英格兰，这些变化预示着 1870 年的《教育法》的出台，该法案开始规定实施普及教育。不同种类的书籍开始有了大量的读者，圣经一如往常，仍是最畅销的书籍；在新工业中心，传教士们不厌其烦地向大量不信教人士传教。因此，在 19 世纪，圣经、

剑桥模板印刷圣经,《新约》的标题页（1805）。模板印刷首次成功运用于圣经印刷。该版本已多次重印

《新约》和祈祷书都是剑桥大学出版社的主要出版物。事实上，剑桥大学出版社是三家出版机构中最小的一家，牛津出版社自巴斯克特时期以来就一直保持庞大的规模，而国王印刷商的出版量甚至超过了两所大学，皇家印刷商一直认为他们的专利权赋予了他们权利，他们有必要将自己的印刷品分包给其他印刷商。

当时剑桥大学的印刷商是理查德·瓦茨（Richard Watts，1802—1809）、约翰·史密斯（John Smith，1809—1836）和约翰·威廉·帕克（John William Parker，1836—1854）。约翰·戴顿出身于著名的图书销售和出版家族，1802年被任命为印刷商，1811年前，他一直担任这个职位，但他似乎不是一个活跃的印刷商，而只是伦敦和剑桥的出版代理人。瓦茨引进了模板印刷技术，他与威尔逊就这项工艺的使用事宜进行了谈判，其中涉及复杂的财务交易，而几乎可以肯定的是，这种印刷方法在使用的头几年肯定会带来损失。与此同时，剑桥大学在重建所有印刷厂，就当时的标准而言，重建的印刷厂规模庞大，且花费了大量资金。因此在1808年，学校因担心出版社的财务问题而委派艾萨克·米尔纳（Isaac Milner）和一位出版社委员审查出版社账目，这也就不足为奇了。1808年一本名为《大学出版社现状的观察与事实》（*Facts and Observations Relative to the State of the University Press*）的小册子在出版社出版，这个小册子的作者肯定是米尔纳和其同事伍德（Wood），因为不幸的瓦茨在1809年发表了《对米尔纳博士和伍德先生的报告答复》（*Reply to the Report of Dr Milner and Mr Wood*），并保持了自己的立场。（在打字机和影印技术问世之前，印刷是传阅一份报告的唯一方法，这就是为什么以前的人看起来极擅长且喜欢公开吵架，因为这些事不可能在私下完成。）这是继1737年本特利的大胆冒险和不可避免的失败之后，出版社的第二次公开整顿。瓦茨辞去大学印刷商职位，毫无疑问，他觉得自己受到了不公正待遇。1802年以前，出版社平均每年获利1500英镑，但1802年他担任印刷商之后,出版社就不再盈利,为此他受到指控。但在当时的情况下,这个现象并不奇怪。

老印刷厂建于1655年,位于银街北侧女王巷的拐角处,自1707年以来一直在使用,虽然在这些年的发展中应该得到了加宽,但其使用寿命已经到达极限,无法再继续使用。1763年,出版社买下了老白狮客栈,于1786年将其改建为库房,这时,出版社的场地实际已经超出了银街的范围。1804年瓦茨奉命把这个仓库改成印刷厂,模板印刷铸造厂就建在印刷厂的旁边,由此,出版社开始了其在19世纪缓慢而又稳定的发展,在此期间出版社逐渐开发从皮特大楼到洗衣女工巷的所有场地,只有一些房子和店铺位于银街。

这些建筑中最引人注目的当然是皮特大楼本身,大楼有方形塔楼、塔尖高耸,饰有哥特式装饰物、门口上方的凸肚窗、暖色石面,宏伟壮丽而又不失雅致,在剑桥美丽的天际线下,这栋大楼属于从菲茨威廉博物馆到凯尤斯的沃特豪斯大楼间宏伟建筑的一部分。皮特大楼是出版社的总部,现在仍具有一定的象征意义和仪式功能,委员会在这里开会,出版社的秘书办公室也设在这里。但不是所有人都会善意地看待这栋大楼。现在人们认为皮特大楼和圣约翰学院新楼是19世纪上等的建筑之一;但19世纪早些时候,一些有改革思想的人却对这两栋大楼感到不寒而栗,因为过去一些关于新建筑的隐喻是"不可靠的"或"没作用的"(表示畏惧的话语)。威利斯和克拉克对此闭口不谈,只将这栋楼称为"过时的垂直式建筑"。但游客和剑桥的居民们却由衷地欣赏和喜爱这栋楼。出版社的工作人员对此感到自豪,因为它是一个庄严而愉悦的象征,象征剑桥大学有了自己的出版社,在剑桥的历史中,它是一个历史机构,也是建筑学和整体文化结构的有机组成部分。对于1980年前一直在这栋楼里办公的人来说,即使在这里办公极其不便,他们也都对此保有美好的回忆。

小威廉·皮特（William Pitt the Younger）是英格兰的一位杰出人物，23 岁时获任首相，是反拿破仑战争的一位伟大领袖，于 1806 年逝世。他本科就读于彭布罗克学院，后来定期被选任为下议院议员，即过去所谓的大学议员（大学议会席位一直保留到 20 世纪）。皮特去世后，人们为他竖立了雕像和纪念碑。他在世时期，钱特瑞（Chantrey）筹集了一笔公共基金，用于在汉诺威广场建立皮特的雕像，这笔基金最后还有大量盈余，剑桥大学提议将剩余的资金用于"建造一栋与剑桥大学出版社相连的漂亮大楼"。对于此事，如果剑桥大学能够在皮特就读的旧学院对面找到一块场地，伦敦委员会将提供在这个地方建造一栋大楼的资金，正如伦敦委员会主席卡姆登勋爵（Lord Camden）所说：
"为剑桥大学建造一座知名的建筑，以此纪念皮特先生，让他的名字和事迹永垂不朽。"

皮特大楼的早期画像

　　剑桥大学已经在银街和米尔巷之间的多面向街地段建立了房屋，且出版社的库房也位于此处。剑桥大学成立了一个专项委员会小组，负责皮特大楼建设事宜，委员会组织学校以 12000

英镑购买了土地,并任命爱德华·布洛尔(Edward Blore)为建筑师。布洛尔凭借为沃尔特·司各特(Walter Scott)设计位于阿伯茨福德(Abbotsford)的房子而出名。这栋楼是作为纪念碑而建造,因此建筑上应该有一座塔楼、塔上要有尖塔、凸肚窗、一个壮丽的入口、一座仪式楼梯(现已更换)和一个漂亮的房间。与它在日常印刷或其他业务等方面的不起眼的作用相比,这一纪念意义更加重要。没有人后悔建造这栋大楼,尽管大学印刷商约翰·史密斯(John Smith)可能很想知道他要怎么使用这份非凡的赠礼,但这不是伦敦委员会或剑桥委员会的问题,他们只需要看到自己梦想的大楼建立起来。布洛尔额外花费了1700英镑在皮特大楼北边的后方场地建了一座砖砌的内院,采用了乔治王朝建筑风格,严肃优雅、且极为实用,这是当时的建筑师和建筑商极力倡导的一种建筑风格,这个内院的建筑一定更合史密斯的心意。

1831年10月,皮特大楼举行奠基仪式,相关领导在仪式上发表致辞。1833年4月,这栋楼正式对外开放,并举行了更多的仪式,发表了更多演讲。教务主任约瑟夫·罗米利(Joseph Romilly)在他的日记中描述了这个仪式:

> 4月30日,星期二。盛大的游行队伍走向皮特出版社,卡姆登勋爵把钥匙交给了校长,他发表了致辞,声音清晰洪亮,发表完感想之后,他试图再去说些什么,但却被打断了。韦伯博士发表了一个冗长的演讲,赞扬了比利·皮特,演讲语速太慢,不值得听。卡姆登勋爵一行人清理了时下的一些拉丁文作品(手工印刷),在委员会办公室享用了美味的午餐,陪同贝宁勋爵上到楼顶,楼顶上视野开阔,可以俯瞰剑桥。注:美好的一天。

比起听演讲,罗米利更享受午餐,我们大多数人也是如此

（根据库珀的记录，这种场合下食用的午餐为"便餐"）；罗米利的思想有点激进，他对"比利·皮特"没有任何感情。官方记录中说：他们发表的演说启迪人心，富含教育意义，记录可能多少美化了这些演讲。以下为卡姆登勋爵（不久后担任校监）致辞的部分节选：

> 委员会出于个人情感及对同辈人的尊重和喜爱之情，付出种种努力，让皮特大楼在这里建造了起来，这个地方的建筑已经得到很大改善，皮特大楼于这些建筑而言，应能起到锦上添花的作用，皮特大楼的建造带有特定意义，它将把皮特先生的名字与所有宗教、道德和科学作品结合起来，皮特出版社在向世界传播文化和知识的同时，也会传播皮特先生的荣誉。

校长也发表了致辞，并回应了勋爵的致辞，这些言语可以解释罗米利的嘲讽：

> 没有什么比皮特大楼更适合用来纪念皮特，建造这栋楼的主要目的是向世界宣扬上帝之道；如果皮特有先知能力，那他在彭布罗克学院就读时，他将会为自己日后成为剑桥大学的知名人物而感到无比骄傲和自豪；如果他能够目睹今天的一切，看到他的朋友们为纪念他而竖立的纪念碑，他心中的喜悦之情定难以言表。阁下，您为学校争取到了皮特大楼，这座非凡意义的大楼将会给我们带来更多的动力，让我们能够更勇敢传播真理、发展科学以及促进宗教文化的发展；我真诚地相信，除了出版有助于推动这些重要目标的作品之外，出版社永远不会随意出版任何东西。

这座大楼的造价为10711英镑8先令9便士。大楼竣工并投入使用后,如何充分利用这栋楼成了一个难题,这绝非易事。光线较暗的底层可以用来存放打印机,其他房间则用来存放其他的物品,休厄尔把他的矿物学收藏存放在这些房间里;梅斯曼收藏的画在搬到菲茨威廉博物馆之前一直挂在有凸肚窗的房间里。罗米利本人也得到一个房间,用作教务主任办公室,学校的档案保存在这栋楼的塔楼里。20世纪30年代,学校新图书馆投入使用,腾空的老图书馆则用作登记处;1937年,皮特大楼终于用作了印刷商办公室。1963年,印刷商搬去了新的大楼,有凸肚窗的房间用作出版社委员会的会议室,这个用途终于与房间最初的设计目的相吻合,滑稽的是,委员会最后才发现布洛尔设计的哥特式仪式穹顶能够吸收所有的声音,委员会围坐在中空的方形桌子旁时,几乎听不到彼此的声音,墙上临时挂着的帘布改善了房间的传声效果。

皮特大楼后方的建筑构成了一个剑桥大学的“庭院”。长方形庭院西边和北边的建筑分别建于1862年和1831—1832年间,同时,米尔巷也在建一座印刷厂。随着时间推移,这个地方逐渐得到扩建,形成了错综复杂的三层楼建筑群,院子、楼梯和廊桥互相连通,并于1963年用作印刷厂。就工作流程而言,这个地方极为不便利;地板几乎不能承受现代机器的重量,场地也不可能再进行扩展,而且卡车成为普遍使用的现代交通工具,但卡车出入此地非常困难。这更像是中世纪城镇中的“印刷区”,而不是一个有效的工厂。但是从19世纪30年代开始,尤其是汽车流量还没增加之前,人们沿着银街走时会听到机房里老式循环滚筒印刷机发出有规律的踩踏声和撞击声,像机械波的断裂声一样短暂、迅速而有规律。这是城镇生活的一个自然组成部分,让人安心。

19世纪30年代,校长曾说,出版社的主要目的和目标是向全世界(尤其是向英国和外国的圣经公会)传播上帝之道,这话非常正确。瓦茨之后,约翰·史密斯(John Smith)于1809年至

1836 年担任学校印刷商。他代替瓦茨继续与安德鲁·威尔逊（Andrew Wilson）合作，威尔逊是斯坦霍普的副手，负责处理模板印刷事宜，这项工作的安排不尽人意，而且无疑费用高昂。直到 1811 年，威尔逊一直是名义上的印刷商，他是伦敦方的代理人和合伙人。在利益分配问题上，史密斯与威尔逊产生了分歧，而模板印刷似乎一直都不易操作，直到 1829 年，法国里昂发明了更灵活易用的纸浆模具，取代了原先精巧易碎的石膏模具，模板印刷才有了获利的可能[法国人称这种混合物为"flan"，在英语中称为"flong"（字型纸板）]。这意味着，19 世纪 30 年代开始，尤其是印刷业引入蒸汽动力之后，圣经印刷变得更快，且有更大的利润空间。这时，出版社开始面临一些现代企业所面临的问题，并开始向大众市场提供标准化产品。厂房和印刷设备所需要的投资越来越多。技术革新促进了经济生产，但要有效利用工厂，并让投资带来充分回报，就必须以专业方式经营出版社，在伦敦设立一个代理机构似乎势在必行。与前辈瓦茨一样，史密斯发现自己受到了批评，于是在 1829 年出版了一本有必要出版的小册子《对出版社事务的观察》（*Observations Relating to the Affairs of the Press*）。

史密斯在小册子中发表了一些言论，对于他的继任者们来说，这些言论再也熟悉不过了，例如：学术作者迟交稿子，或不定期分批交稿，或在校对时重写他们的作品，如此便会导致更正费用高昂；激增的考试试卷导致印刷工作的季节性激增，耽误了其他工作。他指出，他刚担任印刷商一职时，出版社只有 8 台印刷机，而到了 1813 年，他已经把印刷机数量增加到 13 台；但即便如此，他也没有足够的装备，无法满足英国和国外圣经公会对圣经不断增长的需求，这些圣经公会通过伦敦文顿公司（the London firm of Rivington）的代理机构向出版社订购圣经。他还提交了一份报告，报告显示出版社从 1809 年到 1827 年的平均年利润为 3191 英镑。

委员会似乎没有认可史密斯的这些说法。他们要求图书印刷和销售业的领头人伦敦的克洛斯（Clowes）检查出版社并给予建议。克洛斯则派出了他的伦敦监工约翰·威廉·帕克（John William Parker），他非常能干。他们发表了一份调查报告，最后由克洛斯本人担任出版社主管，鉴于他需要管理伦敦的业务，因而由帕克代表他在剑桥监督出版社的印刷工作。史密斯 1836 年退休前一直担任印刷商，退休后帕克接任了他的职位。帕克往返于伦敦和剑桥之间，他在斯特兰德大街有一所房子，而这里实际上成了剑桥出版社的仓库和代理机构，当然主要以圣经和祈祷书出售为主。通常情况下，书籍出版仍然根据一项始于 18 世纪的方式进行；剑桥或伦敦书商以合作伙伴或"团体"的身份委托和资助一本书的出版，然后再分配这一版书籍的利润。这种情况下，出版社只是负责书籍的印刷工作。也有其他一些情况，即帕克本人担任出版合作人。在少数情况下，对于具有较强学术性的书籍，出版社将作为唯一的出版商；而一些经典的版本将会使用旧的出版方式，即："typis ac sumptibus...（使用经典印刷文字并由……付费）"。

在帕克担任印刷商的时代，印刷业引入了蒸汽机；1838 年 6 月 13 日的一份会议纪要显示，委员会做了一项决议，即"将机械装置引入皮特出版社是可取的"。1870 年 6 月 1 日，《书商》（The Bookseller）记录了帕克的讣告，内容如下：

> 遭受多次反对后，他成功地引进了蒸汽机。但多年来，圣经公会坚决反对用这种方式印刷书籍。帕克先生认为圣经的价格必然会大跌，他以当时三分之二的价格用非击打式印刷方式印刷了大版圣经，并认为他的圣经将会得到圣经工会的青睐，他给公会经理科克尔先生带去了十几份副本，但很快发现自己想错了；不过他还是阐明了能给协会带来何种优势，但他发现自己根本不是经理的对手。帕克一

离开，经理就把这些书给了装订商并告诉他剑桥出版社的人准备了一些便宜的圣经，用机器印刷的，但他发现"由于边角太小，这些书不能均匀地折叠起来，且印刷使用的是便宜的墨水，这些书在挤压时可能因为油墨未干染污次张"。奇怪的是，经理所有这些预测都得到了证实；书从装订商处拿回来时，根本无法看；有些页面很粗糙，有些页面整行都被剪掉了，而且……公会不会批准购买"这种残次品"。两三年后，人们对廉价圣经的呼声越来越高；圣经公会购买了这批圣经，这批书没有一本是装订好的，但在折叠时却没有出现任何问题。

19世纪10年代到20年代，圣经的年产量稳定在3万册左右，1830年，圣经年产量增长到将近5万册，1840年，更是增长到了17.5万册。但即便如此，委员会仍觉得他们现在所经营管理的是本特利和其同事创立的"公共出版社"。如今，出版社已经发展成为一个大型印刷厂，收纳了剑桥的主要劳动力，它的发展受制于外界人士，这些人可能给它印刷任务，也可能不给。的确，圣经和祈祷书为出版社提供了稳定贸易，且带来一定收益。但在零售和给圣经公会供货方面，剑桥大学出版社与女王印刷商和牛津大学出版社之间仍然存在激烈竞争，这两家机构在规模上都比剑桥大学出版社更大。一方面，圣经年产量增加本身就会导致价格下跌；另一方面，储存也是一个难题。女王的苏格兰印刷专利在1839年就已经失效，而且没有再更新。因此，苏格兰可以自由印刷圣经，并由一位院士会负责授权和管理。迄今为止，英格兰和苏格兰的印刷商都未曾公开在对方的领土范围内售卖圣经，但现在苏格兰圣经开始流入英格兰北部。随着1858年威廉·柯林斯（William Collins）在伦敦设立了办事处，公开出售他的圣经，且未受到任何阻碍，这一现象达到了高潮。这件事导致英格兰圣经售价下跌至原来的一半，剑桥出版的高质量圣经也难以出售。这似乎为自由贸易做了一个很好的宣传，但是这意味着竞争者们从这个市场上获得的利润几乎和他们印刷使用的纸张一样薄，而且印刷标准也下降了。剑桥大学出版社必须要有圣经这类畅销书来弥补学术出版的损失，而现在，圣经价格下跌，出版社无法再依靠圣经来弥补经济空缺。

委员会想到，出版社自身就可以作为出版商。的确，从某种程度上说，出版社一直都是出版商，或者更确切地说，剑桥大学一直都是出版商；学校在委任出版社印刷传单、庆典诗集或法律文书时，它扮演了出版商的角色；学校也一直是圣经出版商，因为它拥有圣经印刷权，大学印刷商只有通过他们的职务才能行使印刷权。1838 年 5 月 25 日，委员会决定：

在委员会今天举行的会议上，与会者一致同意，以下文字作为《新约》威尔逊插图版新版版本说明，所有此类书籍都应采用相同版本说明，且作为大学的财产进行保留：

剑桥大学，于皮特出版社

由大学印刷商 J.W. 帕克印刷

这清楚地表明了大学是出版商这一概念。但实际的出版商执行人由谁来担任呢？委员会吗？这一职务不可避免地落到了帕克身上；但是作为出版商，帕克如所有大学印刷商那样，从一开始就代表自己行事。如果他想要出版一本书，他要么以自己的名字"西斯特兰德大街 J.W. 帕克"出版，要么以"剑桥戴顿与伦敦文顿"联名出版，或以其他赞助商或合伙人的名字出版。

19 世纪上半叶，剑桥大学出版社出版的书籍并不多，因为主要的印刷资源都用在了圣经印刷工作上，而在这些少数的书籍中，出于上文提到的原因，剑桥大学出版的书籍更是少之又少。从 18 世纪到 19 世纪下半叶这一时期，书籍印刷业一直停滞不前，19 世纪下半叶，尤其是 1870 年之后，书籍印刷迅速发展,且大范围扩张,一些重要的书籍也得到了出版。

　　这一时期最伟大的古典学者是理查德·波森(Richard Porson),他担任剑桥大学希腊语教授。早期时,他曾不幸失去了三一学院的院士职位。波森是一位自由思想家,自由思想家不会得到学校任命,学院给外行人员开放了两个院士席位的其中一个,他认为自己受到了欺骗。但他获任教授职位,在伦敦生活期间一直担任该职(遗憾的是他那时还有饮酒的坏习惯)。其间,他编的欧里庇德斯作品开始在伦敦出版,但《美狄亚》(*Medea*)和《赫卡柏》(*Hecuba*)则在剑桥出版,他的学生还出版了他的《杂录》(*Adversaria*)、《亚里斯托芬》(*Aristophanica*)、欧里庇德斯的四部悲剧,重印了《杂录》中对欧里庇德斯的《评语》(*Praelectio*),并在 19 世纪末出版了他的《书信集》(*Correspondence*)。这些文本印刷使用的版面字体为大波森希腊字体(Great Porson Greek),这与迄今普遍使用的老式阿尔定版草书(Aldine cursives)有很大的区别。

　　19 世纪上半叶,出版社为学校里的改革者们出版作品,这让人极为欣慰,这些人中尤为知名的有科学家休厄尔和亚当·塞奇威克(Adam Sedgwick),数学家皮科克(Peacock),植物学家 J.S. 亨斯洛(J.S. Henslow),以及英国国教自由党历史学家康诺普·瑟尔沃尔(Connop Thirlwall)、约翰·格罗特(John Grote)、朱利叶斯·黑尔(Julius Hare)和后来的 F.D. 莫里斯。大学课程改革正是由这些人发起,并最终由皇家委员会强制执行。他们也开始放宽对国教正统的限制。休厄尔来自北方的一个文法学校,跟牛顿、本特利、沃森和华兹华斯这些前辈一样,天赋异禀。要成为一名圣公会牧师,或者一名神学博士,他自然而然也要担任学徒。但是,正如西德尼·史密斯(Sydney Smith)所说,他的专长是科学,他的弱点却是无所不知。他是矿物学教授,但后来还担任奈特布里奇道德神学教授(Knightbridge Professor of Moral Theology),他发表了道德哲学及历史、力学、建筑学、矿物学、天文学的论文,并出版了 3 卷《归纳科学史》(*History of the Inductive Sciences*)的论著;翻译了德国诗人席勒的作品;他对国际法有着浓厚的兴趣。当然,他还发表了一些布道辞,英国学术协会在剑桥开会时,他会在会上发表一些致辞。他和他的对手以及盟友们都争吵过,但这再自然不过。他的性格特征和职业让他看起来像是 18 世纪的学者,但他的公正无私和理想主义使他成为一个真正的改革者;他与本特利一样极其张扬的个性让他看起来好似拥有无穷无尽的精力。他在出版社出版的作品中,对当地影响最大的是《通才教育,剑桥大学顶尖研究》(*Of A Liberal Education in General ; with Particular Reference to the Leading Studies of the University of Cambridge*)。这本书由帕克在 1845 年出版,赞助这本书出版无疑在出版社委员会中引发了不少争议。

1834 年,史密斯为戴顿和帕克出版了亚当·塞奇威克的作品《大学研究报告》(*A Discourse on the University of Studies*),这与休厄尔的作品一脉相承。塞奇威克也是三一学院的人,年长于休厄尔,同样也是一个好争论之人,只是没有休厄尔那样激烈。他是地质学教授,虽然他对这门学科知之甚少,但却成了一名备受尊敬的地质学家和改革家。阿尔伯特亲王(Prince Albert)担任校监时,他是校监的秘书,事实上,正是他想出了让亲王担任校监的主意,他担任大学、王室和政府之间难能可贵的中间人。他成了一名皇家委员,在这个身份的加持下,成为最有效的改革者之一。

休厄尔和塞奇威克尽管兴趣广泛,但他们本质上都是科学家。一个人担任大学要职的必然条件是成为英国国教信徒,且要通过数学荣誉学位考试,因此休厄尔和塞奇威克必须成为国教信徒,这是他们辩论者职业生涯中必不可少的一步。黑尔(Hare)和瑟尔沃尔(Thirlwall)也是英国国教牧师,但不是数学家。他们的研究方向是历史和德国学术。他们翻译了尼布尔

(Niebuhr)的《罗马史》(*History of Rome*),其中有两卷在出版社出版,这象征着德国传统神学和神学翻译得到了解放,并在当时得到更进一步的发展——德国神学开始进入大学和英国的文化生活之中。

J.S. 亨斯洛是塞奇威克的学生,也是达尔文在剑桥的老师。他在矿物学领域的学识极为渊博,但他辞去了矿物学教授的职位,转而学习植物学,和其他普通的剑桥人一样,他对植物学知之甚少。但他是一位名副其实的博物学家,那时候,一个人同时学习几个领域的所有知识还是有可能的,他后来成了一名杰出的植物学家。他在插图、演讲和管理方面都很有天赋,他把植物园从旧址(现在彭布罗克街的新博物馆所在地)搬到现在的地方,从 1831 年到 1846 年,他花了 15 年时间来完成这件事。亨斯洛在出版社发表的作品,一部分是改革小册子,一部分是讲座课程计划,还有一篇关于植物园需求和未来发展的《演讲》(*Address*,1846)。这些作品都很重要,因为在自然科学荣誉考试于 1861 年设立之前,这些作品让人们对这一学科保持了开明看法。从 17 世纪的雷,到 18 世纪的托马斯·马丁(Thomas Martyn)和詹姆士·唐(James Donn),亨斯洛是剑桥植物学研究传统中的代表人物之一,在 19 和 20 世纪,植物学学科得到了极大的扩展和并发生许多转变。马丁的《植物园目录》(*Catalogue*,1771)和《植物乳杆菌尾数》(*Mantissa*,1772)和唐的《剑桥大学植物园》(*Hortus Cantabrigiensis*,1796 年至 1845 年共发行 13 版)开始成为剑桥植物园的植物目录,后来唐将其扩展为英国植物园的所有植物目录。

19 世纪 40 年代末,至少有三个迹象表明出版社再次陷入困境。学校在出版社厂房和设施维护上的开支很大。出版社掌握了模板印刷的诀窍,并相信通过这种方式印刷圣经和祈祷书将有稳定的销量并带来适当的收益,但这一实践不断受到激烈的市场竞争威胁,圣经公会一直作为传教慈善机构存在,提供低于成本价的圣经,而来自苏格兰的竞争也威胁到其他层级的市场。在很大程度上,出版社还担任其他出版商的印刷供应商,但这些出版商随时都可能欠着出版社一大笔钱。这种情况下,出版社不会把自己当作任何实质性出版项目的发起者。而对于那些自身发起的项目,出版社总能找到十足的理由,出版社的首要义务是为剑桥大学和学术服务,而且赞助商业出版商不会接触的学术著作是出版社发展的自然趋势,因为这些作品不会盈利(例如定期的新天文台观测系列,有科学价值但无商业价值)。

丹尼尔·麦克米伦(Daniel Macmillan)和亚历山大·麦克米伦(Alexander Macmillan)兄弟于 1843 年来到剑桥,这事值得一提,他们在三一街 17 号开了一家书店。两年后,他们买下了三一街 1 号的店铺,现在是鲍斯家族的店铺。丹尼尔于 1856 年去世,但亚历山大一直在继续经营这间店铺,直到 1863 年出版业务转移到伦敦;在丹尼尔去世之前,麦克米伦出版社已经发展成为一家非常活跃的出版社。用维多利亚时代的术语来说,"年轻人"或"青少年"负责店里的主要工作,麦克米伦兄弟似乎只是闲站着,但他们极具天赋,善于与顾客交谈,而且他们在非营业时间也招待这些顾客。他们来到剑桥的部分原因是崇拜F.D. 莫里斯(F.D. Maurice);他们认识黑尔,黑尔帮助他们筹集了资金;莫里斯把他们介绍给金斯莱(Kingsley)。不久之后,几乎大学里所有才华横溢的作家都认识了麦克米伦兄弟,他们自由经营书店的时间大概有 30 年。他们的书通常都是在出版社印刷,尤其是那些重要的作品,这是一个很好的做法,出版社主要担任印刷商,以一种非常实用的方式为当地作家服务。事实上这种发展对于剑桥出版业而言是一种灾难,但出版社在很久之后才认识到这一点。毫不夸张地说,出版社的发展为此倒退了数年,在一些学科的发展中,几代人的努力因此荒废。

此外,出版社的工作失衡是另一个原因,在这个阶段这只是一个小问题,但后来却变得越来越严重。有迹象表明出版社的发展状况从 19 世纪 40 年代开始走下坡路,其主要原因是出版社缺乏有效的管理。帕克住在伦敦,在他斯特兰德的房子里经营自己的出版业务。他只在早期监管出版社,后来他来剑桥的次数越来越少。1843 年,哈维先生因为账簿管理不善而被解雇。出版社不得不亲自调查此事,调查结果是这件事确实存在一些欺诈行为,但这同时也揭露了一个事实,即出版社账务混乱不堪,这是一种资源的浪费,且最终会对出版社造成一定的损害。

1844 年,委员会的两个成员——神学钦定教授和诺里斯神学教授准备了一份标准神学作品清单,清单里的书籍可以不断重印。他们提议"这份清单所提供的印刷量,可以让出版社保住员工的全职工作",这个提议表明他们已经开始担忧出版社的经营状况。同时,这份清单还将产生长期有益的影响,因为它将"获得某些重要图书的版权权益,而这些图书将永久成为出版社的收入来源"。他们推荐的这些书籍具有一定价值但内容过于严肃,当然,他们是从自身的角度出发去推荐书籍,这在所难免。这些书包括:奈特的《伊拉斯谟的一生》、斯蒂林弗利特(Stilling-fleet)的《反天主教徒的争议著作》(*Controversial Writings against the Romanists*),以及科辛(Cosin)的《教规经院史》(*Scholastical History of the Canon*)。19 世纪 50 年代,这些书或这一类型的书都成为滞销图书。帕克衷心地支持这个项目,并提出立即订购这一版次 80% 的成品,他与出版社商议他售完这一批次所有书籍时,剩下的 20% 归他所有。他指出,该计划可以让出版社选择出版作品,并任命自己的编辑。项目所需成本较低且能为出版社提供工作,同时"带来自营利润",并保证不会亏损。帕克"与英格兰每一个有能力的书商直接沟通,并通过爱丁堡和都柏林的代理商与苏格兰和爱尔兰的代理商进行沟通,从而掌控英国整体图书流通贸易的合作"。可惜的是,出版社的满腔热情最后只是竹篮打水,他们所选的书籍得不到书业的全力支持，因此这些书卖得非常慢。

随着 19 世纪 40 年代过去，出版社开始出现其他问题。1848 年，一个特立的委员会小组发现出版社存在许多烂账，欠款大约有 6690 英镑，有几项债务拖欠超过三年，帕克自己也欠钱。这个小组在 1849 年做了一次报告，给出了业务经营建议，但这其实仍沿用上个世纪的经营模式。出版社委员会主席仍由校长担任，因为校长依据职权管理学校所有事务，代表学校接收和支付所有款项。委员会小组建议校长支付其任职期间的所有工资、利率、税收、保险和其他日常开支，并在米迦勒节离任前支付所有纸张和有业务往来商人的账单，以及所有员工的薪资。11 月 3 日以后，所有收到的款项都将交给新任校长；新任校长支付的所有款项都要记入他任职年度的出版社账目中，并在下一个秋季学期结束前进行审计；且向审计人员（委员会本身）及委员会提交一份清单，内容包括圣诞节应付给出版社的所有尾款，及在接下来的审计时未缴纳的款项。事实证明这种管理方式越来越不能适应新时代的发展，且注定失败。

1849 年 5 月，委员会小组做了另一个报告，报告指出"考虑是否应裁减出版社现有的工作人员"。这份报告具有一定的话外音，内容如下：

……他们开始调查工作，以确定 1820—1847 年间出版社支付给大学财务的实际金额……在此期间，出版社所有收入共计 619580 英镑 2 先令。另外，大学财务余额为 50471 英镑 19 先令 9 便士。而……的余额为 10337 英镑 10 先令 2 便士……剩余利润余额为 40134 英镑 9 先令 7 便士，也就是说，28 年间的平均年度利润（实际上是收入超过支出的部分）为 1433 英镑 7 先令 5 便士……

他们从帕克先生那里得知……印刷机、机械设备等几乎全部进行了更新，出版社相关一切都建立在最好、最完善的基础之上。所有费用……已从出版社当前利润中扣除……印刷书籍的库存……大大增加。帕克先生估计了这套设备的价值和出版社库存的价值，大约为 10,000 英镑……他预估可偿还的债务数额为 2000 英镑。

委员会调查小组对本次的调查结果极其满意，他们非常信任帕克先生。

正如我们今日所言，这是一个好消息。但坏消息接踵而至：

关于未来的发展……以下年份中年内大学财务支付的年度结余为：

1820—1826	全部费用总计	£2047.1.3.
1827—1833	……	£1714.13.11.
1834—1840	……	£1319.16.10.
1841—1847	……	£651.17.11.

委员会应认真反思上述清单中出版社利润急剧下降的原因。

调查小组还注意到，按件计算的"印刷工人的工作量急剧减少"，同时，一些员工领取固定工资，这些工资总额高达每年 3917 英镑 18 先令 8 便士——换句话说，营业额日趋下降，而管理费用占比却越来越大。出版社的账目[即向伦敦书商（包括帕克）出售的圣经、祈祷书和其他书籍]表明，"出版社重要分支机构（出版）业务量大幅下降，这也是委员会需要认真考虑的问题"。另一方面，调查小组的记录显示，帕克作为出版商，他的账目几乎是三个最大的代理商账目的两倍，且是唯一没有亏损的账目；而且他每年通过委任印刷为出版社财务贡献了 1600 英镑。帕克以代理商、出版商和"委任印刷商"的身份向出版社支付的全部款项占出版社总收入的四分之一。

委员会调查小组得出以下结论：

委员会已经意识到，目前印刷圣经和祈祷书的利润远不如前几年，而且作家们的作品不但没有增加，反而在减少（作家往往以自己的名字在出版社出版书籍，或通过与其他书商合作的方式出版）。

委员会与帕克进行商议，并提出了一些激进的建议。5月18日，双方同意"按照帕克先生的提议，降低工资和雇佣人数"，并向学校报告。该报告称，委员会已决定"降低对出版社的发展要求"。

委员会还采取了其他措施，包括继续努力发展出版社自身的出版业务，但这并没有经过深思熟虑。耶稣学院负责人兼出版社委员会委员科利博士（Dr Corrie）主动提出为出版社编辑《圣经讲道文》（*Homilies*），并将这本书的版权交给出版社。休厄尔作为委员会成员之一，主动提出编辑桑德森的《论意识责任的十节课》（*De Obligatione Conscientiae Praelectiones decern*）——"这本书在我看来是一部优秀的道德论文，因此我将它指定为1852年道德科学荣誉考试的特别考试科目之一"。其他此类倡议包括菲尔德编辑的圣赫里索斯托姆（St Chrysostom）的《论圣职》（*De Sacerdotio*）、汉弗莱（Humphrey）的《西奥菲勒斯》（*Theophilus*）和《雅典那哥拉》（*Athenagoras*）、霍顿（Holden）的《米纽修斯·菲力克斯》（*Minucius Felix*）。巴罗（Barrow）的一版作品也获得批准印刷。1852年，休厄尔提出编辑格罗蒂乌斯（Grotius）的《法律上的战争》（*De Jure Belli et Pads*）。后来，这些作品有一部分被廉价出售，这清楚表明，他们并没有实现当初的目标。但即便如此，这也是委员会早期尝试的出版计划，这不同于为那些有明确出版目标的人提供印刷服务，这是一种值得提倡的尝试。1852年，这类尝试工作变得更加系统化，另一个委员会小组在筹划出版希腊语和拉丁语古典文学。对于作为教员的委员会成员而言，他们很清楚"有些学生的学习能力有限",尤其是那些为获得普通学位而读书的学生,他们比其他人更需要帮助。1852 年 12 月,委员会小组发表报告说这些作品部分可以出版,因为"这类作品中的部分内容可能会选作预试和学士学位的考试内容"。本次报告还推荐了十本这样的书,其中包括欧里庇得斯、西塞罗、色诺芬、德摩斯梯尼、伊索克拉底、普鲁塔克和奥维德的作品。

就在这时,皇家委员会对大学的所有业务展开调查,包括出版社,出版社的发展再次步入低谷。1851 年 11 月 24 日,校长向委员会转达了专员们的提问。委员会得到法令批准做出正式答复,并指定一个委员会小组起草答复。在一份最终答复声明中,委员会隐瞒了盈亏细节,说:

> 委员会认为,提供给英国女王陛下专员的信息将以某种形式公之于众。委员会愿意向阁下及阁下的同行提供大学出版社现状相关的所有信息,但他们认为自己无法将同样的信息传达给同行的竞争对手和广大公众。

委员会告知皇家专员,委员会成员共有 18 名,学期内每 2 周举行 1 次会议,会议法定人数为 5 人,其中 1 人必须是校长或其副手,平均出席人数正好超过 7 人;出版社拥有一项财政特权,即用于学术印刷的纸张每磅可以得到 1.5 便士的退税,每年享受 500 英镑政府津贴(扣除税费)。他们接着说,出版社的业务包括印刷圣经、《旧约》和祈祷书、还要负责学校和学院的印刷工作,印刷为委员会编辑的图书,为学校成员提供图书和工作相关印刷服务;负责印刷学术团体出版的著作[如剑桥哲学学会(the Cambridge Philosophical Society)、帕克和塞尔登学会(the Parker and the Selden Societies)],以及印刷"由其他出版商或联合出版社提供,校长批准印刷的书籍"。最后他们总结道:

在委员会看来,管理的任何改变所产生的利润都不会比现在的更高;如果确实可以在不影响效率的情况下进行改变,那么为了大学的目标,出版社必须保持大规模经营。

话语之中一半是失望沮丧,一半是自我防卫,这反映出了出版社多次面临相同问题却找不到解决方法的沮丧。

1852年,委员会给皇家专员提供了一组数据,并将其打印在他们的报告中,这极其有趣。学校为出版社购置场地和建造大楼上所花费用比用在其他院系的费用都要高,1821年到1833年间,学校建设出版社的费用为27658英镑。在过去7年里,学校的年收益估计为895英镑,而学校每年将182英镑用于出版社,用来印刷报告和通知。印刷厂包含厂房和其他设备,供70名排字工人使用;还有压力机,供56个印刷工使用;8台印刷机,总共需要50个男工和小伙子来照管;1台十马力的蒸汽机,需要占用4人;还有1台蒸汽铣床、多台液压和螺旋热压机,为这些机器在"必要时可雇用100名男工和小伙子"。委员会表示,在1810年至1850年期间,出版社印刷了圣经、《新约》和祈祷书,数量如下表所示,这些数据显示了这些图书从鼎盛时期到紧随其后的衰落期的变化历程:

	圣经	新约	祈祷书
1810	29500	56500	24900
1820	28750	40250	38000
1830	48000	65000	68000
1840	195000	243500	55000
1841	125000	108500	19000
1842	41250	146000	50000
1843	57250	94100	54000
1844	38000	43500	27500

	圣经	新约	祈祷书
1845	57000	34500＋5000	45500
		希腊文	
1846	78000	72500	20000
1847	32500	80000	10000
1848	76500	94000	20000
1849	31000	75000	1000
1850	31000	35000	3000

委员会还指出：

  在过去的几年中，出版社已经制定了一些计划，根据目前发展情况，出版社可能需要重印神学和普通文学的标准作品，以防止工人失去全职工作。

  委员会不时聘请大学知名人物来为出版社筹备工作或监督出版社的出版工作。

有些问题委员会没有发现，因此，他们也不能指出来。根据委员会提交给皇家专员的数据，我们可以分析一些问题。出版社存在过度资本化的现象，印刷厂和印刷设备没有得到充分利用，运营资金短缺的问题其实也可以进行补救，而且出版社雇佣人数太多。委员会经常对印刷商感到不满，从之前的印刷商瓦茨到史密斯，再到现在的帕克，而双方都没有对个中原因进行分析，这其实需要双方站在对方的角度去思考问题。皇家专员就出版社及学校其他部门的情况发表了报告，指出出版社在管理和经营上缺乏商业要素，并建议如出版社就这一问题进行改进，其发展会得到有效提升。他们总结道："学校只有通过与印刷商或出版商建立某种合作伙伴关系，或将出版社租给他们，才有望从投资中获得可观的回报。"至此，我们会发现一个反复现象，

1852年之前或之后的任何时间里，只要出版社发展不景气，批评家的目光总会落在出版社厂房、机器、员工身上，现在则落在归大学所有的一整套装备设施，以及投资在出版社的大笔资金上。事实上，"资本收益"相当于是一项指标，缺乏资本收益表明出版社发展缺乏一些基本元素。无论如何，商业公司特有的目标是获得资本收益，而大学出版社的目标与此不同，大学出版社的存在不是为了赚钱，而是为了实现学术目标。但现在看来，出版社的组织构架确实存在缺陷，就这方面而言，皇家委员会是对的。然而，出版社真正缺乏的是连贯的政策和清晰的目标。印刷和出版本应源于对大学出版社的职能和性质的充分认识。只有对出版社有一个清楚的认识，才能制定出符合其发展的出版政策和方案，才能让财务得到更好的运转。但是，这样的发展需要有这类想法的人来实施；而他们只有在自己认为必要时才会出现。委员们说了下面的话，但他们只说对了一半："我们欣慰的是，任何委员会成员，无论多么积极，抑或经过多么慎重的选任，其都无法取代那些将一生心血倾注在出版社上的人，正是他们的理智和谨慎让出版社走到了今天。"也就是说，现在学校需要完全摆脱之前的旧观念，即学校经营"公共出版社"，任命有能力的人作为学校印刷商。印刷商在其任期内可以搬进出版社，管理和使用学校提供的设备，同时还能以自己的名义印刷和销售书籍，而委员会只负责禁止印刷不恰当的图书，作为理事机构，被动地接受报告和账目，甚至有时其管理水平降到低得离谱，或在出版社经营不善时尝试分析一些问题。这基本上是18世纪，甚至17世纪的管理模式。出版社现在是一家大型印刷工厂，能够生产大量印刷品，它必须得到有效的管理。但是，在出版社长远的发展中，麦克米伦时期和戴顿经营时期的发展更为重要，那时出版社的规模比现在小，没有太多实际竞争，印刷商坚定且有效地利用学校提供的每个出版机会，在这一时期，出版社首先发现了老式书商和现代出版商存在的区别，再发现了大学出版社在出版业中所扮演的特殊角色,最后重新思考了出版社在宪法上的法定性质。这个过程并不简单也不短暂,从某种意义上说,这个过程永远不会结束。但到了19世纪50年代,学校发现,经过多年的发展,出版社已经在无形中发展成为一个具有工商企业所有基本特征的机构,这时出版社正在艰难地适应19世纪的发展。它需要做的第一件事就是改变18世纪的管理模式,尤其是与书商及印刷商的关系(这种关系基于早期书籍的手工生产和扩散),以及它与学校的财务关系,正是和学校之间的财务关系让出版社成为学校各种杂乱的业务之一,地位无足轻重,每位新任的校长在其一年的任期内都会监督出版社的发展和其财务的进出。那时,资本使用、资本收益、利润等属于19世纪的商业术语无不诱惑着人们进行简单的思考,并根据其他业务经营模式来经营这个大型印刷业务。委员会勤勤恳恳地着手处理这些事务,他们必须以商界公认的思维模式来看待发展问题,而皇家委员会也起到了推波助澜的作用。这种思维模式无论如何都更有效率,并且也算是一门学问。但如果完全按照这种想法行事则存在风险,即委员会很容易忽视出版社非营利性机构的性质,及其学术发展的目的。过去也有类似例子证明,仅靠一代人的努力不足以让出版社完成新模式的改革,也不足以让出版社"获利"。现在正是开始探索出版社特定职责的最佳时期,探索、定义其拥有的新职责、并履行这一职责。幸运的是,这一过程开始了,这与剑桥大学不断变化的机构性质有关。在19世纪后半叶,文化成为发展主流,这是任何机构都不可能忽视的发展目标。很快,这一趋势在出版社得到证实。在皮特大楼的开幕式上,罗米利对卡姆登勋爵和校长的发言冷嘲热讽,认为他们作为普通人,发表的演讲太过"啰唆"并"言过其实",但他们的弱点(或罗米利的弱点)并没有影响到演讲所指向的真理。真理的传播、科学的发展,以及宗教文化的进步将会战胜各种嘲弄。幸运的是,在19世纪50年代后,这三方面都得到了极大的发展。

10 19 世纪（二）：查尔斯·约翰·克莱和合营出版社

皇家委员会的报告经过审议后，开始付诸实践。1854 年 2 月，出版社委员会成立了一个专项小组，"建立该小组的目的在于共同商讨采取以何种方式管理出版社，是以合作企业的方式管理还是以负责人分成的方式进行经营。所谓负责人分成即负责人从出版社利润中抽取一定的分成作为其管理报酬。此外还有一个目的是探讨用什么方式来实施这个管理方案……"

委员会小组接到任务后迅速采取行动，这不禁让人们觉得他们之前好像没事可做，接到出版社的任务让他们欣喜若狂。在接下来的一个月，该小组报告说，他们"在第一时间与帕克商谈……然后……前往伦敦，访问了圣经公会和基督教学术推进会的秘书，访问了利文顿公司的多位先生，以及西利先生（对出版感兴趣的重要书商）。这些人（包括帕克先生）都明确告诉他们，以合作关系经营出版社可能是最有效率的方式，出版社需要与熟悉出版业务的一个或多个人达成合作关系来共同经营出版社。小组成员认为他们可以找到熟悉出版业务且拥有一定资本的人。"他们得出一个结论：他们还需要进一步咨询，并与"合适人选"洽谈。

咨询和洽谈工作也进展得极为迅速。5 月 31 日，参议院收到一项提议法案，提议由伦敦佛里特街书商乔治·西利（George Seeley）先生，及伦敦面包街的查尔斯·约翰·克莱（Charles John Clay）先生共同担任出版社合伙人，克莱先生是印刷商，也是三一学院的文学硕士。

帕克得到了明确暗示，清楚了事情的走向。他似乎提出了一些公正的建议，然后辞去印刷商职位，不再管理出版社业务。接下来的一年中，他失去剑桥圣经、祈祷书和委员会专属书籍的销售代理权，这些书籍转由西利代理出售。

西利是著名书商，与剑桥有联系，也是一个重要的中间人。他自己十分乐意担任出版社在伦敦的销售代理，但他坚决认为出版社需要一个活跃的常驻印刷商。代理商和印刷商共同合作，首先可以增加产量，其次可以销售产品，两者相辅相成。他碰巧认识一个"合适的印刷商"，为此在他的介绍下，委员会同克莱家族建立了联系。

理查德·克莱一世（Richard Clay I），即老克莱，是克莱家族印刷业的创始人。他于 1789 年出生于剑桥，曾就读于皮尔斯中学，于 1803 年与大学印刷商理查德·瓦茨签订契约，成为一名学徒。当时出版社正处在发展模板印刷技术的时期，克莱因此学会了这项技能，这对他日后的事业极为重要。1817 年，他开始在伦敦经营印刷业，到 1854 年，他成了一个大型家族印刷企业的掌门人，经营一家维多利亚式工厂，工厂采用文艺复兴时期严肃的建筑风格。他的长子查尔斯·约翰·克莱生于 1827年，1846 年升入三一学院。他是个好学的男孩，想要走一条常规的学术之路，即学习神学，担任牧师，并成为学院的教师。但他没能得到西德尼·苏塞克斯学院的奖学金，转而经营家族生意。1854 年，在即将成家之际，他得到一个在剑桥工作的机会，这深深吸引了他，要么是他自己，要么是西利说服了理查德·克莱为他提供一笔必要资金，让他以出版社印刷商或合伙人的身份在剑桥创立一份自己的事业。学校显然也有自己的考虑，理查德·克莱对剑桥拥有一定的归属感，而查尔斯·约翰·克莱曾是剑桥大学的一员，他爱好学问，能够与学校里的资深人士沟通，因为他自己也是这些人的其中一员。很久之后，圣体学院院长詹姆斯·卡特梅尔(James Cartmell)于1878年退休,他做了几年的校长,在出版社扩张时期担任第一任真正意义上的委员会主席,委员会给他写了送别词,他对此进行回复,在回信中他告诉委员会他们亏欠克莱太多,"克莱先生的学识和修养都足以让他胜任他的职位",他认为提出这个看法没有不妥之处。克莱的某些能力在1854年得到证实,那一年他27岁,获任出版社印刷商一职,就此开启了他四十五年非凡的职业生涯。

卡特梅尔于1849年成为一名出版社委员会委员,是倡导出版社采取合作经营模式并推荐克莱作为合伙人的委员之一,1854年,他担任校长职务,并成为出版社另一个委员小组的成员(现在的财务委员会及后来的业务委员会小组前身),1878年前,他一直是委员会的领头人。实际上,他和克莱重建了出版社;抑或是在他英明的指导和支持下,克莱重建了出版社。

大学与合伙人的合作契约从1854年7月开始,为期14年。学校出资1万英镑(以建筑和厂房的形式);克莱和西利每人出资5000英镑。因此,大学拥有50%的股份,克莱和西利各拥有25%的股份。合伙人将共同管理和经营印刷厂,不支付租金;但财产税、各项税务和费用等从合伙人账户中扣除。西利和克莱负责出版社"全部业务",西利担任出版社在伦敦的唯一代理商,克莱则担任管理合伙人及大学印刷商,年薪400英镑。委员会可以以合理的价格在出版社出版自己的书,并支付合作费。学校也可以以合理的价格在出版社印刷作品。每个合伙人都可以从其参与的业务中获得5%的资本收益,剩余的"纯利润"将平分,一半给大学,一半给合伙人。

与出版社历史上的任一模式相比较,这种经营模式具有更强的商业性质。它基于这样一种假设,即大学的建筑、机器、员工能力和意愿资本,尤其是大学作为特权印刷商的地位,能比以往任何时候得到更充分的利用和体现。最后,事实证明这一假设是正确的。时下,克莱可能还没有确切的出版发展策略,他发现委员会每年都会收到少数学术作品，有时他甚至对这些书籍抱有希望，认为这些书会大卖。虽然这些书数量不多，但有稳定的需求量，是他指望得上的长期印刷订单。他还指望从麦克米伦那里得到更多、更大的订单，麦克米伦正忙着出版那些更有趣、更畅销的剑桥作家的作品。作为一个受过教育且有事业心的人，他很快就意识到这方面还有发展空间。同时，合作协议的总体性质就是让西利和克莱能够从投资中有所收益，能够得到所谓的"利润"，而他们本身也打算从出版业务中获取收益。学校自身也觉得有义务让其印刷设施得到有效利用；而"利润"是衡量有效性的标准，"利润"可以用作进一步的资本，也可以用来资助学术作品出版，尽管现在高等教育已得到国家资助，但在这之前，学校有自身的需求。19世纪，学校的出版资金确实源自出版社。因此，学校和合伙人都打算从出版业中有所收益，双方都有自己的目的，学校的目的是维持其慈善机构的性质，而合伙人的目的则是直接的资本收益和企业报酬。

1854年7月，莫特洛克银行［Mortlock's Bank，现在的巴克莱银行（Barclays）］开设了两个账户。一个是大学出版社合作账户，账户支票由校长（保留至今）和西利或克莱签署。另一个是大学出版社委员会账户，账户支票由校长签署。这开启了一个新的进程，它不仅仅是一个会计业务流程，它还考虑到了出版社不同业务的不同事宜：即印刷和"其他"。这是一个巨大的进步，从形而上学的角度来看，可以说这个做法与出版社18世纪的本质相背离，但改变的第一步总是如此。

与此同时，合作伙伴就像新扫帚一样，把各个部门打扫得干干净净。克莱立即购买机器和字体，并开始印刷新的圣经和祈祷书。许多库存图书都降价销售，西利有权廉价出售仓库中大量储存的其他书籍。

委员会本身也进行了重组。参议院领导任务繁重，任期也不确定。一项法案提议："参议院的成员，有意愿且有能力负责出版社工作的，可以连续参与负责其监督和管理工作。"法案还建议委员会应包含校长和 15 名成员；每年应有 5 人退出并引进新人。这样一来，每个成员都有 3 年任期，且无法连任。几年之后，委员们认为委员会任期太短，一些离任成员任职期间表现良好，应得到重新选任。校长依据其职权当然一直是委员会一员，且多年以来，一直在重要会议上担任委员会主席；但由校长指定一名代理人担任主席的制度也慢慢发展了起来，卡特梅尔是第一个由校长任命的委员会主席。在委员会开始任命秘书之前，委员会主席履行了许多行政职责。委员会会议记录都是由主席记录，而且他们还写了许多与出版业务相关的信件，但后来由于工作量太大，克莱便负责了这些文秘工作。

西利于 1856 年退出合作企业，他或许只是想在离开之前看到出版社有一个好的开始。学校毫不犹豫地与克莱单独建立了新的合作关系，其中，学校的投资份额增加，并占有 75％的利润分成。学校任命了两个新的伦敦代理商，一个负责销售其他类书籍，一个负责销售圣经和祈祷书。

合作的最初几年，克莱专注于印刷和销售圣经和祈祷书，并恢复了出版社 19 世纪 40 年代末失去的市场份额。1875 年，前期委托出版的书都已按时出版，这些书组成了出版社第一个出版目录。皮尔森的《信经阐述》(*Exposition of the Creed*) 是最畅销的书籍（如果可以这么说的话），这本书是英国正统教的不朽之作，有两个版本，其中一个版本（第二版，价格为古罗马货币的 7 先令 6 便士）由坦普尔·谢瓦利尔 (Temple Chevallier) 编辑，另一版则"穿插了其他内容"（第四版，价格为古罗马货币的 5 先令），供剑桥加尔各答主教学院的学生使用。但其他作品，如《艾萨克·巴罗》(*Isaac Barrow*，共九册) 和基督教父们的拉丁文著作，都销售得比较慢。因此，当休厄尔在 1858 年提议编辑巴罗的数学著作时，委员会"考虑到现已在专有著作投入巨额资金"，这个提议被延迟表决。

同年，委员会同意克莱时常将"委员会出版的书籍的评论副本寄给一些主要期刊的编辑"。当时这些书并没有收到太多振奋人心的评论，1863 年 11 月，曾于 1861 年担任伦敦代理商的利文顿建议出版社通过公开拍卖来减少这些书籍的库存，尤其是巴罗的作品、惠特利编辑的公祷书、史密斯的《罗马史论选》（*Select Discourses*）、肯布尔的《盎格鲁-撒克逊马太福音书》（*Anglo-Saxon Gospel of Matthew*）、休厄尔编的格罗蒂乌斯（Grotius）作品以及海伊（Hey）的演讲词。

1866 年，出版社合作关系再次调整，委员会向参议院提议，并报道说：

> 过去 10 年中，出版社的业务有了很大的增长，出版社也发展成为大规模企业。同时，扩建了工厂并购进大量机器。因此，委员会有理由相信，出版社运行良好的工厂和机器会带来巨大的价值。
>
> 克莱先生认为，出版社现在的工作量已经增长到他最初接手管理时的四五倍。

新合作契约称，出版社现在的资本为 3.3 万英镑。克莱的工资涨到了每年 615 英镑（他的工资是从分配前的企业利润扣除，其中包含了克莱自己的利润份额）。

19 世纪 60 年代后期，出版社仍采取被动和谨慎的出版策略，同意出版彼得·梅森（Peter Mason）的《希伯来语读物》（*Rabbinic Reading Book*）、W.W. 斯基特（W.W. Skeat）的《盎格鲁-撒克逊马可福音》（*Gospel of Mark in Anglo-Saxon*）、沃克（Walker）翻译的《圣加伊乌斯评注》（*Gaius's Commentaries*）、西利关于翼手龙属的作品以及马林杰（Mullinge）的《大学早期历史论述》。利文顿创办的《大学记者报》（*University Reporter*）在 1872 年由出版社接管，乔治·佛利斯特·布朗

(George Forrest Browne)被任命为主编,他是一个斗志昂扬,精力充沛的人。(关于布朗,有这么一个传言,据说学校里那些博学的教师们遇到经典的剑桥游客式问题——"大学在哪儿?"时,他们都想把询问者送到布朗前面,说"就在这"。布朗在进入更高阶层担任布里斯托尔主教之前,是一名学监,做过第二法律委员会秘书,是参议院理事会成员,曾担任过一段时间的剑桥大学地方考试联合会秘书,其间他为校外院士会的发展做了很大的贡献。)

当时,出版社同意出版的书籍还有斯基特版的《盎格鲁-撒克逊路加福音》(*The Gospel of Luke in Anglo-Saxon*,不确定是否还有其他版本)、德亨特(Todhunter)的《数学引力理论史》(*History of the Mathematical Theories of Attraction*),以及桑兹(Sandys)新编辑的本特利的《法拉里斯》(*Phalaris*)。出版社在70年代的出版速度变得极快,出版这些书没什么风险,不过也存在两个风险项目。

第一个项目是出版修订版圣经。修订工作始于1870年,而《新约》直到1881年才得到出版,《旧约》直到1885年才出版,这个过程极为漫长。前文已经提到,1858年,柯林斯在伦敦自立为圣经出版商,女王的印刷专利于1859年失效;这时,公众强烈反对继续对圣经实施垄断。有人指出,柯林斯入侵英格兰圣经市场导致圣经价格急剧下跌,也有人认为不管对苏格兰进行监督,抑或让英格兰拥有特权,这些做法都无法真正解决问题。经过两个多世纪的再版,圣经有大量的细微改动,特权出版社每次收到的新标准文本,其内容都做了改动。19世纪开始,这些文本差异导致了一场运动,人们呼吁圣经回归1611年最初的纯净版(1611年的文本当然也已经受到大量改动),剑桥的呼声尤为强烈。对于普通的教堂礼拜者来说,印刷垄断是难以理解的事情,他们觉得特权印刷制度是英国历史上一种典型的异常现象,但这种现象通常不会带来好处。委员会建议不再续延皇家专利,因为这不符合公众利益;但只有主席的决定性一票才能决定这个建议是否生效,因此专利在 1860 年不声不响地再次得到更新。

1873 年,F.H.斯克里温纳编辑的剑桥分段本圣经(The Cambridge Paragraph Bible)出版,这其实是钦定版圣经的评述版,斯克里温纳查阅了钦定版所有的发展史,作了合理了的修订,过程极为艰辛。他对修订工作认真负责,就像任何一位编辑对待任何文本一样。剑桥分段本为钦定本后来的再版提供了一个标准,也给了那些想要圣经回归 1611 年版文本的人一个满意答复。斯克里温纳认为采用 1611 年文本并非好事,但他也提供了可供选择的替代文本。巴克和丹尼尔 1629 年和 1638 年的修订本开启了剑桥关注圣经文本质量的传统,帕里斯 1762 年的剑桥版是对这一传统的延续,而斯克里温纳的修订版则让圣经修订工作达到了巅峰。

剑桥大学 19 世纪的圣经修订工作显然证明了一件事,即学校的特权并不从属于皇家印刷商的垄断特权,而是垄断特权和特权制度外的另一种存在。1870 年,剑桥大学和牛津大学听说新版圣经正在编写当中,其可能成为新钦定本,考虑到现有版本对出版社的财富和发展带来的影响,他们坦率承认,他们最深层的利益甚至他们的生存受到了威胁。新版本拥有新的版权,他们必须要得到这个版权。1870 年 7 月 1 日,委员会举行了一次会议,一致同意出价购买圣经的新版权,在 8 月一个特别长的假期会议上,剑桥和牛津两所学校与女王印刷商进行了联合。卡特梅尔和克莱代表剑桥与牛津大学和修订者展开谈判,谈判一直持续到 1871 年 5 月。随后,提供给校方的建议是(女王印刷商已经退出),两所大学出版社共同支付修订费,以换取版权。牛津和剑桥分别每年提供 1000 英镑,为期 10 年。

为学校出版书籍是出版社的第二大业务,也是其发展的根基。在 20 世纪后半叶,剑桥大学开始外向发展。人们认为,剑

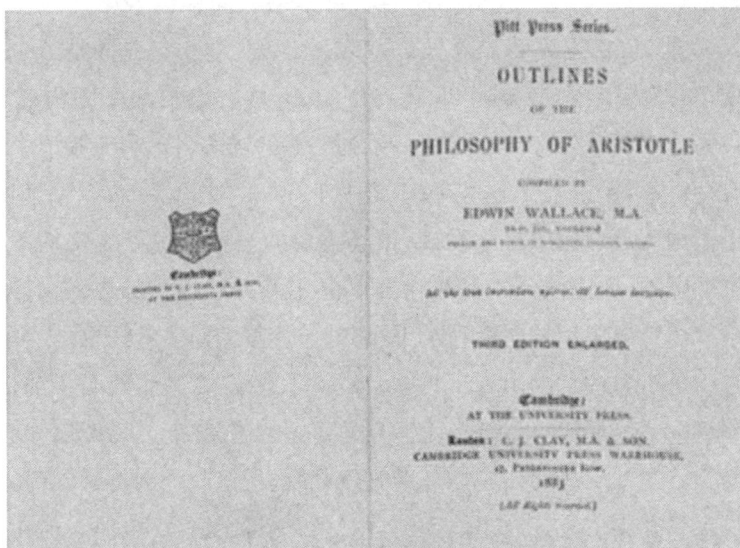

"皮特出版社系列"的早期书籍

桥作为知名院校,具有一定的教育责任,它不仅要对那些将儿子(不久后开始接收女学生)送到剑桥的人负责,也对其他学校的学生负有责任。剑桥加入了全国考试体系,从 1858 年起,剑桥作为主要考试中心之一,负责监督地方考试的举行。剑桥大学地方考试联合会的秘书是 G.F. 布朗(上文提及),他在起草英语、现代语言和经典考试大纲时想到,可以要求出版社印刷该组织规定的文本。1874 年 3 月,他正式提出这个建议,并在当年12 月就需要这些书籍。6 月,出版社找到了编辑,对文本进行了编辑,并开始印刷。这些书也在当年 12 月准时完成印刷,并提供给联合会,他们工作的效率很高。不久之后,"皮特出版社校园系列丛书"(the Pitt Press Series)中,排名前五的书籍有以下:马森(Masson)编辑的《拉斯卡里斯》(*Lascaris*)和《大都会》(*La Metromanie*)、瓦格纳(Wagner)编辑的科尔劳斯(Kohlrausch)的《1813 年》(*Das Jahr* 1813)、A. 西奇威克(A. Sidgwick)编辑的维吉尔的《埃涅伊德》第十二卷、普雷托(Pretor)编辑的色诺芬的《远征记》第四卷。每本书以同样的规格印刷了1500 册,价格定为 2 先令(只有《埃涅伊德》卷十二是 1 先令 2便士),编辑一本书得到 25 英镑的报酬,内容较长的书则为 35英镑。布朗曾告知出版社这一系列书籍的候选名单中希腊语书有 280 本,德语书 390 本,拉丁语书 1400 本,法语为 2800 本,但过了很久之后出版社才发现,市场需要的是不同尺寸规格的图书,这些书籍应该分成多种规格印刷,且定价也应当不一样。最终,"皮特出版社校园系列丛书"总共包含了 200 多本图书。

　　这一时期相继出现了许多创新。我们需要追溯到两年前,即 1872 年,那年 11 月份,伦敦代理商利文顿发布了一个通知。前文已提到从托马斯·托马斯时代开始,任何一个剑桥印刷商,如果只在剑桥及其周边地区销售书籍,他将无法谋生,他必须在伦敦有一个销路。只有在我们这个时代,这个情况才得以避免,部分原因是现在交通网络的发展让国内书籍更加容易在全国各地销售,另一部分原因为学术书籍不只是在英国范围内销售,而是在全世界范围内销售,国内销售额早已不是最主要的。从1584 年到 1872 年,剑桥一直依赖伦敦代理商来发售书籍,这可以说是一个抑制出版社发展的因素。现在,出版社(即合作企业)决定取消伦敦代理商,在伦敦设立一个办事处,并雇佣一名经理来掌管出版社在伦敦的业务,这想法应该是克莱提出的。

　　出版社在伦敦老书籍销售区的帕特诺斯特街上设立了一个办事处。办事处于 1873 年新年那一天开业,共有 4 名工作人员,20 世纪之前,这里一直被冠以"剑桥仓库"的名号。书籍贸易的不断增长和修订版新约的出版给工作人员和库房都带来了沉重的压力。1884 年,仓库搬到了万福玛利亚巷上一个更宽敞的地方,正好赶上《旧约》和新版圣经的出版。克莱每周都会访问办事处,并且每周都会收到委员会图书销售情况的报告。最初十年,这份报告是一个折叠的大页纸,上面印有一些主要的书名,销量不好的书籍则会手写添加在名单上。办事处曾有一个旅行销售员工,叫詹姆斯·马塞特·豪(James Massett How),是一个结实的中年男子,穿着花哨的格子套装,有拿破仑三世式的小胡子和帝王风范。他热爱阅读,可能是狄更斯的忠实读者,因为他似乎有一种追随艺术的天性。如果人们认为他的命令无足轻重,他便会说:"亲爱的先生,请记住,我必须克服肮脏的偏见!";圣诞节时,他会对同事们说:"先生,希望您和您的家人节日快乐,家庭幸福和睦。"这些工作人员都戴着烟囱管帽,穿着晨礼服,这是体面的标志;但经理曾特别想知道克莱先生是否乐意看到他们在工作时这样穿戴。

1874 年委员会做了另一项重要决定,尽管这个决定有些含糊。10 月 17 日委员会会议记录显示:

> 近来,出版社与作家和编辑就委员会作品出版事宜的往来信件大量增加,因此有必要聘请一名官方秘书来协助处理这项工作。

> 过去一段时间,实际上是克莱先生为委员会管理了这些事务,他还负责了伦敦剑桥仓库的出版事务,克莱主动提出志愿承担秘书的工作,承诺会把这项工作做好,让委员会满意。

> 会议商定任命克莱先生为出版社委员会秘书,该职位任命权由校长掌控,会议在场的各位委员无权做出任命。

出版社与克莱的合作关系于 1876 年 3 月再次调整,他的工资也随之上涨,有一笔额外款项专门拨给伦敦办事处,用于日常管理事宜,因此他担任秘书一事实际上得到了承认。出版社向学校做了一份报告,内容为合作关系的更新事宜,在报告中,委员会对克莱的工作表示非常满意,并对以后的合作充满信心,还给了他高度评价。詹姆斯·卡特梅尔在 1878 年 12 月给委员会的告别信也赞扬了克莱,内容如下:

每一位成员必定为出版社从 26 年前的低谷中复苏感到高兴，同时也为出版社现在的繁荣发展而感到高兴。

　　我认为出版社能得到这些成就，几乎完全是因为大学有幸与克莱先生合作，让他担任出版社的合作伙伴，我很乐意借此机会为他可敬的工作原则、能力、技能和效率作证……

　　在过去几年里，他除了履行合伙人的一般职责，还自愿无偿地担任委员会秘书职务。没有他的帮助，委员会主席的工作将多很多倍，出版社现在也不可能出版许多有用的著作。

卡特梅尔可以回顾另一个刚启动的重要项目："剑桥学校圣经"（The Cambridge Bible for Schools），这是关于圣经书籍的一系列小卷评注。这个系列由 J.J.S. 佩罗恩（J.J.S. Perowne）编辑，他曾是出版社委员会成员，后来成为伍斯特主教。正如法语"de longue haleine"（需要漫长时间的）工作所说的那样，编辑工作需要极其漫长的时间来完成，这个系列的最后一卷出版于 1818 年，那时，早期的一些版本已经重新修订，而跟这部作品有联系的第一批人都已经去世了。但这个系列的使用时间很长，不仅在学校，而且还在比学校层级更高的地方使用。[20 世纪 60 年代，新英语圣经文学委员会在牛津举行了一次会议，我记得会议讨论了《出埃及记》的一些解释问题。一位成员问戈弗雷·德赖弗爵士（Sir Godfrey Driver）："这本书里面怎么解释的？"戈弗雷爵士翻阅了一本蓝色的小书，并给出了答案。这是"剑桥学校圣经"版的《出埃及记》，由他的父亲 S.R. 德赖弗（S. R. Driver）编辑。]

　　1877 年 2 月 24 日，委员会拒绝出版一本书，即后来的《牛津英语词典》。所有的出版商都期望自己不会做出错误的决定，但最多也只能指望自己犯的是小错。这件事可能是出版史上最严重的错误，但我们也只能在事情发生之后才能做出这样的判断。有许多年，剑桥必定庆幸当初没有接下那个耗资巨大而又无利可图的项目，尤其是在出版社已经把大量资金投入到钦定本圣经的修订和出版的情况之下。

故事源于 1876 年 12 月 23 日的一封信，克莱一定是在圣诞节前夕读到的这封信。信的抬头印着"F.J. 弗尼瓦尔（F.J. Furnivair）"，开头是：

> 尊敬的先生：
> 　　我希望皮特出版社做一件大事，这件事最终会给你们带来大笔财富，并大大提高你们的声望，尽管这在一开始需要大量的投资。我已就此事给阿尔迪斯·莱特先生（Mr Aldis Wright，出版社委员会成员）写过信……

克莱似乎是一个坚定的人，即使是在节日里，这些轻松活泼的话语对他也不起作用。我们几乎可以想象到他看到这句话时皱眉的样子。接下来的内容为：

> 　　这部作品现在处于这样一个情况：如果出版社在前 3 年每年预付 600 英镑，作为一名主编和 2 名副主编的编辑费用，该作品的第一卷可以完成并付印。一旦开始以 5 部分或 10 部分的形式发行，开始支付纸张和印刷费用。完整版词典可以在 10 年后完成，共 4 卷，以 4 开本印刷，每卷 1500 或 1600 页，还有 4 开本和 8 开本的缩略版，供学校使用的是 8 开本方格版，一卷 5 部分或一卷涵盖三分之一的内容或者单本发行。

正如我们现在知道的一样，这个说法要么是盲目乐观，要么就像克莱所说，是一封欺诈性的招股书。弗尼瓦尔继续说：

在得到收益之前，出版社得先投资 4000 英镑或 5000 英镑。如果这对他们来说太多的话，我肯定特鲁布纳 (Trubner) 或 H.J. 金 (H.J. King) 会分担一些费用……麦克米伦想让我们和他一起出版……他知道这本书的价值，但他想搞砸我们 (文献学会赞助《词典》的出版，弗尼瓦尔担任学会秘书)。我们拒绝了他；我还没有找牛津出版社，我先找的你，因为我相信这本书终将证明它会给出版社带来极大的荣誉。如果你愿意，可以去问问斯基特 (Skeat)。他知道这些材料的真正价值和默里 (Murray) 的能力。请告诉我谁是你们出版社委员会的主要负责人，我可以向他们申请。

诚心期待与您合作的弗尼瓦尔

当然，默里是一位伟大的编辑，弗尼瓦尔企图把字典缩减到他自己建议的规格，默里坚定地拒绝了他的建议，并且在接下来的许多年里，牛津大学为了减少开支也试图在字典规格上做文章，默里坚决反对了他们的这些行为。当然，默里是对的；多年来，剑桥大学出版社的人看到牛津大学出版社，一定会宽慰地叹口气，庆幸他们没有接下这个项目。就算最近几年，剑桥都不大可能承担得起这本词典的印刷任务。

无论如何，在剑桥大学看来，弗尼瓦尔的提议中最大的问题其实是他本身。奥尔迪斯·莱特和斯基特 (《盎格鲁-撒克逊福音书》的编辑) 认识弗尼瓦尔，他们可能已经告诉克莱他是一个无赖和江湖骗子。这评价对弗尼瓦尔这个有趣人物来说极为贴切，但 1877 年，这个评价让质朴的剑桥大学做了一个决定：不要和这个糟糕的人有任何来往。因此，克莱在伦敦同弗尼瓦尔进行了一次短暂交谈，对他进行了一番评估，并建议他给委员会主席写一封更正式的信，之后，这本字典就被出版社拒绝了。委员会会议没有任何关于这件事的讨论记录，这似乎是一个简单而理所当然的决定。如果出版商没有从自身的这次经历中吸取教训，如果他们总是一味追求永远正确，而不是用更简单的方式来预防极端的错误的话，那么这就是一次警世寓言。

与此同时，出版社也在不断发生变化。特宽德·杨(Turquand Young)于1881年被任命为出版社会计，这不仅标志着旧的内部审计系统已经过时，同时还标志着出版社正在向现代商业模式转型。1881年，出版社在格拉斯哥收购了一个仓库，并让苏格兰的一个旅行销售员负责管理，他不在时则由一个伙计负责看管。1884年，伦敦的办事处搬到了万福玛利亚巷。1885年正是出版修订版圣经的好时机，仓库的一楼和二楼很快堆满了印刷好的圣经，在仓库底层的一个房间有一排足够宽敞的储物柜，起初用来存放"委员会专有书籍"在伦敦的库存。仓库有一间"账房"，账房有两名职员。伦敦办事处日常需要处理的工作包括：将来自剑桥的印刷纸张装订成册，分发评论稿和介绍文稿，投放广告，印刷招股说明书，通过"贸易柜台"接收伦敦的订单，并把旅行销售员派往英国的各个地区，这些工作已具有公认的出版业务形态。

1875年，第一个"委员会专有书籍"目录发表，共16页，其中部分书籍印有这份目录。目录包含斯克里温纳的剑桥分段本圣经、希腊语-英语圣经(The Greek-English Testament)、《盎格鲁-撒克逊福音》(Anglo-Saxon Gospels)、《教父和英格兰神学家》(The Fathers and the English Theologians)，以及一些古典文学书籍。其中还有一本梵语书和一本阿拉伯语书。此外，这个目录已开始囊括一些科学著作，如：汤姆森(Thomson)的《自然哲学论述》(*Treatise on Natural Philosophy*)、汤姆逊和泰特(Tait)的《自然哲学要素》(*Elements of Natural Philosophy*)、泰特的《四元数初论》(*Elementary Treatise on Quaternions*)、佛里曼(Freeman)翻译的傅立叶的作品《热分析理论》(*Analytical Theory of Heat*)、塞奇威克的《英国古生代岩石分类大纲》(*Synopsis of the Classification of the British Palaeo-zoic Rocks*)，以及他的《志留纪化石目录》(*Catalogue of Silurian Fossils*)，这是解剖博物馆的骨骼标本目录，以及剑桥天文台的《观测数据》(*Observations*)。法律方面，有阿布迪(Abdy)和沃克翻译的《圣加伊乌斯评注》(*Commentaries of Gaius*)和《查士丁尼法学总论》(*The Institutes of Justinian*)，及休厄尔的格罗蒂乌斯作品。历史方面，目录在 1876 年重印时，J.R. 西利关于斯坦因(Stein)的伟大作品也即将出版；穆林格(Mullinger)的"剑桥史"(History of Cambridge)和贝克(Baker)的"圣约翰学院史"(History of St John's)也包含在目录中；威利斯(Willis)和克拉克(Clark)的《剑桥建筑史》(*Architectural History of Cambridge*)被列入其中（也是在 1876 年）。书籍手稿目录保存在剑桥图书馆中，在《剑桥大学章程》中也有记录。1876 年，"皮特出版社系列"中，有 3 本希腊文书，5 本拉丁文书，4 本法语书，3 本德语书和 3 本英语书。虽然这份清单内容不多，但却标志着一个真正的开始。

当时，修订版圣经的价值远远超越这些目录书籍的价值，与圣经相比，这些书籍的价值几乎微不足道。1881 年，有六个版本的《新约》以不同版式和字体同时出版。其中，最小最便宜的一个版本印刷了 10 万册，紧接着重印 5 万册，同年，10 万册中只有 3 册被订购。出版商可能因为现金需求而担心畅销书销量失控，在销售这些书之前，他们需要投入大量的资金。但危机似乎并没有出现，这要归功于克莱的财务管理能力。

但财务上也出现了一些紧张的迹象。1883 年 10 月，委员会任命了一组人员审议其 10 年来的账目。审议报告称，这一时期出版业亏损了 5705 英镑 6 先令 9 便士。账目收入 42000 英镑，支出 26000 英镑，剩余的 16000 英镑，以及 5000 英镑的政府补贴基金用于印刷和出版"专有作品"。总共支付给审校人员8500 英镑。因此，21000 英镑在出版业"沉没"了，它为印刷行业的利润做出了贡献，版权、股票和铅版都是一项资产。"但仍有很大一部分投资没有带来任何收益。"

委员会对所有出版作品进行归类，总共分为四类：修订版圣经、"皮特出版社系列""剑桥学校圣经"和其他书籍。修订版圣经是绝对有利可图的；"皮特出版社系列"则是喜忧参半：法语书籍获得了巨额利润，德语书籍也获得了可观利润，而拉丁语书籍刚好不赚不赔，希腊语和英语则赔了本。"剑桥学校圣经"早期没有利润。其他类书籍有两种，一种是根本不可获利的，另一种则是可获利的。委员会建议："以后在预期盈利书籍和不可盈利书籍之间应画出一条清晰的界线，印刷不盈利的书籍时应更加小心，为了弥补预期的赤字，这类书籍的印刷数额应投票决定，并保留一份记录。"这开启了一种新制度，这一制度沿用了多年。但这个过程中，一些不现实的因素变得更加现实。唉，这"清晰的界线"！界线可以画出来，但它们打断了一个精细打磨的阴影光谱；它们绘制于某个进程中的某个时刻，而这个进程本身也在发生变化。如果这些界线是在出版前划出的，那么它们也只不过是在猜测现实中将要发生事情，这些猜测通常是虚无的东西。事实上，委员会承认了这一点，但他们没有得出结论：

> 那些预计盈利的书籍事实上并未盈利……应对预计可盈利书籍的出版费用和销售收益进行估测……通过预测，如果一本书的出版费用占其销售收益的四分之三，则这本书籍不予出版，除非这本书使用模板印刷技术（模板印刷的费用通常在书籍第二版印刷费用中扣除）

委员会认为，有些书籍定价过低，某些情况下付给作家的稿酬太高，对作家的文本更正限制太少，与作家的协议中应该包含一项文本更正条款。出版社应该多做宣传，多打广告，委员会为此指定了一组成员，"与克莱先生商讨，寻找最恰当的方式来宣传出版社的书籍，以吸引公众注意"。

在这些问题上，谁受到了批评？克莱吗？这很难说。克莱作为管理合伙人，无疑给委员会提了建议，而作为秘书，他应该做了一些会议准备工作，以便委员会在会议上讨论这些业务。自 1883 年 2 月以来，会议每两周定期举行一次，时间为周五下午 2 点 15 分（现在仍是如此）。但克莱主要的重心是运营大型印刷业务，这些他做得很好，而且有所盈利，他还负责管理伦敦办事处，办事处主要用来销售圣经和祈祷书，这一工作他也做得很好。书籍的出版只是一件小事，但与其他业务相关联。对克莱而言，其他业务才是整个企业发展的主要目的；他很乐意帮助委员会，让他们的学术出版每年少一些损失。可以说，这是委员会的事，但如果出版业的损失威胁到印刷和圣经销售业务，就会让他担忧。事实上，这两个业务之间的关系已经开始发生变化：目前出版业务出现亏损，一方面是盲目乐观导致的结果，另一方面是因为出版社做了理智的长期计划，亏损是实施计划的初步结果，其中有某个原因肯定与克莱有关。克莱曾担任大学印刷商，并通过特别的方式担任委员会秘书。他是出版业务的主管人员，这最终需要改变合作关系结构，乃至最后解除合作关系。

1884 年 2 月，委员会和克莱一致认为应与作者签订正式协议，双方都必须遵守特定条款，克莱将代表出版社签署这些协议。与此同时，委员会成立了一个常设委员会小组来管理书籍相关的所有商业事务。这个小组成了一个工作委员会，克莱可以向其提交所要求的预算，并提出出版条款。从 1884 年 6 月开始，它开始负责书籍定价和作者报酬的工作。

1884 年 11 月，克莱收到一封信，言辞颇有弗尼瓦尔的特点，内容如下：

先生们，

　　一些有学识和做科学研究的朋友推荐我把我的作品交给你们，这部作品是我在阿拉伯的游记，我花了很长时间（六年）完成，现在正准备出版。自罗马时代以来，我是第一个前往阿拉伯的欧洲人，我在那里居住过一段时间，并游历了许多地方，我去了阿拉伯许多知名的地方，这些游记是行程的唯一记录，内容真实，并包含了大量铭文学、地质学和地理知识，我相信研究东方的学者们肯定不会错过一本地理书。只要读我的书，你不用历经旅途艰辛就能体验阿拉伯的沙漠。

　　至于这本书的风格，我相信经过你们的英语语言学者考察，你们会发现它的语言并不符合大学的要求。但我是一名语言学家，二十年来一直研究日耳曼语系的斯堪的纳维亚语和罗曼斯语，我认为英式英语使用的大量行话和模糊语是正确的，也是必要的，虽然这些并不完美，但每一次尝试都不完美。

　　有些朋友称赞这部游记，有些朋友则责怪我，并希望由一位文学家来改写这本书，也就是让一个英语和阿拉伯语不如我的人来改写这个作品。但是，阿拉伯语会让这本书更有趣！

您恭敬的仆人

查斯·M. 道蒂

　　（道蒂的作品，像极了他本人，抗拒别人的解读。"模糊"一词意味着文本需要修改。）可以说这封信是一种预先警告。有经验的出版商，看到这封信时可能会产生一种心理落差：这部作品十分优秀，但麻烦之处在于作者是一个很执拗的人。

　　委员会成员中最有趣的一位是伟大的威廉·罗伯森·史密斯（William Robertson Smith），史密斯就宗教话题在第九版《大英百科全书》(*Encyclopaedia Britannica*)里写了一些文章,人们认为他的文章观点过于"超前"(即异端邪说),这件事引起了很大轰动,他因此失去了苏格兰亚伯丁自由教会学院希伯来语教授的职位,之后他成了剑桥大学的阿拉伯语教授。他曾同里契尔(Ritschl)一起在德国波恩和哥廷根学习。1885 年,出版社接受了他的作品——《早期阿拉伯的亲属与婚姻关系》(*Kinship and Marriage in Early Arabia*),这是民族志的基础之一。如果一个外人不怀好意地对一位出版社编辑说:"你会不会因为没有出版弗雷泽(Frazer)的《金枝》(*Golden Bough*)而感到遗憾?"(这本书由麦克米伦出版),机智的编辑会回答:"我宁愿出版罗伯森·史密斯的作品。"普通读者当然没有听说过史密斯,但那是另一回事。史密斯推荐出版《阿拉伯沙漠》(*Arabia Deserta*)这本书,委员会接受了他的建议,并把这本书分成上下两册,准备印刷 1000 本。出版基于这样一个条件,即道蒂应该接受史密斯的修改建议:"让作品更通俗易懂。"很快,这本书的销量预测减少一半,加上超过 12000 页的印刷费用和超额的修正费用,道蒂被要求出资 200 英镑。道蒂在修正时捣乱,但在校对时这些内容都被改了回来。1888 年书籍出版时,道蒂欠了130 英镑,他对委员会的这个消息感到十分惊讶。他付不起这笔钱,于是委员会给他寄给了一封律师函,最后他放弃了这本书的版权,但只要他付第一版的 200 英镑,这本书的版权就会转交给他。

1886 年,克莱将近 60 岁。他担任印刷商和管理合伙人已有 30 多年,并担任了 12 年秘书。他的大儿子约翰·克莱(John Clay,圣约翰学院的毕业生)于 1882 年加入了合营出版社协助他的工作,小儿子查尔斯·费利克斯·克莱(Charles Felix Clay)也到了可以进入出版业的年纪,委员会同意"推荐查尔斯·F.克莱先生进入合营出版社,只要他能把最好的企业所运用的实用出版知识带给出版社"。这些表明出版社的当务之急是寻找新的合伙人。

原来的合作契约已经到期,委员会经过"深思熟虑"之后起草了一份新的合作契约。迄今为止,出版业在克莱的管理之下运营良好,委员会对此都很满意,但现在他们不得不面对克莱日渐衰老的事实,摆在他们面前的问题是出版社的未来发展,这可能是一件好事,也可能是一件坏事。年轻的克莱兄弟会跟他们的父亲一样优秀吗?可能不会,因为克莱是一个例外。1886年,合作契约得以更新,但合作条款比之前更加严格。新的合伙人也包括查尔斯·费利克斯·克莱,但现在合伙人必须要支付印刷厂、财产税以及其他税务的钱,总共800英镑。此外,因为伦敦和格拉斯哥办事处的业务增长,管理合伙人额外得到200英镑的报酬,另外出版社花费200英镑在万福玛利亚巷租了一个新场地,这些费用都从出版社的总利润中扣除。

1887年,圣体学院负责人 R.T. 莱特(R.T. Wright)加入了委员会,并直接加入了一些委员会小组。1887年,委员会任期由3年增加到5年,这表明现在委员们需要更多的时间来了解这个行业。1888年3月,委员会同意指定一个委员会小组,"考虑用最好的方式协助克莱先生处理与委员会出版业务相关的信件往来,并就此事与克莱先生进行协商"。同年5月,有消息称"克莱先生撤回了申请",这是一句隐晦的话,看过这句话的人显然明白其中暗含的意思。显然合伙人的想法会发生变化,而他们考虑的也显然是出版社的结构和管理,尤其是出版业务,似乎有些人对现状感到不安,甚至不满。1889年,出版社在银行开设了第三个账户,这个迹象表明有些东西在发生变化;因此,出版社三项相互独立的职能至此得到了承认。19世纪50年代时期的两个公认职能为"出版业务"和"其他"。现在的三项职能主要强调"印刷事务""出版事务",以及委员会作为独立实体,与合伙人克莱共同管理这些业务产生的原始利益和多数股权。在这个"纯粹"职能中(运用数学术语),委员会成了学校的职能部门——出版社。这一着重强调让克莱在委员会中的身份地位成了问题。后来发生的事让人们认为这些都是克莱的想法。其实，一切都在为决定性变革做着准备。

我们不得不承认，尽管可能也有一个出色的委员会小组给他提供了宝贵的建议，但在 19 世纪 80 年代，克莱是一个极有进取心的出版商。这一时期，伟大的历史学家梅特兰加入了委员会并成为一个作家，1885 年委员会接受了他的第一本关于法律历史的书。科学方面的作品进展缓慢但得到了稳定的出版，一些现在仍然知名的书籍在那一时期开始出现。1883 年，出版社同意出版芬顿（Fenton）的《定性分析》（*Qualitative Analysis*）；1885 年，同意出版第一本数学教科书——S.L. 洛尼（S.L. Loney）的《动力学》（*Dynamics*）。这两本书成为剑桥第一批标准教科书，使用了很长时间，不断再版，并成了出版商们的必备书目，他们需要卖这些书来赚取日常开支费用和新书的出版费用。1888 年，出版社请 A.W. 弗莱尔（A.W. Verrai）写希腊戏剧散文集，1890 年再次请他编辑《离子》（*Ion*）一书。克莱"得到授权"与埃德蒙·戈斯（Edmund Gosse）和 J.W. 黑尔斯（J.W. Hales）合作出版大众喜欢的文学作品，由此可见，主动委托他人出书的想法现在已被接受；但这一想法的转变却经历了极其漫长的时间。1874 年，W.E. 海特兰（W.E. Heitland）在一封信中写的一句话可以说明这一点："我发现剑桥大学出版社同意出版了一些书籍，因此，我冒昧地推荐《西塞罗：为穆雷纳辩护》（*Cicero：Pro Murena*）这本书，供委员会斟酌……"

1889 年 11 月，委员会咨询维里蒂先生（Mr Verity）是否愿意为他们编辑"《失乐园》（*Paradise Lost*）之外弥尔顿的部分诗作"。他同意了，于是他们开始合作，合作富有成效。维里蒂接着编辑了弥尔顿和莎士比亚的作品。保险估计，他编辑的书籍总共卖出了几百万册，并在接下来六七十年的时间里定期再版。他在早些时候提出了增加编辑费的要求，但遭到委员会拒绝，因为委员会不知道这些作品是否能够盈利,这表明要在可盈利书籍和不可盈利书籍之间画出"清晰的界线"是一个难题。我们只有在书籍出版了很长时间之后才知道结果,而维里蒂编辑了许多书籍,要知道哪些书籍能够盈利则需要漫长的时间。20世纪30年代,在文学评论家看来,维里蒂是一位讨厌的作家,部分原因是包括我在内的几代学生都要从他身上学习如何进行"角色研究"——学校毕业考试的考官们要求学生这样做,他们之前也是这样过来的。不过维里蒂的其他作品虽然枯燥,但很实用。如果你愿意读下去,就会收获很多。

简而言之,到了1890年,尽管出版社的规模不大,但已经发展成了现代出版社。它有学术书籍、科学书籍以及教科书书目。出版社已经拥有主动权,并开始委任书籍出版。出版社的经营仍然主要依靠印刷业务,印刷和销售的书籍主要还是圣经和祈祷书。查尔斯·约翰·克莱为出版社效力多年,他精力充沛,工作卓有成效,在他的经营下,出版社恢复了往日的繁荣,并稳固了自身地位。但出版社现在需要进行新的重组,为未来的发展做好准备。

11   R.T. 莱特及其秘书职位

　　1890 年,莱特再次当选为出版社委员会委员,任期五年,担任这个职位之前,他和克莱的职位已经发生了根本的转变。事情的发展出现了紧张的迹象,委员会开始提出一些想法。从 1891 年 6 月 12 日委员会会议记录中可见端倪:"委员会全体同意罗伯森·史密斯教授的提议,成立一个委员会小组,由其负责委员会所有作品的出版工作。"现在看来,这个建议并不实际,且没有可行性,但可能有人觉得出版社的某些事情该做但实际并没有做,因而提出了这个建议。

　　10 月 16 日的会议记录有了更明确的说法:"基于有人未与委员会特定小组协商而擅自发布新的目录,莱特先生辞去其于委员会小组中的职务,他于 1891 年 5 月 15 日得到该职务的任命,并负责编辑委员会出版的图书目录。"其中提到的问题显然是莱特自己强加的。同一场会议的记录显示:"委员会主席承诺在下一次会议中告知委员会总共有多少图书……但在假期中……未经委员会小组(1891 年 6 月 12 日月成立)经手,就已着手印刷。"而在 10 月 30 日的会议上:"会议商定,任命一个委员会小组,审议现有关于委员会作品出版的指导方案,并向委员会报告。"

　　期间,委员会拒绝了 A.E. 豪斯曼(A.E. Housman)提供的关于罗马诗人普罗佩提乌斯诗集的评注,他们认为这个作品更适合以期刊的形式发表。11 月 13 日,委员会批准了一个在出

1892—1911 年期间的出版社委员会秘书——R.T. 莱特。画像来自皮特出版社

版社的历史上具有划时代的意义的报告，它标志着出版社与克莱家族的合作关系走向终结。报告中提出了一些建议，内容如下：

1. 委员会的出版业务涉及大量与印刷业务和仓储部门无关的工作。

2. 这项工作包含许多事务，委员会无法在会议中全部解决这些事务，因此需要个别人手专门处理。

3. 委员会小组和委员会个别成员为委员会的工作提

供了很多帮助,同时他们也负责地完成自己的工作;在普通的出版企业,大量此类工作都是由合伙人或带薪员工完成,但迄今为止,出版社的这些工作都是由克莱先生以委员会无薪秘书的身份完成。这项工作完全是克莱先生自愿为之,并不包含在委员会与克莱先生及其儿子的合作协议之中。

4. 委员会小组认为,现在出版社的出版业务涉及面广,上述工作方式已无法进行经济有效的管理,委员会应雇佣一名专职秘书,协助他们处理部分工作,这项工作有别于印刷工作和仓库管理工作。

5. 以下是委员会暂定的秘书职责:

(1) 负责委员会的会议记录并准备会议议程;

(2) 负责与作者联系并准备相关协议;

(3) 负责接收作者稿件,经委员会核准后交给印刷商;

(4) 负责监管和整理插图、地图等;

(5) 负责就书籍封面、装订及书籍外观细节事宜协助委员会;

(6) 负责管理出版社出版清单及现有书籍;

(7) 负责就广告事宜向委员会提供意见,并留意广告形式、书评摘录、即将出版作品的公告等;

(8) 负责管理委员会书籍出版目录;

6. 秘书应在出版社大楼有一间办公室,现可暂时使用委员会办公室办公,但出版社应尽快为秘书安排合适办公室。

7. 委员会建议秘书薪资为每年 300 英镑,半年支付一次。

委员会小组的建议得到采纳,这份建议书还有一个附文,内容为:"秘书不能是委员会成员。"这意味着如果委员会中有成员当选秘书，那他必须辞去委员会职务，且开会时不再坐在委员会成员的位置上。会议商定于下次会议选举秘书，整件事情发展得非常迅速，这显然是早有计划。

1891 年 11 月 27 日会议，记录为：

> 委员会一致同意由 R.T. 莱特先生担任秘书职位，并于明年 1 月 1 日就职，10 月 8 日成立的委员会小组应向莱特先生和克莱先生咨询秘书具体职务。

1891 年 12 月 11 日会议，记录显示：

> 委员会主席已告知委员会，通过协商，克莱先生已表示默许任命一名带薪秘书……并同意继续保持其委员会秘书一职。
>
> 会议决定，克莱先生由此负责处理修订版圣经所有相关信函，并承担不能交给新任命秘书的其他工作。
>
> 委员会书籍出版工作现已极其繁重，委员会已采取措施来减轻克莱先生在这方面的工作压力，克莱先生自 1874 年任命为秘书以来，自愿为委员会提供了宝贵服务，委员会希望会议纪要上能够记录下克莱先生这些有价值的帮助。

毫无疑问，克莱受到了伤害，1893 年底，他辞去出版社的职位，辞职的原因主要是出版社的这些变动，而且他已年迈。现在看来，我们会很同情他的遭遇，当然，当时的有识之士，包括委员会，也非常同情他的遭遇。他们肯定也认为自 1854 年十分宝贵的合营制，在现在显然越来越不符合出版社的发展。废除合营制是一个缓慢的过程，直到 1916 年，出版社才真正结束了这一制度。这种反常现象可以恰当地概括为：剑桥大学在 1886 年有三位印刷商,他们是:查尔斯·约翰·克莱、约翰·克莱、查尔斯·费利克斯·克莱。因此,1534 年颁布的古老特许状,在托马斯·托马斯被任命 300 年后又得到了实际运用。与托马斯一样,克莱父子三人都是剑桥大学的文学硕士,有学识,待人坦诚,而且心思细腻。但印刷商的版本说明是"文学硕士 C.J. 克莱及他的两个儿子印刷",而出版商的版本说明则为"伦敦:C.J. 克莱和他的两个儿子出版"。这两个版本说明与普通贸易公司合伙人的没什么区别,这提醒人们,300 年后,除去其他方面存在的差异,学校仍然还保留其最初的权力,即授权印刷商和"文具商或书商"管理学校的印刷。此外,合作契约承认,合伙人拥有预付资本,他们从事商业活动的目的是为了赚取小团体利益或私人利益。现在,人们认为这种管理模式不恰当且令人反感,但是只有当学校能够完全独自管理整个出版社时,这种模式才会终结。这件事不可能由校长或其代理完成,因为他们除了负责出版社的事务外,还要负责其他事务;也不可能由委员会或 19 世纪以来一直存在的委员会小组完成。从记录中可以很清楚地看出,委员会小组由 3—4 个人组成,一旦有新的小组成立就代表出版社有了新的问题,他们会集中精力解决一个问题,并在非常短的时间内找到临时解决方案,然后小组成员又回归到教学中去。

现在出版社发展已经完成两个基本阶段的改革。关于出版社的运行原理,或出版社管理体系或者管理形式,可以做如下陈述:出版社委员会是学校的代表,实际上是学校的印刷和出版部门的代表;他们也可以分为两个实际独立的部门:即印刷部门和出版部门。如果用 18 世纪的话来说这可能会导致对立。本世纪初,波森(一个臭名昭著的无神论者)和他的一个朋友走在街上时,跟朋友说他无法理解三位一体的教义。这时,一辆出租车驶过,里面坐着三个人,他的朋友说:"看,那就是三位一体,三人坐在一辆车里。"波森反驳道:"不,那不是。要一个人坐在三辆车里才是。"如果他们俩生活在这个时代,这位朋友就可能会用出版社的例子来反驳波森,出版社是一个实体,但分为三个方面:委员会、出版部门和印刷部门。

依我看来,莱特的不同之处在于他分析了出版社的情况,然后开始得出一些切合实际的结论;但他也有可能得到了梅特兰的帮助,梅特兰头脑精明,且善用法律和宪法思维进行思考。但无论怎么说,事情发展的优先次序肯定是正确的。宪法改革必须始于中央和高层,委员会必须要有自己的管理人员,否则他们与那些处理日常业务的人打交道时,将永远处于不利地位。更重要的是,委员会必须清晰地认识到委员会团体是所有行政活动的宪法依据。新的秘书至少在出版方面可以代表委员会处理员工、客户和作者的相关事宜。显然,出版社有三位印刷商和委员会有两位秘书是一个奇怪的现象。但这也只是暂时的,事情很快就会发生改变,一切都终将成为历史。

1892 年 1 月 22 日,在"新时代"的第一次委员会会议上,莱特的名字列在与会者名单上,而同样作为秘书的克莱,他的名字却从来没有在名单上出现过。要说克莱从未出席过委员会会议,这是不可能的;但克莱清楚地知道,他没有参加会议的权利,而 1891 年的一些事表明,很多事情都是在克莱缺席的情况下决定的。

在第一次会议上,委员会同意出版坎宁安的《英国工商业增长》(*Growth of English Industry and Commerce*)的第二卷书(这是经济史书单的基础,现在是出版社最优秀的书籍之一);以及维里蒂偏的《失乐园》第十一和十二卷(2500 本,采用模板印刷),道达尔(Dowdell)编的《变形记》第一卷和洛夫(Love)的《弹性》(*Elasticity*,这是一本教科书,有将近 75 年的生命,是出版社最喜欢的书之一)。佩罗恩(Perowne)提出辞去"剑桥学校圣经"编辑的职务,但被委员会劝阻;委员会讨论了出版社的新建筑事宜,特别是如何安排秘书的新办公室一事。

同年，委员会还同意出版了其他书籍，其中包括 E.G. 布朗（E.G. Browne）的波斯文学研究的第一部作品（这又开启了另一份佳作书单）、杰布（Jebb）的一卷本索福克勒斯（Sophocles）作品和洛尼（Loney）的《三角学》（*Trigonometry*，另一本长期畅销的书）；维里蒂再次被邀请编辑"三卷或四卷本莎士比亚"。1893年，出版社同意出版波洛克（Pollock）和梅特兰的"英格兰法律史"（History of English Law，平装本，现仍然在出版），以及怀亚特（Wyatt）编辑的《贝奥武夫》（*Beowulf*）和尤因（Ewing）的《蒸汽机论》，这些都是传世之作。委员会还启动了两个大型出版项目。委员会决定"皮特出版社系列"不能作为唯一的学校用书，这个系列提供了固定教材，但孩子们也需要好的教材。一个委员会小组推荐了一套丛书，这些书包括英国历史、其他国家的现代史、英国"商业史"（即经济史）、一本英语语法书和一本伊丽莎白时代戏剧。建议的书籍并没有得到出版社的全部采纳，但大多数都得到出版，这些书的修订通常都是由作者来完成，而不是最初提议出版的人。第二个大项目是由希普利（Shipley）编辑的一套生物丛书，包括：哈克（Harker）的《岩石学》（*Petrology*，最近仍在出版）、一本人类学导论、一本脊椎动物骨架书记、一本 A.C. 苏华德（A.C. Seward）关于古植物学的书，以及弗朗西斯·达尔文（Francis Darwin）的《植物的基本植物学》（*Elementary Botany of Plants*）。

科学类书单上新增了两个非常著名的名字：J.J. 汤姆森（J. J. Thomson）和 C.S. 舍林顿（C.S. Sherrington），委员会邀请汤姆森写一本关于热力学和气体动力学理论的书，而舍林顿则提供了《实验病理学》（*Experimental Pathology*）一书。出版社正在出版一些伟大的科学家和数学家的论文集，他们是：开尔文勋爵（Lord Kelvin，即威廉·托马斯）、瑞利勋爵（Lord Rayleigh）、克拉克·麦克斯韦（Clerk Maxwell）、雷诺兹（Reynolds）、斯托克斯（Stokes）、泰特（Tait）、希尔维斯特（Sylvester)及凯利(Cayley);但这些文章的内容都不可避免地带有综述性质,更像是专题论文。1871 年卡文迪许物理学实验室成立,克拉克·麦克斯韦担任实验室领头人,这是剑桥正在进行的一项真正激动人心的工作,同时,这也意味着出版社应该致力出版那些全面总结新研究的专著。J. J. 汤姆森就是这样一位作家,他也是众多此类作家中的第一位,但在 20 世纪,重要科学著作的出版形式越来越少,以书籍或专著形式出版的逐渐减少,而以期刊文章方式出版的越来越多,这一点在 20 世纪尤为明显。因此,期刊出版变得尤为重要,1893 年,《生理学杂志》(*Journal of Physiology*)委任出版,"剑桥图书目录"也得以建立。同年,委员会同意出版汤姆森的《电和磁学数学理论要素》(*Elements of the Mathematical Theory of Electricity and Magnetism*)。1894 年,委员会同意出版 A.C. 哈顿(A.C. Haddon)的人类学先驱之作——《托雷斯海峡岛民研究报告》。1894 年,出版社的宪政改革进入了新的阶段,合伙关系逐渐瓦解。负责"出版社合作计划"的委员会小组做了报告。1896 年,合作契约到期,出版社需要基于新的条款建立新的合作关系。可以说委员会小组的报告巩固了莱特的职位,这一职位与克莱兄弟的职位形成对比。委员会小组的建议于 1894 年 6 月 10 日得以采纳。除了已经规定的职责外(主要负责委员会会议事务以及监督书籍的印刷),莱特现在被委派去审查合伙企业涉及委员会出版书籍的印刷账目,并准备支票供主席签字,以支付这些账目、版税和作者的利润份额。他需要每两个星期去伦敦的办事处视察一次,对出版社的广告宣传进行更直接的管理。基于工作量的增加,他的薪资也有所上涨。1894 年暑假结束时,他搬进了新秘书办公室,这是他担任秘书一职的明显象征。秘书办公室是一座精巧的红砖房子,采用安妮女王建筑风格,在米尔巷老出版社的旁边,后来房子的一边建了一座廊桥通往皮特出版社,另一边有一道绿色的羊毛毡门(此前就存在),通往老印刷厂。起初它只有一层楼。里面有一个大会议室供委员会开会使用,会议室四周所有的架子很快就摆满了新出版的书籍,还有一张威廉·莫里斯地毯和一个大壁炉,每次开会时主席所坐位置正好挨着大壁炉。隔壁有一间秘书办公室和一间职员办公室,这座房子就这几个房间。1894 年 12 月 12 日,委员会开始在新的会议室开会,会议室非常敞亮,他们对会议室里的新电灯大加赞赏(尽管直到 1900 年,他们才认为会议室要装一部电话)。他们一直在这里开会,直到 1963 年,这座房子(1927 年增建了第二层)与旧的印刷厂一起移交给了大学。然而,1894 年,坐在印刷商办公室的克莱可能会望向对面的秘书办公室,回想他所看到的这些变化,而眼前这一变化不是由他而起的。(秘书办公室和书商办公室中间有一片绿油油的草地,草地旁边的方形花坛里有一棵核桃树,他们有时穿过这片草地时,也会打个照面,但现在这片草地已经铺上沥青,变成了停车场。)

1894 年 11 月 03 日,委员会向大学提交一份报告,提醒参议院 1886 年签订的一项为期 10 年的协议已经到期,协议需要续签,但不建议沿用原来的条款,而是要更新协议内容。报告内容如下:

1893 年 11 月 20 日,克莱先生向委员会表达了他的想法,如果在他两个儿子约翰·克莱和查尔斯·菲利克斯·克莱的管理下,出版社的管理工作能够得以有效进行,那么他希望在年底辞去管理合伙人的职位。

委员会得知克莱先生要终止与出版社的关系后,感到十分遗憾。克莱先生已为出版社服务了 40 年,这期间他兢兢业业、恪尽职守,效忠于大学的利益。

委员会认为,经双方同意,当前的合作关系可于明年 12 月 31 日解除。

委员会认为,大学应分别就剑桥的印刷业务和伦敦及其他地方的出版业务与约翰·克莱和查尔斯·菲利克斯·克莱签订单独的合作协议，协议自 1897 年 1 月 1 日起生效，为期 10 年。

委员会提议，新合作契约的合作条款大部分可遵照旧契约内容……只有几条稍做更改，更改条款如下：

1. 可将当前合作业务中的资本部分分配给印刷业务和出版业务。

2. 学校在各合作业务中的出资份额和利润分成由原来的四分之三增加到六分之五，剩余的六分之一……由约翰·克莱和查尔斯·菲利克斯·克莱先生平分。

3. 合伙人支付给学校的租金由原来的每年 800 英镑增加为每年 1200 英镑……

4. 委员会停止向伦敦仓库支付每年 200 英镑的租金，但委员会每年要为出版业务付费，每年费用不超过 200 英镑，如果委员会自营书籍销售额达到一定数目（实际上是每年 21000 英镑），则不用支付这笔费用。

提议以 55 票支持，11 票反对通过。

这些变化看起来似乎不大，但这只是开始。现在，业务分离在合营企业的契约中已经有所体现，委员会还证实，在两个企业运营当中，合伙人与所有者的身份还是存在差别。他们增加了自己在合作业务中的份额，通过提高租金和中止支付仓库租金提高了自己在这两项业务利润申报前的费用，因此在这两项业务中，克莱兄弟所占的份额更少了。

1895 年，委员会出版书籍的总销售额恰好达到 22000 英镑，其中 1800 英镑为麦克米伦（1890 年成立）代理机构在美国的销售额，160 英镑为印度的销售额。因此，委员会不用支付伦敦仓库的费用。1896 年，莱特汇总了一些账目，这些账目显示过去几年中图书销售收入与其成本支出持平，但在"收入部分"，他只算入了版权和库存的名义价值。事实上，出版业每年都出现了小幅亏损，原因有二。第一，出版业务的规模不够大；第二，委员会认为他们有义务同意出版一些书籍，不论盈亏；但委员会的这一出版因素始终会影响总体的出版成果。据估计，在19世纪80年代，出版社在"确定"书籍会亏损的情况下，每年都要出版11到21本书。（再次为这样事情到遗憾！几年前，维里蒂的例子受到质疑，现在，艾克顿公爵编辑的新世界历史也被纳入了这些确定亏损的书籍中。）

我们现在所熟知的《剑桥近代史》（*Cambridge Modern History*）是由莱特提议出版的，他与梅特兰商量了这件事。1896年2月13日，委员会会议纪要为：

> 有人问艾克顿公爵教授，如果各出版社决定出版《世界史》，他是否会考虑担任这一工作的总指挥；有人跟他解释说，委员会尚未做出决定，从财务方面考虑，出版这样一本书是可取的。

人们往往会容易为自己的想法感到震惊，但这些想法有时是正确的，就像这里的例子一样。5月8日，又有会议记录表明，委员会正在寻找一种切实可行的办法来逐步开展这个大项目：

> 委员会考虑了由艾克顿公爵编辑"世界史"的提议，并做了一些修改建议，委员会建议这本书应该只包括文艺复兴时期开始的近代史。委员会看了艾克顿公爵关于提案的来信，同意任命梅特兰博士与惠布利先生为特立委员会小组，与秘书和艾克顿先生一起商议具体计划，并报告详细方案。

艾克顿公爵，剑桥大学现代史钦定教授，《剑桥近代史》第一任编辑

F.W. 梅特兰，剑桥大学的唐宁法学教授，出版社委员会一员

5 月 22 日：

> 会议一致同意：1. 如果《世界近代史》能够有详尽计划和安排，委员会将同意出版这本书。2. 委员会希望向艾克顿公爵表示感谢，感谢他迅速解决了这本书的计划问题，并要求他准备一份详细的工作计划……3. 艾克顿公爵得知……委员会希望他可以编写这本书的部分内容。

10 月，委员会收到艾克顿的报告，并批准了这份报告。艾克顿被任命为这部十二卷史书的总编辑。编著这本书，每页可得到 10 先令的报酬。艾克顿作为总编辑，得到了 300 英镑的报酬，此外，每卷还额外得到 100 英镑报酬。艾克顿在 1901 年因身体不适而辞职，A.W. 沃德（A.W. Ward），G.W. 普罗瑟罗（G. W. Prothero）和斯坦利·雷瑟斯（Stanley Leathes）被任命为合作编辑（他们都因这部作品而受封为爵士）。1902 年 2 月，第一卷共发行了 2000 册，价格 15 先令。沃德是一位工作效率极高的编辑，1912 年，十二卷全部得到出版。

1895 年，委员会同意出版麦克塔加特（McTaggart）的《黑格尔辩证法》（*Hegelian Dialectic*）和 R.A. 尼科尔森（R.A. Nicholson）的第一部著作——《夏姆斯诗歌选集》（*Selected Poems from the 'Divani Shamsi Tabriz'*，平装本仍在出版）。布朗尼和尼科尔森是阿拉伯语和波斯语研究的两大支柱人物，这两项研究名气很大，作品名单也越来越长。《广义代数》（*Generalised Algebra*）是伟大的 A.N. 怀特海（A.N. Whitehead）的第一部著作，于 1896 年得到出版。同年，他的《数学原理》（*Principia Mathematica*）一书的搭档伯特兰·罗素（Bertrand Russell）给出版社提供了一篇《几何基础》（"On the Foundations of Geometry"）。1898 年，出版社同意出版桑兹的《古典学术史》（*History of Classical Scholarship*）。

1898 年，除了委员会逐一接受的具有学术价值的书籍外，出版社也一直在积极出版八套丛书，这些系列有："皮特出版社系列""学校和师范学院系列"（the Series for Schools and Training Colleges）、"剑桥学校圣经""小版剑桥学校圣经系列""学校和师范学院希腊语圣经系列"（the Greek Testament for Schools and Training Colleges）、"史学系列"（the Historical Series）、"地理学系列"（the Geographical Series）和"自然科学手册系列"（the Natural Science Manuals）。所有系列都有教科书版，供中学、师范学院和大学的学生使用。出版社出版这些系列丛书的目的是希望这些书最终会带来利润，这些书最后肯定也会盈利，但这需要时间；1898 年 6 月，委员会财务小组报告，1897 年，印刷业务支付了利息后盈余 2799 英镑，但出版业务却亏损了 354 英镑。这些损失实际上是由合作伙伴共同承担，其中必然包括克莱兄弟，这显然会引起克莱兄弟的不满，克莱兄弟有效管理了印刷业，他们也在对出版业进行适度管理。现在，一个狂妄自大的新手或者说是毫无商业经验的外来人掌管了出版业务，但这个新手能在委员会那里说得上话，而克莱兄弟却无能为力。因此，于莱特而言，他的当务之急是及时为出版业止损，但只有做得更多和做得更好才能实现这一目标。

　　出版上的损失在 1898 年降到了 80 英镑，1899 年赢利 80 英镑，1900 年赢利 420 英镑。为此，莱特对克莱兄弟充满信心，他们对印刷业务的管理卓有成效，而且印刷业越做越大。但多年来，印刷业一直是出版社经营发展中的大头，而出版业似乎成了一个毫无确定性的新产业，或者更直白地说，更像是一场赌注，出版社把印刷业上的盈利都赌在了上面。不得不提的是，直到 1970 年，委员会秘书仍担任出版业的负责人。这方面可能存在偏见或者争执，这些偏见和争执会给个人带来一些压力，直到 1972 年，委员会主席托德勋爵（Lord Todd）对出版社进行了重组，这一局面才发生变化。杰弗里·卡斯（Geoffrey Cass）创立了出版社首席执行官一职，职位在出版和印刷业务负责人之上，并对负责人进行管理。

委员会与克莱兄弟的关系实际上发生了微妙的变化。1898年，克莱兄弟指出，出版业务的损失是在营业额达到商定数额的情况下发生的，在这个数额上，委员会不用为出版费用供款，而留给他们的佣金并不足以支付成本费用。也许是莱特使委员会意识到圣经贸易所得本应用来弥补赤字，但其贸易本身并没有获得足够的利润；为此，尽管克莱兄弟得到的佣金分成更大，但他们也要时常考虑到圣经的售价，并做出调整。第二年，在申报利润之前收回的资本利息降低到百分之三。

1900年，中央档案馆中出现了第一份打印文档。这是一个委员会小组的商业详细信息报告，内容涉及"出版社未来业务发展方案"，尽管这份报告陈述了发展的一个重要过程，反映了出版社的扩张，但有些细节让莱特如今的继任者感到困惑：

> 莱特先生首次接受任命时，他的职责是在学期内出勤。但他经常在假期期间出勤，尽管莱特的任命条款并没有要求他这么做……考虑到公务需求，现在应做出明确规定，以确保秘书或其他一些责任职员在假期期间出席会议。
>
> 自从莱特先生被任命以来，秘书的工作一直不断增加……就当前秘书的工作强度而言，出于对出版社利益的考虑，需要以额外配备一名工作人员的形式给秘书提供援助……不是单纯的文秘，而是助理秘书。
>
> …………
>
> 秘书需要额外出勤（其津贴已增加到700英镑。）……无论任何时候，秘书都需要付出时间和精力来管理和发展出版社的相关业务。假期期间和学期内的大部分时间，他

都需要在待在学校。

报告建议：

> 秘书和助理秘书需要每天都出勤，出勤时间不定。因为委员会有时候会有一些工作指导，这需要秘书和助理秘书大部分时间都在场，以确保工作指导的顺利展开。
> 助理秘书在场期间，秘书可以离开，以便处理诸如讲课等其他工作。

委员会曾在前几年对莱特的职权进行了正式的界定，他有权在不知会委员会的情况下要求预期作者给出版社寄送手稿，在紧急情况下寻找鉴定人，且有权给他们支付不超过 3 几尼的费用。这些具体规定表明，委员会仍然觉得他们有能力并希望自己管理出版社的大部分业务；但随着业务量的增加，尤其是在正常校历时间外或会议周期外，需要做紧急决定的情况增多，委员会包揽大权的状况终将需要改变。莱特负责的工作肯定要比他的职务规定的工作内容多得多，这些职务规定可能是最初与委员会主席商议决定的。随着新世纪到来，出版社的业务越加繁忙，莱特每天必须都在办公室，以便做出相关决策，而委员会则变成了一个审议机构，负责审议和批准更大的问题。

助理秘书一职有 88 名候选人，最后确定由伦纳德·惠布利（Leonard Whibley）担任。与莱特一样，惠布利曾担任过委员会委员，他是彭布罗克学院的院士，在学院教授古典文学课。1907年，年少的 S.C. 罗伯茨（S.C. Roberts）在彭布罗克学院念书，惠特利担任了他的导师。惠布利担任助理秘书的时间并不长，他显然想延长这一职务，而莱特和委员会似乎还没有为此做好准备。他就这一事宜跟他们商讨时，却被告知委员会愿意减少他的出勤时间，以便他能够做其他的事情。学期内，他只需要一天来2个小时,假期期间需要出勤10周,每周4天。委员会也愿意雇佣1名办事员。惠布利辞去了助理秘书一职,但这似乎是一个有意的职位更换行为;他转而又继续担任委员会委员,这可能是一件好事,因为他可以在委员会继续倡导和促进出版社的改革和扩张。

1902年,A.R.沃勒就任助理秘书一职。他曾在伦敦经营过出版业,也算得上是个学者,曾编辑过几位英国诗人的诗。他曾为达克沃斯(Duckworth)和登特(Dent)工作,当时这两家公司"极具发展前景"。他是个有商业头脑的人,善于与数字打交道。他比惠布利更有耐心,并慢慢地建立了自己的地位,在适当的时候成为莱特秘书一职的继任者。1905年,伦敦仓库从万福玛利亚巷搬到费特巷,他早期的一个任务是监管库房的搬迁工作,费特巷的仓库比原来的库房要大很多,这是出版业发展的标志。沃勒由A.W.沃德介绍给出版社,沃德是彼得豪斯学院的负责人和《世界近代史》的编辑。沃勒和沃德共同编辑了《剑桥英国文学史》(*Cambridge History of English Literature*),1907年至1916年出版。

20世纪初,出版社出版的书籍包括:J.J.汤姆森的《气体导电》(*Conduction of Electricity through Gases*)、E.T.惠特克(E.T. Whittaker)的《数学分析论》(*Mathematical Analysis*)、肯尼(Kenny)的《刑法案例》(*Cases in Criminal Law*)、贝特森(Bateson)的《孟德尔的遗传学理论》(*Mendel's Theory of Heredity*)、H.M.查德威克(H.M. Chadwick)的第一本英雄文学、G.E.摩尔(G.E. Moore)的《基本道德原理》(*Principia Ethica*)、简·艾伦·赫丽生(Jane Ellen Harrison)的《希腊宗教研究》(*Greek Ritual*,这是一个比较重要的系列中的第一本书,这个系列将经典著作与更广泛的宗教和哲学思想联系了起来)。在教科书方面,学校在1902年邀请哈罗公学的两位数学大师——戈弗雷(Godfrey)和西登斯(Siddons)写了一本《初等几何》（*Elementary Geometry*）。学校与"哈罗的往来"带来了一系列知名的数学教科书，这些书由西登斯和达特里（Daltry）、普莱斯（Price）、休斯（Hughes）、斯内尔（Snel）、洛克伍德（Lockwood）和摩根（Morgan）等人合作编写，在那时极具前瞻性，直到 20 世纪 60 年代仍在出版。在这些书出版 50 周年的庆典上，人们最后一次见到可敬的西登斯；肯尼斯·斯内尔退休后去了非洲加纳教书，在那里他根据非洲学生的情况对课程进行了改编。由戈弗雷和西登斯制作的《四位数数学表》定期再版，再版数量不计其数，《戈弗雷和西登斯数学表》成为唯一在总销量上接近圣经和祈祷书的出版物。

19 世纪的最后几年和 20 世纪的第一年，出版社同意出版了一些科学和数学方面的著名书籍，包括原有的系列丛书和系列丛书之外的书籍。1902 年。物理系列丛书项目创立，其中包括汤姆森（Thomson）的《电传导》（*Conduction of Electricity*）和卢瑟福（Rutherford）的《放射现象》（*Radioactivity*，1904），随后的版本变为卢瑟福、查德威克和埃利斯（Ellis）的《放射性物质的辐射》（*Radiations from Radioactive Substances*）。生物系列丛书包括威利斯（Willis）的《开花植物和蕨类植物辞书》（*Dictionary of the Flowering Plants and Ferns*）的早期版本。著名的《剑桥数学文摘》（*Cambridge Tracts in Mathematics*）创建于 1905 年，G. H. 哈迪（G. H. Hardy）是编辑之一，他的《纯数学》（*Pure Mathematics*）于 1908 年首次出版，至今仍在印刷。怀特海（Whitehead）和罗素（Russell）的伟大著作《数学原理》（*Principia Mathematical*）有 3 卷在 1910 年至 1913 年间出版。

学校档案馆中有一个黑色的小笔记本，现存于图书馆中，笔记本中记录了一些内容，首页有一行字："私密，仅供出版社委员会查阅"。这句话表明了 1901 年委员会对出版社宪法地位所持的明确立场，笔记内容可能会用作委员会新进人员的基本问答测试，这些新进人员可能已经对出版社整体构架和经营理念有所了解。笔记简要回顾了出版社 1854 年以来的历史，并列出了当前几个合作业务的合作条款。笔记将这些合作业务记录为合作业务 A 和合作业务 B，合作业务 A 涵盖印刷业务，合作业务 B 涵盖伦敦的出版管理业务。在这两种业务中，出版社占有多数资本份额，并占有同等份额的利息和利润。记录指出合作业务 B 始于 1895 年：

> 该业务主要负责出版及销售圣经和祈祷书，通过业务 A 购入未装订的书籍，对书籍进行装订，再将书籍售给零售书商……该业务也受托出版委员会书籍……该业务的投资成本为 14000 英镑……根据协议，目前的利率仅定为 3％：支付利息后，剩下的利润或损失由合伙人按比例分配，比例与业务 A 相同（剑桥大学占六分之五分成，克莱兄弟每个人占十二分之一）……在这两个合作业务中，两位克莱先生负责具体的业务管理事宜，但重要事宜需经过委员会批准……

出版社中的第三个业务在笔记中记录为"C. 委员会专营书籍"。委员会出版他们自己选择的书籍，利用出版社的 A 业务进行印刷，用 B 业务出版并卖给同行，支付 B 业务的总花销以及支付 22％ 的销售佣金。

委员会持有的资产（不同于合营出版社持有的资本）包括剑桥的出版社大楼、剑桥的其他财产、投资、剑桥及伦敦的库存书籍、模板印刷版和图书版权。同时，政府每年发放 500 英镑的补贴。结合所有这些资产，文件记录为：

> 大致来说，委员会图书销售的净收入大约可以抵消印刷费用和付给作者的费用。在 1897 年、1898 年和 1899 年这三年中，（扣除广告费、书籍装订费和佣金）年均净销售额

为 14823 英镑；年均印刷费用为 10567 英镑，付给作者的年均稿费为 3606 英镑；这似乎表明还有 650 英镑的盈余；但在这三年里，扣除了秘书津贴和支付给印刷业务文员费用后，委员会的日用杂项费用平均为 445 英镑……每年似乎有大约 950 英镑的赤字，这一情况下，任何资本带来的增长都无济于事。

为了弥补这个明显的亏损，委员会通过各种渠道获得收入，粗略统计如下：

（英镑）£
A、B 合作业务的资本利息	2440
两项合作业务的（平均）利润	1500
出版社厂房租金	1050
房产租金	450
投资利息	100
	（合计）5540

因此，委员会大约有 4500 英镑的可支配资金，但由于销售波动很大，而且经常出现大量不可预见的超常支出情况，因此这并不是一笔确定的资金。由于这些原因，出版社似乎很有必要储备一笔可观的资金。

这是一个精明的结论：第一次指出了一个反复出现且十分紧迫的问题。但作者继续指出：

在过去，委员会得到的利润主要用于扩展业务和购买临近的房屋，但也有一部分利润转入了大学财务库。在过去的 25 年中，转入大学财务库的金额共有 31000 英镑。

学校因此把出版社当作了摇钱树。学校之所以能从中获得如此大的利益,主要归功于克莱父子对出版社出色的管理,在他们的管理之下,出版社自身得到了发展,委员会的发展和书籍出版有了资助资金,而学校和克莱父子也从中得到了收益。但分析表明这样的发展方式缺乏远见,尤其对出版企业而言更是如此,因为出版社现在已致力于大规模长期发展非营利性学术出版,而除政府年度津贴外,它没有任何其他外部支持。永远以印刷业的发展为其他业务发展提供资金,这种想法显然不科学。出版业正在迅速发展,但这个业务的发展一直都受到阻碍——学术书籍总是出版名单的"首要出版物"。但正是这些学术书籍让整个出版业有了继续发展的理由,因为其他出版商不会出版这类图书,它们是出版社存在的意义。学术出版是学校和学术界交给委员会的责任;它需要像学院一样依靠捐赠作为发展基础,并像学院一样作为信托机构,由其理事机构进行管理。

因此,1901 年的这份文件揭示了出版社当时存在的风险,甚至是一种不当做法,或者至少是毫无远见的行为,即学校和克莱父子都从出版社赚取利益,这些利益本应用来稳固出版社的地位,而没有这笔资金支持,出版社只是看起来拥有稳固地位,但实则并非如此。如果这份文件是莱特写的,那么他很有可能在这些原有的分析基础上增加了一项新的分析;而向新委员会说明这一情况时,他一定也让委员会中的一部分成员认为出版社有必要做出进一步的改变。

事实也的确如此。1904 年,委员会向学校报告,出版社合营契约需要在 1905 年进行续约,并提出了在印刷厂管理方面只与约翰·克莱保持合作关系的新要求。克莱的资本占有份额应该是十分之一,也就是说,对他个人而言,他的份额有所增加,因为他之前与查尔斯·菲利克斯·克莱共享六分之一份额时,他实际只拥有十二分之一的份额,但是现在大学将其份额从六分之五增加到十分之九,这是学校为全面管理出版社迈出的第一步。

对出版业务的提议更为激进,其表明大学已完全控制了出版业,因此出版业的发展已经进入了另一个非常重要的阶段。提议报告内容如下:

> 当前,出版业务部分在伦敦开展,部分在剑桥开展。伦敦仓库负责销售书籍;剑桥负责印刷书籍。由委员会自营的书籍委任伦敦仓库出版,这需要保留两个不同的账户,并且实际上有两个不同的业务。委员会认为,将出版业务的两个分支合并成一个业务将是一个实质性的进步。

> 出版业的发展不能只考虑商业要素,因此,这里出现了一个难题。委员会认为,大学出版社最重要的职能之一,是出版那些虽无报酬但对学术发展有宝贵价值的作品;他们不能推崇任何阻碍这类作品出版的变革。为此,委员会认为他们不能认同大学与任何合伙人共同管理出版业的建议(即上文所述的合并方式)。委员会认为,保留查尔斯·菲利克斯·克莱先生的职务对大学的利益尤为重要,并提议他接受伦敦经理的职位,其职责与他目前解除的职责类似。目前,委员会秘书将继续在委员会指导下行事;因此,出版业务将由莱特和查尔斯·克莱联合管理。

作为重组的最后一步,有人提议,委员会应由校长或其代理和14名成员组成,每年任命两名新成员,任期七年,除特别恩典外,卸任成员不得重新选任。

新的时代已经到来。现在委员会代表大学以自己的名义成为出版商,继续沿用原来的出版条款,没有任何印刷商、书商或文具商等中介。1904年,剑桥古老的书籍贸易模式画上了句号,这标志着这一贸易模式具有非凡的延续性,也标志着图书贸易行业发展缓慢。三百多年来,剑桥大学一直延续了任命三位文具商或印刷商或书商的传统。1884年,克莱父子三人成了学校的第一任印刷商托马斯·托马斯,及学校任命过的所有印刷商、书商、周旋于学校和这些人之间的代理人和出版商的直系继承者。在出版社的不断变革中,两个重要的发展策略决定了出版社一直以来的发展:第一个是本特利和萨默塞特公爵的发展决策,他们试图将出版社的发展掌控在学校的权利之中;第二个便是1852年皇家委员会的干预,他们试图将出版社推向商业合作式发展。第二个策略更成功,影响更持久。毫无疑问,查尔斯·约翰·克莱是这个事件中的英雄,他既服务于大学,也服务于自己的家族企业。但莱特是另一个英雄,从某种意义上说他是第二任秘书,但在实际安排中是第一任。莱特的贡献有三点:其一是他所具有的分析能力让他确认了出版社宪法地位的不合理性;其二是他的政治技巧,他通过一系列的根本改革让出版社的发展状况得以改善;其三是他作为出版商的能力,通过一系列社论和业务决策推动出版业务发展,并取得成功。莱特不得不去"纠正"出版社的发展形势,这一形势表面上发展得非常成功。他不得不果断推翻一个为出版社做出巨大贡献的人,并取代他的位置。他必须以微小的力量去反对麦克米伦出版企业,麦克米伦在出版社盘踞已久,通过利用出版社印刷业将其出版业发展得极为成功,他必须要制止这一现象,麦克米伦不能在出版社的印刷业上寄生,而只能作为出版社平等的合作伙伴。而在做这些事的同时,他还要履行出版义务,出版一些可能会亏损的书籍。

通过1904年的一系列改革,莱特将印刷业中合伙人的出资份额和利润分成份额减至极小的比例,管理职责也做了相应调整。值得注意的是委员会成员在签署这份报告时,伦纳德·惠布利反对有关印刷的提议。这可能是因为他认为减少克莱兄弟的份额对他们不公平,或者他认为应该直接剔除克莱兄弟的份额。与他相关的记录显示他的真实想法是将克莱兄弟从出版社中一并剔除,他总想要采取比莱特或他的委员会同伴更快的行动。约翰·克莱于 1916 年去世,莱特的继任者沃勒处理了合伙企业解体的最后事宜。委员会有一名成员叫 J.B. 皮斯,他是一位工程师,被任命为大学印刷商,在与克莱家族建立了 62 年的合作关系之后,大学最终全权控制了出版社。1925 年前,查尔斯·菲利克斯·克莱一直管理费特巷的伦敦仓库。

在担任秘书的最后一年,莱特为《大英百科全书》的事情所困扰。1910 年的第 11 版《大英百科全书》是一个非常好的版本,但其中的许多问题仍需要探讨。《大英百科全书》版权已经归美国人所有,霍勒斯·E. 胡珀(Horace E. Hooper)是这个事情的主要发起人,他通过多种方式给英语图书贸易带来了不好的影响。他是图书俱乐部和书籍直销的先驱,这些都是销售百科全书的好方法。但在百科全书问题提出审议之前,他的干劲和营销方式已经扰乱了图书贸易。胡珀跟莱特说,新版的百科全书具有一定价值,印刷这版书籍不会给学校带来任何不利影响,而且一些印刷工作可以在剑桥完成。出版社不必为整个出版计划提供资金,但需要进行委托出版。这似乎是个好主意,但胡珀在宣传时却直接绕过书业进行宣传,这扰乱了图书贸易,大学认为自身名誉受无信用的庸俗者所利用。这事对胡珀来说也不容易,他坚信自己只是在把"销售工作做好",并且认为自己把社论工作做得很好。他相信自己的产品。但是,大学非常拘谨,讨厌他的广告宣传,为了表示反对,大学事先表明不选任何与该出版物有关的候选委员会。委员会撤回了 A.C. 苏华德的提名,并避免了一场丑闻。惠布利现已不再隶属于委员会,但他暴躁的性格让他对这件事做出了强烈的批评。

12　秘书沃勒、罗伯茨和印刷商路易斯

　　莱特于 1911 年底退休，沃勒接任了他的职位，委员会需要立即任命一名新助理秘书，为此 S.C. 罗伯茨得到任命。作为出版商，出版社的发展现已开始稳步上升，其宪法地位和结构从 1916 年合伙关系解散直至 1972 年间几乎没有发生变化。在此期间，出版业的规模开始赶上印刷业，并在经济上占据与印刷业同等重要的地位，随后更是超越了印刷业；但在初期，印刷厂雇佣的人手更多，同时印刷业也是出版社的重心所在。

　　出版社在剑桥和伦敦分别设立出版业务，这带来了一些意想不到的结果。剑桥编辑部很小，只有三名员工：秘书、助理秘书和一名办事员。虽然长期以来，伦敦办事处一直被称为“仓库”，但实际上它已成为出版社的会计、营销和销售办公室，书籍在这里装订并送交审查，广告在这里设计和投放，办公室保存有作者的账户，并直接给这些作者支付版税，办公室还会根据旅行销售员情况接受他们的订单和书商们的订单，并将书籍从相关仓库中发出。秘书办公室规模小，靠近印刷厂，因此直到 20 世纪 60 年代，它都一直依赖印刷工作人员来提供许多服务，不仅是文书工作上的帮助，还包括设计、估算、进度控制（所有这些流程在其他公司都由出版商制作办公室负责）。因此，多年来，对部门分工意识比较强的印刷员工来说，印刷厂似乎只是一个小机构，负责为出版社主要部门印刷书籍。多年来，印刷厂印刷工作量高于委员会能提供的出版工作量，除去委员会提供的印刷

工作，印刷商一般都会戴上他的圆顶礼帽，前往伦敦出版商处寻找印刷订单，以便印刷厂能够正常运转。

然而，伦敦仓库的工作人员与委员会的秘密审议没有多大联系，首先是严肃的 C.J. 克莱经常拜访伦敦办事处，后来是不那么严肃的莱特，办事处的员工们最初感觉被剑桥总部孤立，并对剑桥总部有一种屈从感，后来，他们慢慢建立起了自尊，但总难免会有一种独立的归属感，且很容易陷入部门化组织机构中常出现的典型"我们和他们"的区别模式，50 英里的距离让伦敦办事处和剑桥的工作人员之间有了嫌隙，并愤恨彼此。

这些倾向在遥远的未来会体现得更淋漓尽致。沃勒的主要职责是在第一次世界大战期间，让出版社在战争的混乱中运转下去。战争带来的主要后果是战后工资上涨，这意味着沃勒必须要提高书籍的售价，并让购书者适应这个变化，愿意用比战前贵许多的价格购买书籍。他传承了莱特的发展信念，即出版社需要一笔捐赠基金来确保其免受突发情况或长期形势变化的影响。但讽刺的是，1914 年，他开始筹集资金没多久，战争形势就发生了变化，战争持续的时间很长，这给出版社带来了严重的影响，这些足以消耗掉所有的备用资金。

战争期间，约翰·克莱去世，J.B. 皮斯（J.B. Peace）成为印刷商，沃勒完成了莱特发起的改革，这是他在出版社取得的成就之一。在社会动荡的年代，尽管这个成就或多或少有点不符合常规，在经济方面出现了始料未及的后果，但当时出版社已完全脱离合营制，自力更生。据罗伯茨所说，沃勒是一个约克郡人，他头脑精明，意志非凡，他与沃德一起完成了《剑桥英语文学史》的编辑工作后，沃勒立即开始处理《剑桥中世纪史》（*Cambridge Medieval History*）的编辑事宜，但这本书的编辑与沃德不同，他胆小怕事，工作杂乱无章，许多来自欧洲的撰稿人都以爱国为由取消了编著书籍的合同，而要找到相应的替补者却又很难，因此这本书的编辑工作进行得异常缓慢，战前出版了两卷，但最后一卷直到 1936 年才出版。《剑桥古代史》（*Cambridge Ancient History*）也是在沃勒时期筹划出版的，尽管这本书是在沃勒去世之后才得以出版，但它进展顺利，且速度相对较快，1923 年至1939 年间，有十二卷和五卷先后得到出版。

《剑桥英国外交政策史》（*Cambridge History of British Foreign Policy*）也是在这个时期筹划的；这本书的编辑也是沃德。第一卷出版时，沃德已经 85 岁了，但他仍然一直坚持做一定量的编辑工作，直到 1924 年去世，享年 87 岁。从 1905 年到1919 年，沃德一直是委员会委员，大部分时候都担任委员会主席；他与沃勒的合作关系就像卡特梅尔与克莱，詹姆斯·波特与莱特的关系一样。他有一张坐在办公桌前的照片，照片中他显然在书写，而不是摆姿势。白发精心后梳，上唇的白胡须也精心打理过，这让他看起来像极了维多利亚时代和爱德华七世时代的精英，这一番打扮好似要去参加知识分子的某个重要展会。罗伯茨还记得他在 20 世纪 20 年代的样子，他穿着晨礼服，戴着丝绸帽子，坐着他的四轮马车，从彼得豪斯学院的住处来到办公处，他有点耳背，但很有礼貌。待人谦恭有礼，但他在处理编辑工作时却雷厉风行，这也是他编写的历史书能得以出版的原因。而负责编辑《剑桥中世纪史》的惠特尼则比较温和，但办事效率不高，每当他想到要去催促撰稿人写稿时，他就感到很不自在。《剑桥古代史》的组织编辑 F.E. 艾德考克（F.E. Adcock）和沃德一样是个有天赋的人：他喜欢政治学，喜欢大规模的编辑组织工作，喜欢采取他所谓的"政治家式"管理方式。

1913 年，G.V. 凯雷（G.V. Carey）被任命为另一位助理秘书，这是出版社的一个重要改变。凯雷和罗伯茨都加入军队前往法国参加战争，两人都受了伤。回来后，罗伯茨负责装订书籍和书籍护封，还负责广告和宣传工作。他发现，当他在法国的时候出版社就已经迈开了印刷复兴的第一步，下文将对此进行讨论。他还发现他现在交涉的一些作者是之前沃勒引进到出版社的，尤其是 Q［根据现在的说法，Q 是亚瑟·奎勒-库奇爵士（Sir Arthur Quiller-Couch），英国国王爱德华七世的文学教授］和被称为"伟大的莎士比亚学者"的约翰·多弗·威尔逊（John Dover Wilson）。Q 在出版社发表了他一些非常受欢迎的演讲［比如《论写作的艺术》(On The Art of Writings)，其中有一个关于"行话"的演讲被多次引用］。多弗·威尔逊于 1911 年出版了《莎士比亚时代的英格兰生活》(Life in Shakespeare's England)，这本书更受欢迎，且广为传阅。沃勒说服这两人共同编辑新版莎士比亚，一部戏编一卷书，布鲁斯·罗杰斯（Bruce Rogers）为这些作品做的设计是新印刷运动的第一批成果。1921 年出版了三部喜剧，但最后一部"新莎士比亚"（New Shakespeare，当时的叫法）直到 1966 年才出版。Q 在去世前把这个项目交给了多弗·威尔逊，那时他已经确信自己再也看不清字，威尔逊在《十四行诗》(Sonnets)序言的"附言"中写了一段感人的话记录下这件事。威尔逊编辑最后几部戏剧时，他邀请其他学者担任助手或整部书的编辑。基于他个人完成了大部分的工作，在 45 年时间编辑大约 40 卷莎士比亚作品，这花的时间并不是很长。但是在他完成编辑工作时，这些书的文本和书目信息在像他这样的学者帮助下已经发生了新的变化，新的编辑工作又该开始了。这段历史出版那年，新的剑桥版莎士比亚的第一部也在同年出版，这表明学术工作没有止境，只有学术出版商才会活跃很长的时间，并认真对待这期间出现的学术出版项目，然后再开始新的循环。沃勒的首创精神以一种庄严的方式延续了很长时间，从罗伯茨和金斯福德任秘书时期一直发展到理查德·大卫（Richard David）任秘书时期，而他本人就是莎士比亚的研究学者。凡是和"多弗"（人们这样称呼他）有关系的人，都会喜欢他这个老人。他会彬彬有礼地同那些自以为是的年轻人争论，这些年轻人虽然认为他守旧，但却也发现他有几分伟大。"新莎士比亚"始于一系列用棕色布料作封面的漂亮小书

（这是罗伯茨选的，沃勒并不喜欢）。这本书后来再版，没有引言和注释，作为"剑桥袖珍版莎士比亚"（Cambridge Pocket Shakespeare，不太成功），而后以平装本再版，并取得很大成功。现在布茨（Boots）和玛莎百货（Marks and Spencer）等商店仍在销售这本书，印刷精良，装订精美，这是它最终的荣誉。

这一话题直接从"一战"跳到1984年，这是大学出版社的连续性会产生的结果。在这，可能有人会认为是因为莱特恰好读了艾克顿的作品，并与艾克顿和梅特兰交流，才了解世界史，并建立起他自己对世界史的认识，再给我们展示了1896年到本世纪末的世界历史。首先出版的第一部史书是以古代和中世纪历史为自然补充的《近代史》，接着是《印度史》和《大英帝国史》，其次到著名的《欧洲经济史》（即将完成），以及第二次世界大战之后，伊斯兰、伊朗、非洲、中国、日本和拉丁美洲的历史（第一卷日本和拉丁美洲史应于1984年出版）。我想说的是，随着最后一卷历史书完成出版，莱特的愿景最终将在一个世纪的历程中得以实现；但反思一下，《近代史》已经为《新近代史》所取代，《印度史》也将被取代，《古代史》正在修订。说这是一个连续不断的过程，未免太草率，因为有一天，新的历史将会取代"剑桥史"；但"剑桥史"持续的时间至少会长达100年之久，对于世界学术而言，这是一个巨大的贡献。《牛津词典》事件带来的困扰在某种程度上也慢慢消逝；不知不觉中，莱特带领委员会着手建立的项目最后发展成了出版社的大规模项目，且持续了很长一段时间。如果他们在1896年知道他们要编著的不是12卷书，而是最终的两三百卷，那他们可能没有这个勇气。但他们迈出了第一步，接下来的工作也就有人来接力了。

沃勒还开启了另一出版惯例，出版规模不大，但极具"剑桥特色"。有一个叫塞西尔·托尔（Cecil Torr）的剑桥人，是德文郡的地主，他爱好学术，19世纪80年代的时候委托出版社出版了一些书。他委任出版社印刷一本书《在维瑞兰德的寒暄》

(*Small Talk at Wreyland*)，J.B. 皮斯看了这本书后，对它非常感兴趣，便说服了委员会出版这本书。审稿人一开始极为困惑，不明白出版社为何会同意出版这本奇怪的书，随后，他们把这本书称为英国生活的某些独特记录，以此为噱头说服读者们购买。也许正是因为这本书，乔治·斯特尔特(George Sturt)把他的经典之作《车轮匠的店铺》(*The Wheelwright's Shop*)和他的自传《六十年代的小男孩》(*A Small Boy in the Sixties*)寄给了出版社。罗伯茨发现这慢慢发展成了一个新的出版趋势，并鼓励弗兰克·肯顿(Frank Kendon，后来的助理秘书)用沃尔特·罗斯(Walter Rose)的《乡村木匠》(*The Village Carpenter*)、埃里克·本菲尔德(Eric Benfield)的《波倍克商店》(*Purbeck Shop*)，及其他作者的作品来推进这一趋势。肯顿的继任者接受了M.K.阿什比(M.K. Ashby)女士为她的父亲写的传记——《泰索的约瑟夫·阿什比》(*Joseph Ashby of Tysoe*)，并从斯特尔特的日记中挑选了两个选集出版。肯顿通过出版由 C.F. 托尼克里夫(C.F. Tunnicliffe)等艺术家绘制的"乡村"主题书籍来延续这一传统。因此，一开始令人费解或前后矛盾的出版现象后来成了剑桥大学出版社一个公认的出版"脉络"。这一风格的书籍让人们产生了一种意识形态，F.R. 利维斯(F.R. Leavis，英国文学批评家)认为斯特尔特是一个"有机社会"的记录者；其他一些人则认为这类作品是"我们失去的世界"的一部分，他们对这个世界产生极大的兴趣，比斯特尔特对这个世界的兴趣要更加浓烈。出版界将这类风格的作品称为"怀旧"文学，布莱斯(Blythe)的《阿肯菲尔德》(*Akenfield*)出版后，这类书籍在市场上出现了短暂的繁荣。皮斯与沃勒开启了这一出版传统，出版社在 1980 年出版了丹尼斯·汤普森(Denys Thompson)的文集——《英格兰乡村的变化与传统》(*Change and Tradition in Rural England*)，这是整个系列作品的总集，在剑桥出版书籍中占有一席之地。

1922 年，沃勒去世，死于任上。罗伯茨被任命为秘书，年仅35 岁。他继任后立即提议任命凯雷为教育秘书，这是一个新职位，该职位的创立标志着教育类书籍的重要性开始得到重视。教育类书单上的书仍然只供中学生使用，更倾向于公立学校和文法学校的学生，对出版社而言，在教育方面出版更多学术类型的书籍，以便学生为考大学做准备，这再适合不过。在那个年代，好的教科书使用期限相对于现在而言似乎更长，这些书在接下来的 20 年到 50 年，甚至更长的时间之后，会继续再版，甚至更久。保存这些书籍，再将它们继续推广下去，这已经成为出版商们的一项主要工作，这些书也成为他们的保障书单。凯雷和他的继任者们继续发行克莱和莱特创立的系列书籍，如："皮特出版社系列""剑桥学校圣经""维里蒂系列"和"西登斯系列"，并在这些基础上增加了历史、地理和英语系列书籍，还增加了更多的法语课文，以及相关教科书。

库存目录还包括大学使用的教科书，如肯尼的《案例分析》（*Cases*）、博拉戴勒和波茨的《无脊椎动物》（*The Invertebrata*）、哈迪的《纯数学》（*Pure Mathematics*）、哈克的《岩石学》（*Petrology*），以及许多其他书籍和学术书籍及科学书籍中的长期畅销书籍，如布朗和尼科尔森的东方国家作品、梅特兰和坦纳的历史图书，以及下文将会提到的蓝色大开本数学图书。对出版商而言，这些书的美妙之处就在于它们能一直更新并一直畅销。在每年出版的大约 100 本左右书籍中，会加入教育类书籍，且新增的数量比绝版的数量还要多。大学出版社自然会出版使用期限长的书籍；但如果书籍销售缓慢，那么就会导致明显的库存积压问题，而每年都会有新书加入这类清单中，因此库存每年也会增加，如此一来库存和销售可能会失衡，从而导致投资不断增加，而未来的资产却在减少。在两次世界大战期间，这一趋势得到扭转，在售的书籍销量稳定，占年总销售量的四分之三，这似乎成了永久畅销的书单。出版社需要特别关注新书的库存，但

S.C. 罗伯茨，1922—1948 年的委员会秘书。皮特大楼中弗朗西斯·多德（Francis Dodd）创作的铅笔画肖像

只要这些书能够"再版"，其销量就会在接下来的几年内一直保持稳定。因此，在 1939 年以前，罗伯茨能够在一个相对稳定的时期内建立一份平衡清单，而不受 20 世纪 20 年代和 30 年代严重经济波动的影响。如果有人问为什么会这样，答案可能是：当时由出版社供货的学校、图书馆、大学生和学校职工都不像现在这样依赖公款，而且当时的市场比现在要小，国际化程度也较低，中央政府的决定对其影响不大。

罗伯茨主要在书籍委托出版方面做出了贡献，他非常积极，并扩大了出版的范围。他性情温和,善于交际,善于与作家交朋友,并以朋友的身份向他们提供建议。天文学家詹姆斯·金斯爵士(Sir James Jeans)就是这样一位朋友。1908 年,金斯在出版社出版了《数学相对论》(*Mathematical Theory of Relativity*),这是他与出版社的第一次合作。1928 年,他的《天文学和宇宙学》(*Astronomy and Cosmogony*)问世。这两本书就是上文提到的"蓝色大开本",这是出版社为这些大开本(通常是皇家 8 开本)数学和物理论著取的名字,这部书用深蓝色的封面装订,简单素雅,后来,这部书采用了大量的印刷技巧重印,看到过这部书的人,无不认为这是一部精良的巨著。这部书内容包含了高超的数学运算方法,排版精良,这让出版社成为当时世界上数学作品印刷技术最高超的印刷厂。"蓝色大开本"的内容始于兰姆(Lamb)1879 年的《流体力学》(*Hydrodynamics*),随后扩展到 1961 年格里菲斯(Griffith)的《过渡金属离子理论》(*The Theory of Transition-Metal Ions*)、《数学基本原理》(*Principia Mathematical*),再到惠克特的和沃森(Watson)的《现代分析教程》(*Course of Modern Analysis*)、埃丁顿(Eddington)的《数学相对论》(*Mathematical Theory of Relativity*)、康登(Condon)和肖德利(Shortley)的《原子光谱理论》(*Theory of Atomic Spectra*)、A.H. 威尔逊(A.H. Wilson)的《金属理论》(*Theory of Metals*, 1936)以及其他知名度不那么高的类似著作。这些知名的书籍,让出版社多了几分骄傲和自豪,这是合乎情理的,因为这些书既代表了最高的出版形式(一流科学家对知识的基本贡献),也代表了印刷的最高成就。这也让罗伯茨产生了一个想法,这个想法富有成效。怀特海和埃丁顿展现了他们阐述说明文的天赋,出版社在 1920 年出版了怀特海的《自然概念》(*Concept of Nature*),1926 年出版了他的《科学与近代世界》(*Science and the Modern World*);1928 年和 1933 年分别出版埃丁顿的《物理世界的本质》(*Nature of the Physical World*)

和《膨胀的宇宙》(*Expanding Universe*)。这类书籍有大量读者,出版量与课外教学书籍相当,其具有的一个优点是作者是这一学科领域的权威人士。罗伯茨在金斯身上也看到了同样的天赋,金斯能够以更通俗易懂的方式来阐述说明一个理论,这意味着一个更大的市场。罗伯茨在回忆录中说,他低估了《科学和近代世界》的潜在销量,他发现埃丁顿无法接近,但金斯则可以交谈。金斯的《我们周围的宇宙》(*The Universe Around Us*,1929)就是在这样的谈话之下产生的。《神秘的宇宙》(*The Mysterious Universe*,1930)扩充了雷德的讲座内容,在出版的第一个月内重印了三次,每天售出 1000 册,伦敦晚报由此刊登了一幅漫画,这幅漫画后来被做成了地铁里的广告。它是一系列畅销书中最畅销的书籍,而受欢迎的科学解说书也成为剑桥的一个出版传统,施罗丁格(Schrodinger)、乔治·盖莫夫(George Gamow)等人的作品将这一传统延续到了第二次世界大战之后。查尔斯·谢灵顿爵士(Sir Charles Sherrington)的《人之本性》(*Man on His Nature*)一书虽然没有像金斯的书那样有巨大的销量,但却是许多读者最喜欢的书籍。这些书籍取得的成功帮助宣传了达西·汤普森(D'Arcy Thompson)的《成长和形式》(*Growth and Form*)一书。这本书于 1917 年第一次出版,1942 年进行修订,并多次重印。就销量而言,这本书与怀特海的作品并列为这类书籍的畅销书之一。

这些书延续了大学出版社纯粹的出版形式,而非改变。年复一年,在罗伯茨的管理下,出版社同意出版的科学和学术书籍数量稳定上升。例如,出版社建立了四个新的科学丛书:"剑桥心理学系列"(The Cambridge Psychological Series)、"剑桥比较生理学系列"(The Cambridge Comparative Physiology)、"剑桥物理化学系列"(The Cambridge Series of Physical Chemistry)和"剑桥物理学科系列"(The Cambridge Physical Tracts)。"剑桥物理学科系列"在第二次世界大战后更新为"剑桥物理学专著",至今仍然在出版。剑桥大学实验心理学的发展带来了一部经典著作:弗雷德里克·巴特利特爵士(Sir Frederick Bartlett)的《回忆》(*Remembering*,1932)。

出版社在历史方面特别活跃。G.G. 库尔顿(G.G. Coulton),一个好斗的中世纪主义者,创立了《剑桥对中世纪生活和思想的研究》[*The Cambridge Studies in Medieval Life and Thought*,第 4 辑仍在出版,库尔顿之后由诺尔斯(Knowles)和厄尔曼(Ullmann)编辑]。经济史方面有约翰·克拉彭爵士(Sir John Clapham)的经典著作。埃琳·鲍尔(Eileen Power)和梅特兰 19 世纪 90 年代的学生玛利亚·贝特森(Mary Bateson)一样,在实现人们对她的所有期望前就去世了,但她在 1922 年出版了一本《中世纪英国女修道院》(*Medieval English Nunneries*)。她的另一部作品——《中世纪妇女》(*Medieval Women*,1975)在她死后出版,这本书是她弥留之际一直在撰写的稿件。坦纳(Tanner)的宪法史著作被用作学生教科书。1929 年,出版社出版了三一学院一位年轻院士的第一部作品,这个年轻人名叫史蒂文·朗西曼(Steven Runciman)。1940 年,不列颠之战还未结束,出版社出版了多姆·大卫·诺尔斯(Dom David Knowles)的《英国修道院的秩序》(*The Monastic Order in England*)一书。这本书出现的时机非常不合时宜,诺尔斯被要求提供一份补贴金。当时人们没有意识到,这是本世纪最伟大历史著作中的第一部书。战后,《英格兰的宗教秩序》(*The Religious Orders in England*)分三部出版,诺尔斯本人也加入了委员会。朗西曼后来的作品,尤其是《十字军东征史》(*The History of the Crusades*,也分为三部)展示了 19 世纪式的一种惊人的叙事天赋(这是一种赞美的说法),并纠正了西欧的文化沙文主义。成千上万的读者受到影响,认为拜占庭和伊斯兰世界比西方天主教的野蛮入侵者更文明。

这些活动都是由罗伯茨发起,他的继任者也将其传承了下去。他还和豪斯曼成了朋友，在豪斯曼阴郁的诗人形象和野蛮的学者面具背后，他也有善于交际的一面。豪斯曼的第二版《朱文诺》(*Juvenal*)出版于 1931 年，而《马尼利乌斯》(*Manilius*)出版于 1932 年。1933 年，出版社还出版了他关于《诗歌的名称和性质》(*The Name and Nature of Poetry*)的演讲；对此英国的大学教师们悲哀地发现这让他们的评论原则倒退了十年。

关于英语研究的记录并不突出，但剑桥当时却大规模发展了这一主题的现代学术研究，这似乎有点奇怪。确实，出版社出版了 H.M. 查德威克的经典著作《文学的成长》(*The Growth of Literature*)，还出版了乔治·桑普森(George Sampson)的《英国人的英语》(*English for the English*)，这是一本开创性书籍，开创了英语在学校学习中的地位。杰西·L. 韦斯顿(Jessie L. Weston)的《从仪式到浪漫》(*From Ritual to Romance*)现在被人们称为艾略特《荒原》(*The Waste Land*)的灵感之一。但剑桥大学新教员里最活跃的成员却把他们自己的作品给了其他出版商。在这里具有重要影响的是伊恩·帕森斯(Ian Parsons)，他在剑桥读过英语，后来去了查托和温杜斯出版社(Chatto and Windus)，他非常有进取心，一直在不断寻找那些在剑桥接受过培训的作家创作的最佳作品。然而，出版社仍重视莎士比亚作品的研究，这方面的研究有多弗·威尔逊的作品，还有卡罗琳·斯珀吉翁（Caroline Spurgeon）的《莎士比亚的意象》(*Shakespeare's Imagery*)和哈里森(Harrison)和格兰维尔-巴克尔(Granville-Barker)的《莎士比亚研究手册》(*Companion to Shakespeare Studies*)。F.R. 利维斯(F.R. Leavis)说 A.J.A. 沃尔多克(A.J.A. Waldock)的《失乐园及其评论》(*Paradise Lost and the Critics*)是他读过的关于弥尔顿最好的作品。1940 年，由 F.W. 贝特森(F.W. Bateson)编辑的《英语文学剑桥书目》(*The Cambridge Bibliography of English Literature*)得以完成，这是出版社在罗伯茨时代取得的伟大成就，在那个黑暗的时代能够创造出这些有用的学术巨著极为令人震惊。

但是，在 20 世纪，在多种主题中挑选出"成熟的作品"进行出版的难度越来越大，也越来越容易引起误解。1876 年，委员会专营书籍数量大约有 30 本，而到 1900 年，这一类书籍数量增加到了 500 本。由于每年接收的书籍稳定在 100 本左右，加上剑桥的书籍使用年限长，书籍总量迅速上升。1921 年，罗伯茨估计目录中有 2500 本图书。费特巷办事处的员工人数已增至110 人（印刷厂有 280 人），员工的规模也反映了出版业的相对重要性。罗伯茨退休的时候，目录里应该有 4000 本书籍（第二次世界大战多少降低了总量：出版的书少了，纸张配给也限制了书籍再版）。这一目录现已增长到了大约 7000 本。虽然有一定难度，但这需要作为一个整体来判断，而不仅仅是根据最明显的峰值来做出判断。

出版业发展到了与印刷业相当的地位，然后又超越了印刷业。圣经的地位开始长期下跌，但初期下跌得较为缓慢，多年来，越来越多的圣经进入美国这个大市场，这掩盖了其地位最初下跌的趋势。这一变化要从 1930 年说起，这一年罗伯茨与麦克米伦签订了一个特殊代理协议，而 1931 年之后，这一协议内容由罗纳德·曼斯布里奇（Ronald Mansbridge）领导实施。麦克米伦也出版学术书籍，书籍在美国的销售成为一个越来越重要的因素。20 世纪 30 年代中期，出版社负责出版业务的员工增加至 7 人，还有 1 个钟点工，他们分别是：秘书、2 名助理秘书、已故的伍兹先生（Mr Woods）、帕森斯先生（Mr Parsons）、秘书的私人助理兼私人秘书，还有神秘的庞德先生（Mr Pond）。几人中，伍兹先生负责口述和打字工作，人们仍记得他的风采，他的头发全掉光了，长着一个栗色的脑袋，喜欢看戏；帕森斯先生负责用普通书写方式在一本蓝色的大皮面笔记本上记录委员会的会议纪要；还有神秘的庞德先生，他留着胡须，待人彬彬有礼，他可能签订了协议并交了保险，但他似乎没有负担太多工作。

有一个看门人叫凯奇(Keetch)，为人不好相处而且吝啬，凯奇的注意力都在秘书和印刷工身上，有时候人们也会说服他提供一些诸如吸墨纸之类的东西，他有一批裁纸刀，是《大英百科全书》的配套物件，还有一些彩色小灯，这些灯曾在 1897 年皮特大楼周年纪念的时候用来装点这栋建筑(凯奇在出版社工作了 70 年，从曾经的少年到现在的老年，他必然经历过几次庆典)。凯奇是一个讨厌的看门人，他会在开门时间和关门时间的 3 分钟后锁上出版社的门，并故意对那些迟到的人置之不理；他最大的职责就是在委员会会议上泡浓郁的茶。

在费特巷办事处，C.F. 克莱的职位由担任过书商的 E.B. 戴弗(E.B. Diver)接任，但真正的工作是由 R.J.L. 金斯福德(R.J.L. Kingsford)做的，他先是作为助理经理，然后升为伦敦经理。1922 年，他接替凯雷在剑桥担任助理秘书。1938 年，伦敦办事处迁往位于尤斯顿路的本特利大楼，这栋楼是专门建造的出版商办公室，由金斯福德(Kingsford)规划，行政和会计部门被设立在一个广场上，环绕首层库房。它是第一批专为出版商建造的大楼的其中一栋(出版商通常都是在伦敦广场上买下一幢美观的老式建筑，里面的房间都是作为住所建设，风格别致，但办公极为不便)。里面的家具和配件风格极为统一，均采用 20 世纪 30 年代的风格。镶有墙裙的图书馆兼展示厅装修精美，用于待客。在这座设计精良、引人注目的现代风格建筑中，从之前的办事处搬过来的员工们稍微有些拘谨，金斯福德在这些员工之中建立起了团队精神，但新的办事处仍然孤立于剑桥出版社而存在，这无法阻止两个出版中心之间的分化现象。

1938 年，本特利大楼竣工，并在金斯福德任伦敦经理时开业，新经营模式由此设立，并持续了大约 40 年之久。出版业工作人员大多都在伦敦，这里现在成了出版业的中心，而且出版社将市场向世界范围逐渐扩大。同时，出版社书籍在美国的销售开始稳步扩张，至今仍在继续。但这还不是全部：在大英帝国时代,随着中等教育的规模不断扩大,英文学校规定用英语进行教学,英国出版商开始着重考虑在海外销售英语教科书。这首先发生在印度,自麦考利(Macaulay)著名的备忘录面世之后,印度已经开始用英语教育来培养公职人员精英,随后再到非洲,剑桥之所以闻名世界,是因为学生们在参加剑桥组织的考试之前,都是用剑桥的书籍学习。新任教育秘书查尔斯·卡林顿(Charles Carrington)曾在伦敦待过一段时间,先是在费特巷,然后在本特利大楼,随后他开始访问各所学校,以寻找作者,包括海外的学校。那些认为出版商只出版小说、戏剧、诗歌和传记的普通读者,从来没有意识到这只是众所周知的冰山一角,而“文学”的出版实际上是建立在更大活动的基础之上。在早期的几个世纪里,圣经、年历和《莉莉的语法书》是大学印刷和出版的主要支柱。圣经在 20 世纪慢慢衰落,但在大部分时间里仍然是非常重要的出口产品;原来的教科书现在为维里蒂、洛尼、戈弗雷和西登的作品所取代。现在,这些书籍通常以两万份的数量定期重印,而《数学表格》在电子计算器出现之前,通常是以成千上万册的数量定期重印。

在出版社,小职员每年接收并出版大约 100 本新书。罗伯茨本人喜欢做一个积极的出版商,因为他不愿意坐在办公室里等着别人来把书交给他。他会给那些潜在的作家写信,或与他们当面交谈,这是他为得到一些好书而做的特别努力,他想要得到一些“为书单增彩”的书籍,或是一些旅行售书员的“开袋书”,即那些比较大众化的书,能得到那些有教养的非专业读者的赏识。他还想证明出版社也可以像一般出版商一样卖这些书。但是,不同于一些庸俗的作品,这些作品对于出版社而言更像是锦上添花。剑桥的主要产品,一如既往,是学术专著和大学教科书;除了一些偶尔出现的古典文学书籍之外(如斯特尔特的作品),这些书通常比其他存在时间很短的普通图书更耐用。在剑桥,所有的书,不管是什么主题,都是由两位助理秘书“处理”,他

伦敦西北 1 号尤斯顿路 200 号本特利大楼：1938 —1980 年，前伦敦出版社图书馆

们只是初级的编辑。理查德·大卫讲述了他的一次经历，即他必须为一部关于阑尾炎的著作插入所有标点符号：作者从来没有注意过该在什么地方使用哪个符号，但他写得很好，断句也就断得恰到好处了。我记得（当时有三个助理秘书），出版社收到一部长篇考古著作，这部作品没有分章节，于是出版社不得不对这部长篇大作进行分章和分段处理。

助理秘书也自己控制书籍的出版量，并且在某些方面要自己完成设计工作（20 世纪 50 年代），因为他们接管了装帧工作，这些装帧模板由金斯福德在 20 世纪 30 年代期间于伦敦设计（他的装帧设计做得非常精致）；还接管了护封设计的工作，最初由弗兰克·肯顿设计，后来这些工作量越来越大，而他的身体欠佳，无法完成这么多工作。将这些设计职务授予助理秘书是基于这样一种设想：那个时代背景下，该职位的性质会让秘书助理做出什么样的设计。剑桥设计已经发展了多年，已经拥有其独特的精髓，任何聪明人在耳濡目染之中都可以领悟这一美学精髓，并由此做出其他体现剑桥风格的优雅设计。

所谓的印刷复兴可以恰当地描述为设计理念在学术印刷和出版中的应用，因为出版社越来越善于使用蒙纳自动排字机进行排版设置，并使用蒙纳版面"展示"作品。这是一项伟大的成就，但如果把它等同于普通的"精细印刷"，那就错了。当然，这首先要归功于威廉·莫里斯（William Morris），他是这项技术的最初宣传者和知名度较高的实践者，但究竟莫里斯对排印工艺产生了多大的影响，这并不好定义。从某种意义上说，你会欣赏他的书，这些书就像用上等材料精心修饰的一件件艺术品，质地精良，但你却不想去读里面的内容。莫里斯的印刷字体具有古风，他摒弃 19 世纪的设计风格，致力于从过去的风格中寻找一些理想的手绘工艺。为此莫里斯的书看起来就像从彩绘手稿转换过来的黑白作品。

　　工艺美术的声誉和私营出版社的活动，以及这些印刷出来的物品所体现的毋庸置疑的美，掩盖了其中存在的矛盾，许多善意的制造商开始模仿这些设计元素。登特在人人文库（Everyman's Library）出版的第一本书模仿了莫里斯的装订风格，并在书籍卷首及卷尾留有空页，但里面是普通印刷的文本（这种二分法是对莫里斯的批评，这非常合乎情理）。1901 年，剑桥的一份会议记录显示："克莱先生提议购买一副精美的新字体，配合上等纸张印刷限量版或特别版书籍，委员会一致同意。"其中，"精美"和"限量版"这两个词的出现暗示了出版社的过分讲究，以及后来必然的失败。1902 年 9 月，委员会成员 M.R. 詹姆斯（M.R. James）和奥尔迪斯·莱特受到委任以这种方式印刷书籍。

　　一些英文书籍用这种方式印刷出来。字体是通过摄影复制调整的 15 世纪晚期罗马字体，非常难看，当然这些字体确实与 19 世纪末的字体"不一样"，19 世纪末的字体不但有光泽，还毫不夸张，但这些罗马字体印在纸上之后变成了灰色，可读性极差。这些新版书籍用上等手工纸印刷，4 开本，最后无法出售，罗伯茨记得他在 1911 年来到出版社时,他还被要求自行处理这些作品,最后这些作品廉价出售或是制成了纸浆。1913 年,出版社做出了一个更重要的决定;当时,在犹豫了很久之后,出版社引进了蒙纳自动排字机。在这之前,所有排字工作都是手工完成;在一开始自动排字机较为突出的特点是机器排字,通过在每一块排字版中放置新的字体来排字;但它仍然是一字一字地排,而不是以行为单位排字。与每一项新技术的引进一样,出版社必须学习这台机器所有的智能使用方法,而这导致的最直接的结果就是在机器使用初期印刷标准必然会下降。

学徒、工匠和监督者是真正落实这一变革的人;最后他们对这台机器的功能了如指掌,他们可以利用这台机器轻而易举地将谙熟于心的剑桥风格打印出来。但即便如此,也还需要领导人和思想家的引导。第一个引导者是美国排印师布鲁斯·罗杰斯,他于 1916 年来到英国,在伦敦与莫里斯的同事埃默里·沃克(Emery Walker)共事。西德尼·科克雷尔爵士(Sir Sydney Cockerell)曾是莫里斯的秘书,现在是菲茨威廉博物馆的馆长,近年来,他一直是出版社排版风格(或者说缺乏排版)最有见地的批评者之一。他现在把罗杰斯介绍给了出版社。

这一引荐正合时宜。人们意识到他们自己所持的是什么样的审美观后,批评越来越多,越来越普遍。英语系的发起者,著名的 M.D.("曼尼")·福布斯[M.D.("Manny")Forbes]是一个古怪的人,有一次他乘坐一艘日本船前往锡兰,一次晚餐时在餐桌上发现了一张印刷得特别糟糕的菜单。他把菜单寄给了剑桥的一个朋友,并在上面潦草地写着:"由大学出版社印刷?"1915 年,参议院甚至收到了斯蒂芬·加斯利(Stephen Gaselee)的正式声明。委员会感到不安,于 1916 年要求一个委员会小组进行报告,当时的秘书沃勒和印刷商克莱点评了这份报告。他们指出:"鉴于委员会出版物的特殊性质,其不存在太大的改动空间,而且,科学和教育作品必须考虑许多实用性因素。"沃勒和克莱的评论并没有指出真正的要点，但只有在日后新技术发展成熟时，这些要点可能才会被恰当指出来，到时人们也就可以给它下一个明确的定义，并知道具体该怎么做。

约翰·克莱在报告发表后就去世了，J.B. 皮斯接任了他的职位。皮斯是一名工程师，而并非受过训练的印刷工。大概是因为他思想比较开放，他对这个新方法感兴趣；但不管怎么说，是他聘请了罗杰斯做印刷顾问。罗杰斯在出版社工作的两年里，最重要的成果并不是他当时设计的那些相当小巧精致的书（这些书倾向于模仿历史设计），也不是他给委员会做的报告，而是他给在印刷厂工作的同事们传授的范例实践，特别是 F.G.诺布斯(F.G. Nobbs)和 J.A.斯科特(J.A. Scott)，他俩负责管理蒙纳自动排字机室。诺布斯后来成为蒙纳自动排字机室的监督人，就一些重要的发展来说，诺布斯和他的继任者是传统的守护者，这一传统正在慢慢建立。

罗杰斯的报告提出了两个主要观点：第一，一个有如此地位的印刷厂竟然使用如此糟糕的印刷材料，这让人难以置信；第二，出版社的目的应是确保其所有的产品都具有鲜明的特色——有见识的人应该知道，剑桥书籍是剑桥传统的产物。这需要对每一个细节进行长期的把控，因为书籍印刷实际上是许多小细节的集合。这种知识需要付诸实践，而人们只有在实践了一段时间之后，才有可能会说出在某种印刷中剑桥的风格是怎样体现出来的。

罗杰斯设计了几本书，他为"新莎士比亚"做的设计较为知名，他给出版社留下了深刻的印象，并给出版社提供了一些有用的想法。他的报告让人不快，因而被搁置了；但是报告中直接的言辞也许能适时发挥作用。当然，这份报告对罗伯茨产生了影响。罗伯茨自己的书《约翰逊博士的故事》(*The Story of Dr Johnson*, 1919)是罗杰斯设计的，而让人惊讶的是，罗杰斯离开出版社之后，罗伯茨开始自己设计书籍，他设计了弗兰克·基德森（*Frank Kidson*）的《乞丐的歌剧》（*The Beggar's Opera*），这本书完全采用了罗杰斯的设计手法：首字母加入装饰框；标题上下进行装饰；扉页和章节标题采用大字号的大写与小写体字母；大量的花饰斜体字；以及各种各样风格的小标点。这本书采用装饰纸板进行皮脊装订，还用淡黄色的护封进行装饰，书脊上有一个纸标签。书本身设计得很漂亮，但并不严谨，它的"风格"过度注重装饰，而不适用与像《数学相对论》（*The Mathematical Theory of Relativity*）这类严谨的书籍上。我们需要通过反复试验和不断摸索，找出最佳方式来处理数学公式、化学公式、脚注和引号，以及将外来词（希腊语、希伯来语等）与罗马字体匹配，并处理章节标题、子标题、页首标题和扉页，如找不到方法来恰当体现这些东西或赋予它们时代特点，那么这些转变就需要放慢脚步。这是真正的剑桥风格，自1922年以来一直发展至今，尽管现在面临着转换为另一种工艺的挑战。

1923年，沃尔特·路易斯（Walter Lewis）被任命为皮斯的继任者，他成了大学印刷商，这是下一个促进出版社转变的因素。皮斯在1月份去世，距离沃勒去世不到6个月。因此，新任秘书罗伯茨在被任命后的几周内，也需要在印刷厂组织继任工作。印刷部门本身没有副手。到了3月，罗伯茨找到了路易斯，并任命他为印刷商，他一直从事印刷工作到1945年。同年10月，路易斯推荐任命斯坦利·莫里森为印刷顾问。莫里森后来为《泰晤士报》和剑桥出版社效劳，他也为蒙纳公司效劳，在他任职期间，他主要负责设计蒙纳公司销售的一系列用于书籍印刷的字体。他在出版社负责监督这些字体在书籍印刷中的早期使用（有时是第一次使用），而在《泰晤士报》他还监管新罗马字体的设计和相关版面。他学识渊博，对罗马时代以来字体形式的历史有深厚的了解，有一定历史洞察力，乐于研究那些有争议的历史（他曾是一个和平主义者、无神论者和马克思主义者，后来皈依了天主教）。晚年的生活中，他还在政界享有一席之地，他

沃尔特·路易斯,大学印刷
商,1923—1945 年。皮特大
楼的弗朗西斯·多德所绘
铅笔画肖像

斯坦利·莫里森,1930 年

是比弗布鲁克勋爵（Lord Beaverbrook）的好朋友，在报业巨头的圈子里活动自如，就像在教会和印刷业的圈子里一样。路易斯和莫里森成了非凡的合作伙伴。路易斯性格直率，待人友好，喜欢戳穿自夸自大的谎言，说话无拘无束（客气的说法），喜欢在做事时嘴里衔着烟头跟人说话，而往往让手指沾满了墨水。他精力充沛，充满活力，也异常邋遢，但他是一个天生的领导者和一个没有神秘感的好人。而莫里森像个僧侣，某种朴实的东西掩盖了他的真面目，直到他把这些东西撕开，他真实的内心才暴露出来。他穿戴的全都是黑色的东西：黑鞋子、黑袜子、黑西装、黑领带、黑帽子、黑大衣和黑公文包。我认识他的时候，他穿着白色衬衫，头发也是白色的，偶然掉下的一些细碎的头皮屑组成了印刷图像的一部分：黑色的是墨水，白色的是纸张。他极其自以为是，喜欢和人争论。他的声音高亢，笑声狂放；年轻的助理秘书们有时会听到一记猛烈的拍打声，和一种介于驴叫声和穆斯林祈祷时所用的高音之间的声音，这时他们就会意识到这不是有人在被惩罚，而是莫里森先生在秘书办公室里拍腿大笑。

诺布斯也加入了他们的合作，诺布斯有一头红发、骨瘦如柴，性情乖戾，兴奋的时候会让人无法忍受。他可以就问题的正反两面进行激烈的辩论，这是他的一个天赋，而这无疑也是迷惑对手的一种方法。但诺布斯是一个智囊团，他掌握了所有未公开说明的技术诀窍。莫里森会指定字体和规格，并为扉页设计一个草图；而诺布斯和他的排字工则运用一系列心照不宣的方法来排版，并制作出另一个剑桥风格的书籍校样。掌握间距是一项伟大的技能，也是一项永远无法编纂的技能，这需要知道什么时候以及用何种方式来保持结构紧凑，如何在分节处留下空白。第二次世界大战后，剑桥风格被编纂成一张样式表，并用其他方式进行编纂，部分原因是印刷厂提倡使用测定工作量和按成果付酬的方法，因此许多业务需要标准化，另一部分原因是剑桥书籍的印刷量太大，印刷厂无法完成这些工作，因此不得不将这些工作分包出去。外部印刷商必须得到印刷说明，整个印刷过程需要得到明确说明：但是有些东西仍然不能说，而只能指出来。你要看到了，那就看到了，要没有看到，那也没办法。

与出版人员的热情交流给罗伯茨带来了许多好处。罗伯茨对设计开始着迷。在做助理秘书时，他必须设计书籍护封，开始时他只把护封当作简单的"防尘包裹物"，用一张蓝灰色的纸包住书籍，书脊上印着黑色的书名，仅此而已。罗伯茨使用半色调的图片，将标题和作者的名字展示在前板上，使用彩色墨水和彩色纸张，这令老一代印刷员工们感到不满。20 世纪 30 年代金斯福德时期的员工，他们无论是使用明亮的桑朵布（Sundour cloth）、箔标签或其他饰品，还是使用最简单的字体，都能把护封做得非常出色，这些确实是收藏家的珍品。发布新书的季节性清单有时会用从未用过的新版面，这些是单独设计的（有些出自金斯福德设计的第一批版面），和所有难得一见的收藏品一样，它们极为稀有和珍贵。助理秘书们也向路易斯和诺布斯提出了他们自己的书籍设计方案，并巧妙地把他们的想法付诸实践。他们钟情于一些特别的字体，理查德·大卫有一段时间喜欢波多尼体（Bodoni），而弗兰克·肯登多年来一直忠实于贝尔体（Bell），这本书就是以此编排的。

可以说，这一切都进入了剑桥大学出版社的循环系统中，几乎成了一种本能。20 世纪 20 年代和 30 年代的剑桥书籍有一种可辨识的特性，而不是单一的风格。路易斯是个直率的人，莫里森是个严肃的人；然而在他们两人的合作下，这些书往往都设计得很精致，甚至是优雅。随后到了战争时期，纸张实行定量配给，其质地发生了很大变化。这些纸张表面坚硬，质地轻薄，适合制作较薄的书籍，为了充分利用纸张，一面纸会尽可能多印刷些文字。显然，出版社在这方面下了不少功夫，所以即使是这些书也有吸引力。战后，出版社这一根深蒂固的传统又体现出来了，当时路易斯已经退休，莫里森也不那么活跃了。路易斯的继任者是布鲁克·克兰奇利(Brooke Crutchley),约翰·德雷福斯(John Dreyfus)担任助理印刷工,诺布斯的继任者担任排字室的监督员,在这些人的共同努力下,书籍的设计和以往一样出色。和以前一样,印刷商现在为独一无二的剑桥大学出版社工作,也为其他得到鉴赏家青睐的印刷厂工作,但出版社的主要产品与"精美印刷"无关。在 19 世纪 90 年代,"精美印刷"意味着在手工纸上使用私人印刷字体,可能还有插图。到了 20 世纪 30 年代,这一印刷方式就是用略微光滑的木版画和彩色文首大字母相结合来印刷《达佛涅斯和克洛伊》(*Daphnis and Chloe*)。印刷的内容似乎无关紧要,因为它根本就不是用来阅读的。剑桥的书籍质量基于这样一个事实,即对一些科学家或学者来说必不可少的重要文本正在以一种结构清晰、易于阅读和查阅的方式编写;这些制作原则是为了辅助读者而设计的,与任何美学准则一样,它们与一种应用实验心理学——认知心理学息息相关。这些书还包含了特别复杂的内容,即文件的转录、公式的显示、目录的排列、某种分类法的排列,这些都采用了特别的方式打印,通过这种方式将文档本身固有的知识结构呈现出来,供读者参阅。这一切都是优雅而庄重的,这些品质与使用效率密切相关。当一本书运用一种引经据典的手法来描写时,它看起来会极为美观,但更多时候,这是简朴的美,有时是带点威严的美,且总是富有创造性和感染力。如果读者知道这些书籍是运用何种编排方式来让读者更轻松地阅读,那对于书籍本身而言,编排还做得不够好。除了有经验的人以外,许多人都不会轻易看出编排的规则。大多数读者只会说这本书看起来"不错"(甚至是"精美"),读起来很容易,这本书非常有效,里面的所有内容都发挥了作用。蒙纳自动排字时期的标志是字体排版(均匀和紧密)和印刷工艺,字体印在纸上,会形成清晰的图像,既不会太深也不会太浅,整本书的墨迹均匀,纸张两面完美套准,这是精准技能的最终体现。

以前有许多作者说"我一直欣赏剑桥字体",现在仍有很多作者这么说,这着实令人惊讶。剑桥没有字体,他们也许认为,牛津有费尔体(Fell),剑桥肯定有类似的字体,而且他们喜欢这个想法。但很多作家都因为印刷质量而选择了剑桥出版社。他们从读者的反馈中知道剑桥出版社排字工人的工作做得异常精准。豪斯曼觉得校样中每一处需要改正的地方都需要注意;他曾经在给一位同事的信中提到"不能毫无保留地信任剑桥出版社",他认为校稿中的错误绝非不可避免,当他发现有个字母印倒了时他大吃一惊并写了一封愤怒的信,谴责这种"将印刷视作儿戏之举"。只有当错误非常罕见,以至于它们看起来是故意出现的时候,才能用这句话。人们把这种准确性认为是理所当然的剑桥品质。作者还得到了出版社提供的特定服务:出版社会为一本重要书籍做特点分析,并展示书籍结构。书籍设计将体现出书籍的特点和结构,因此这不是书籍装饰或"风格"运用这种简单的事情;而是一种由内而外的设计形式。

在出版社的历史中,早期脱颖而出的人物很可能是像本特利、理查德·沃森和休厄尔这样的名人,出版社都保存有与他们相关的记录。但不太出名的人往往会无迹可寻,尽管这些人中一定也包括一些各式各样有趣的人物,那些真正做书籍印刷工作的工匠便是如此,这令人遗憾。他们的相关记录可能只有朋友和同事对他们的回忆,这些人的奇闻轶事也可能成为民间传说,但他们的熟人去世之后,他们的故事也就消失了。有一些人在 15 岁时来到出版社,并在这工作了 50 年之久;在男人 12 岁或 13 岁开始工作,而且没有固定的退休年龄的日子里,这种民间记忆大约可以追溯到 150 多年之前。例如,凯奇在出版社工作了 70 多年,活到了 91 岁。他一定记得许多现在没有记录的东西!幸运的是,有一些回忆确实保存了下来,这些回忆让人们体会到了克莱世家旧日时光的独特风采,那时人们每周工作 55

小时，挣 36 先令的工资。

传奇人物都是像阿尔弗雷德·梅森（Alfred Mason）这样的人，梅森是账房的负责人，同时也是一名经理，他的工作效率很高。他极不喜欢别人谈论他的故事，而这些故事好似变成了通用货币，流传了多年。甚至连他的外貌也在人们的心中留下了根深蒂固的印象：他身材矮小、腰弯背驼，但动作敏捷；他有着一头白发，头发和胡须总是乱糟糟的，还戴着一副闪闪发光的眼镜，人们为此给他起了个绰号"弗罗斯特"（"霜冻"的谐音）。他会用尖酸刻薄的语言挖苦下属，折磨他们，让他们痛苦不堪，再透过眼镜观察他们。他喜欢悄悄地走到人们身后，一旦发现别人做错了事，就会拆穿他们，让他们在同事面前出丑。他喜欢高人一等，并且爱打听员工和客户的私人生活，以便了解他们的弱点。他坐在一张桌子前工作，这个位置正好可以看到前面的台阶，这样他就可以看到所有来来往往的人。他会问旅行销售员和外来者们问题，以了解外界的情况，并积累知识。他在查尔斯·约翰·克莱时代就已经来到出版社了，这无疑提高了他在出版社的地位，作为一个长辈，他给约翰·克莱带来了更多的影响，在任何情况下他都能迅速告诉约翰他父亲当初是怎么做的。他并不精通印刷工作，也不喜欢印刷工作，对他而言，这只是一门手艺，他掌握了这门手艺，知道一些由来已久的窍门，因此可以一直熟练地运用这门手艺营生；这意味着他害怕新技术，也不信任新技术，出版社刚引进蒙纳自动排字机时，他甚至不遗余力地想要诋毁这台机器。他每次走过机器脚轮边上时，都会朝它吐口水，仿佛一种仪式。

他对待外人，尤其是大学里的人，显得很有礼貌、温文尔雅，遇到上级领导时态度温和、和蔼可亲。他崇尚地位和成功，最尊敬那些会赚钱的人（他曾对罗伯茨说：剑桥建筑协会的院士都是'年收入上万英镑的人'，他们是维多利亚时代的标志）。但在私底下他对谁都一视同仁，有一次，亨利·杰克逊（Henry

Jackson)来到他的办公室,亨利是一位受人尊敬的希腊语钦定讲座教授兼出版社委员会成员,杰克逊从他的办公室离开后,他转身对罗伯茨说:"他走了,又是一个有学问的傻子,浪费了我一早上时间。"他在第一次世界大战期间的任期内去世,享年76岁,垂垂暮年之时,人们仍然尊重他,更多人则是敬畏他。

也许梅森能帮助我们了解诺布斯的一面,他思维敏捷、个性独特且精力充沛,这三种品质的结合几乎让他成为一个天才。他13岁时进入出版社,这里的工作模式一成不变。他很快就学会了这些技能并能快速完成自己的工作,他总是有空余时间,而过剩的精力只会让他惹上麻烦。对于梅森和他的专制同僚们来说,诺布斯一定是个讨厌的家伙;而对于诺布斯而言,梅森和其他长辈则代表着他在反抗的整个世界。为此,他决定要让蒙纳排字机继续成功运作下去,因为这些人不相信这台机器,他要向他们证明是他们错了。布鲁斯·罗杰斯可能给他留下了深刻的印象,因为在1916年,排字印刷刚刚起步,罗杰斯也是一个人在孤军奋战,蒙纳排字机与版面"设计"息息相关。

乔治·维勒斯和诺布斯是同事,但比诺布斯小,他清楚地记得诺布斯邪恶的一面,他非常了解诺布斯,并且钦佩他,是得到诺伯斯帮助和鼓励的少数人之一。维勒斯认为诺布斯甚至还具有运动天赋。他说,在足球比赛中,诺布斯表现得好像是他唯一的球员。对他来说自己的队员和对手球员一样,都是障碍,他必须要自己赢得比赛,在整场比赛中他要负责所有球员的角色,而他的球很容易被那些冷静的球员抢走。他喜欢骑自行车,因为这是一项单人活动,而且他可以比其他人骑得更快更远。他从牛津骑车到剑桥只用了5个小时;他加入一个俱乐部时(为了找同伴,或者是为了对付别人),总是会鄙视其他的成员的能力。他每次完成剑桥到林顿(Linton,剑桥郡的一个小村庄)的短途骑行后,总会说"就这么点距离吗?",然后再径直骑出去,到达彼谢普斯托夫学院(Bishop's Stortford)再回来,以此结束一天的

河边视角的皮特大楼塔楼和老印刷厂大楼。格温·拉维拉特的木版画显示这个地方自 1880 年以来几乎没有发生任何变化

骑行。甚至他的食量也很惊人。他曾经在某个体育赛事上点了5 个人的早餐,但另外 4 个人没有来,所以他一个人吃了 5 个人的份,包括 20 个煎蛋。然而,他设计的书籍却有一种女性的娇柔之美。维勒斯用一句话总结了他的天赋:他具有用字体进行思考的非凡能力。

　　另一个知名人物是哈利·哈格(Harry Hagger),人称"巴克"。他是一个普通的清洁工,在凯奇漫不经心的监督下工作,他非常强壮,会算计,也会表演,却经常装出一副头脑简单的样子。他穿着一件白色外套,一件花哨的背心,戴着约翰·克莱丢掉的圆顶礼帽。他打扫肮脏的厕所,也打扫皮特大楼前的人行道,他做了很多滑稽的事,比如把扫帚当步枪对准路人。他成了剑桥的一个景点,人们把他当作免费的演出观看。不过还是要对他多加小心，曾经有两名大学生在坐着马车经过他旁边时，说了一些话贬低他，他便走到马路中间，轻松推翻了他们乘坐的马车。

凯奇是学校的礼仪总管；那些负责升旗的人会注视皮特大楼的楼顶，看旗子什么时候会飘起来。有一次，旗子被杆顶的滑轮缠住了，凯奇命令哈格去把旗子解开，哈格便爬上旗杆，把旗子解开了。到了旗杆顶上，他发现从这个地方看去，剑桥的景色十分壮丽（也许此刻他自己也是剑桥的一道壮丽景观）。于是他爬上旁边的手推车，待在那里不下来，凯奇哀求他快下来。最后凯奇答应给他买一双新靴子，他才肯下来，凯奇也兑现了这个承诺。

哈格太太过去常把巴克的午餐送到出版社。有一天（那天一定是星期一），她送来了一个碗，据说是一碗米饭布丁。巴克在吃午餐时，突然若有所思。他转向一个朋友说："泰迪，这看起来像浆粉。"朋友转身，看了看他的碗，说"这就是浆粉。"巴克停了一会，然后说道："没关系。既然我已经吃了，那我就把它吃完。"他吃了这些东西后好像也没什么事，但人们还是希望哈格太太把米饭放入洗衣机前能发现她自己把食物和浆粉搞混了。

还有其他一些轶事，比如托马斯·艾尔（Thomas Ayre），他是一个校稿人，已经上了年纪，身上散发着难闻的味道，人们称他为"逗号魔鬼"，他总是在书里插入许多逗号，这让那些花时间纠正的学徒们感到厌恶。另一位校稿人图姆斯，绰号叫"挑剔狂"（Knocker），他总是在星期五晚上喝醉。有一次喝醉后，他抽奖赢得了一只鸭子，鸭子已经拔了毛，腿和翅膀也已经捆紧了，随时可以放入烤箱中。他拿着这只鸭子回家，来到霍布森小溪时，他盯着这只鸭子，就好像第一次看到它，然后把鸭子放在水里，说："到水里游泳去吧，我已经把你带得够远了。"另一个星期五的晚上，在回伊利的路上，他在圣凯瑟琳大教堂前停了下来，目光涣然地转到前院，并开始拉那条防止行人踩踏草地的链条。他说，他想让渡船从对岸过来。

从某些方面来说，这些过去已经不复存在，从大多数方面来看，这些东西成为过往是一件好事。尤其是维多利亚时代，许多下属都只是因为惧怕而尊重上级，这些繁文缛节现在也几乎消失了。凯奇善于打台球，约翰·克莱也是。克莱有时在下班离开办公室时，会跟凯奇说，如果没有人来家里吃饭，他想玩一把台球，他会给凯奇打电话。如果他没有在八点之前打电话，凯奇就不用陪他打台球了。于是，凯奇就会在院子里徘徊到晚上 8 点，这样他才能听到办公室的电话，克莱可能会叫他去家里打台球，也可能不会。凯奇对这种待遇没有任何不满，他甚至认为从前门出去都不合规矩。而人们对梅森的恐惧和憎恨是这种心态的另一种体现。这一切都随着 J.B. 皮斯的出现而结束，皮斯以一种完全不同的方式待人，也正因如此，尽管他的任期很短，他去世时很多人都为他哀悼。

13　1945—1972 年

　　1948 年,罗伯茨退休,成为彭布罗克学院的负责人。路易斯在 1943 年达到了退休年龄,但一直在任,直到战争结束布鲁克·克拉奇利从海军部服役归来。因此,到了 1948 年,秘书和印刷商都不再是原班人马,但在 20 多年的时间里,世界也已经发生了巨大的变化。

　　多年的战争给出版社带来了沉重的压力,有些是预料中,有些则是预料之外。20 世纪 30 年代末,以英语语言进行的学术和教育出版已经国际化,但国际贸易也受到了严重影响。自 1940 年起,英国的出版商们不得不想办法应对轰炸,轰炸摧毁了书籍的库存,圣保罗教堂附近的旧书销售区被夷为平地,本特利大楼因不在这个片区而免遭一劫;而且纸张限额供应使库存更新变得非常艰难,甚至那些已经写好的新书都难以印刷。这却带来了意想不到的结果:人们那时渴求书籍,他们会毫不犹豫地买下已经印刷或新出版的书籍,那些没有被炸毁的书籍也很快销售一空。这期间,书籍销售给出版社带来了大量现金,但这些资金既不能用来扩建厂房或购买机械,也没法用来重印大量旧书或出版新书。情况虽然如此,但一些作者在此期间还是撰写了一些书稿,出版社接受了这些书,并给它们排好顺序,准备在将来的某个时候出版。因此,在战后时期,出版社手上堆满了大量等待印刷的手稿,但战后初期,印刷材料不但没有变得充裕,反而更加短缺,这让等待印刷的书籍数量变得更多了。

（1951年，我作为新任助理秘书，其中一项工作职责就是管理一份印刷承诺清单，并在每次会议上将清单提交给焦虑的委员会。清单上列着上次会议上添加的书籍，以及同期印刷的书籍。另一个职责是将打字稿从保险柜中取出，将它们逐一交给委员会，这个工作持续了数月之久。）

战争期间，委员会做了两个重要决定。面对现有的大量资金，罗伯茨说服委员会给大学捐赠4.9万英镑，于1944年成立了美国历史皮特讲席教授职位。从某种意义上说，这是一种创新，有利于剑桥大学与美国建立联系，这一职位吸引了一批杰出的学者来到剑桥担任访问教授。但是战争还没结束时，罗伯茨的继任者就开始抱怨，他们认为这笔经费可以用于满足其他的基础需求。

罗伯茨的这个想法一定是由某一时刻的兴奋情绪所致，他知道莱特和沃勒一直都希望出版社有储蓄金，出版社也迫切需求这笔资金；他钦佩的委员会主席，如休·安德森爵士（Sir Hugh Anderson）和J.F.卡梅隆爵士（J.F. Cameron），也一再敦促他这样做；而根据他自己的经历，他也充分了解建立储蓄金的必要性。战争的一个好处是它或多或少地让出版社强制性进行储蓄，这笔积蓄数目可观，但却就这样轻易花掉了。

自1916年合伙关系结束以后，出版社不再向克莱家族支付利润分成，为此，曾有人在此前一两年提议，出版社作为大学的一部分，应免缴所得税。这也是委员会需要考虑的一个关键问题。实际上，出版社没有获得任何外部资助，政府每年发放的500英镑补助金对出版社而言微乎其微。在经济景气的年份，出版社的印刷和出版会产生盈余，虽然不是很多，但这些盈余是新资金和储备金的唯一来源。如果这笔钱全用来支付税金，那么出版社未来的整体运作就没有保障。但正如经历过战争的人所记得的那样，在1940年，为战争出力是一项爱国义务，即富人会向国家捐赠一架战机，而穷人则会捐赠几发机枪子弹。因此来自当局的阻力让委员会不愿推行这一税务方案,这是可以理解的,但让人难以理解的是这一方案搁置了 30 多年。30 年后,减免公司税(已成为事实)已是理所当然的事。

人们现在可以说,这些做法都是错误的。罗伯茨批准了金斯福德在 1948 年提出的计划,这是他的最后一项举措,并取得了成功。该计划将纽约麦克米伦公司的剑桥销售代理机构转变为一个完全独立的出版社分支机构,机构有自己的新地址,位于麦迪逊大道(自 1951 年以来一直位于麦迪逊大道 57 号街东 32 号)。管理代理机构的罗纳德·曼斯布里奇(Ronald Mansbridge)自然成为第一任经理。他在财务总监杰克·舒尔曼(Jack Schulman)的协助下,继续在新的美国分部销售剑桥图书,舒尔曼于 1971 年接替曼斯布里奇担任分部经理。起初,该分部主要作为市场营销机构,在销售方面取得了巨大的成功。到了 20 世纪 60 年代中期,编辑人员加入到了工作人员行列之中。随后,该分部又在 20 世纪 70 年代增加了生产部门。这样一来,该分部就成了一个微型出版社,至今,它主要出版美国作家的作品。

金斯福德于 1948 年 7 月担任委员会秘书,并于 1963 年退休。在此期间,出版社从战后资源短缺过渡到 1969 年前 10 至 12 年的繁荣。曾经,出版商认为他们的工作仅仅是选择好的作品并将其销售出去。但现在,他们必须迅速学习一些必要的经济知识,因为事实证明,在一段时期内,应对经济膨胀的难度要略小于应对经济衰退的难度,而这两种情况都需要有特殊的预测能力和金融管理技能。而且,一些出版商的书籍流通速度慢,一些出版商的书籍流通速度快。对于书籍流通速度较慢的出版商而言,他们则需要更有远见,因为正如下文将要提及的那样,通货膨胀的潜在削弱力量很容易被人们忽视。

20 世纪 50 年代初,出版社作为出版商每年出版大约 130 本书,几乎所有的书都是在剑桥印刷的。自本世纪初以来,这一数字变化不大,但由于库存书籍的数量较多,出版社营业额稳步增长。1936 年,38％存书用于出口。这一比例在第二次世界大战期间有所下降,但在 1947 年又回到了战前的水平。1951 年出口比例超过 50％,1962 年超过 60％。但书籍出版数量增长缓慢;经过战争时期的衰退,书籍出版数量在 1946 年又恢复到 100 本,且在整个 50 年代都保持在 130 本左右;之后随着世界各国政府对教育投资的增加,每本书的印刷数量也开始增加。因此,出版开始出现大幅度的增长,并由出口主导。

　　20 世纪 60 年代,发达国家和发展中国家都建立了许多新的大学和其他高等教育机构。据说,在这一时期,美国每周都有一个大型图书馆开放,并且学术书籍像战争时期一样畅销,其印数不断增加,重印次数也更加频繁。未来的图书贸易经济史学家将会证明,自古登堡时期之后,学术书籍的出版规模从未如此之大,学术书籍也从未如此受市场欢迎。这是一个黄金时代,正如莎士比亚所说,在这个时代,人们在"随意打发时间"。学术书籍贸易似乎可以永远如此发展下去。但是,贸易的持续给现金管理带来了沉重的压力。通货膨胀贯穿整个过程始末,通胀速度最初较为缓慢,但后来的速度快得惊人,这一过程持续了大约 12 年时间;而紧随其后的是经济衰退,衰退持续了更长的时间,并带来了更多压力。

　　许多书籍在这一时期出版,并取得了成功。新英语圣经(1961 年《新约》、1970 年的《旧约》和全本圣经)是这一时期出版的最重要的书籍。剑桥大学出版社和牛津大学出版社再次发挥了他们在修订版圣经中的作用,负责了文本翻译工作。因为这个工作从 1948 年开始,一直持续到书籍出版,所以耗费成本极高,翻译和出版费用超过 150 万英镑。但是,出版社能够支付这笔费用,而赞助新英语圣经出版的教会联合委员作为非营利出版机构,具有数百年出版经验,在全世界尤其是在美国拥有成熟的营销市场,它自然也会给这两家出版社提供帮助,这是给圣经和神学学术书籍提供的保障。威斯敏斯特修道院举办了一个特别的仪式来纪念此版圣经的出版,所有教堂的代表均出席仪式,伊丽莎白王太后也出席了该仪式。仪式队伍由剑桥和牛津大学出版社的管理人员领队。《新约》出版后,引起了人们的广泛关注和极大的兴趣,销量巨大。

前文已有提及,19 世纪 70 年代,女王的印刷商决定不参与修订版圣经的出版。1961 年,新英语圣经似乎得到“批准”在英国国教中使用,使用并非强制,但它已成了推荐本。女王的印刷商觉得自己的历史特权受到侵犯和威胁,于是决定最后一次检验皇家专利的权力。他并没有像以前那样试图限制剑桥和牛津印刷圣经,或者阻止他们在伦敦或其他地方销售。相反,他挑战了大学出版社的版权;在未得到任何许可的情况下,他发行了平装本《约翰福音》。剑桥和牛津发布了一项禁令,这三家被王室授予圣经印刷权的出版社再次陷入了法律纠纷。但这是最后一次斗争,这场旷日持久的战争从 1591 年开始,就像休眠的火山一样,每隔一段时间就爆发一次。1963 年,普洛曼法官(Mr Justice Plowman)宣布,皇室特权并不涵盖圣经的所有译本,而新英语圣经属于普通法版权。

《新约》在出版的头两个月就卖出了 200 万册,而全本圣经在 1970 年的销量也相当不错。剑桥大学实施了一项重要方案来支持新英语圣经计划,对整部新版本圣经进行完整的评注,以此取代旧的“剑桥学校圣经”。“剑桥圣经注释”(The Cambridge Bible Commentary)在 1963 年至 1979 年间出版了 50 多卷,这是一部编辑得极为出色的作品。其中研究热度较高的书(如 C.F.D.莫尔评《马可福音》的著作)立刻成了畅销书。

出版社在学校找到了西登斯和他同事的接班人。1964 年,出版社出版了第一卷“中小学校数学课程”,这是英国史上最成功的课程改革计划之一。在项目主管布莱恩·史威兹(Bryan Thwaites)的领导下,该项目至今仍在开办,项目人员紧跟学校教学的变化,对早期出版物进行修订,且就书籍受到的批评做出了相关回应。而且，项目涵盖内容还得以扩展，这使得出版社通过中学和小学的数学课题进入了小学出版领域。东非和澳大利亚等海外国家也销售这些书籍的海外版本，但英国还是其主要销售市场。这个课程改革取得巨大成功，它成为英国中学最常用的数学课程，并占据了出版社在英国的一大部分业务。

20世纪60年代，剑桥大学地方考试联合会赞助了一个非洲史考试新计划，为此，出版社要为非洲的中学出版书籍，这也是出版社发展中的另一个特点。J.D. 费奇（J.D. Fage，著名非洲史专家）和罗兰·奥利弗（Roland Oliver）以及其他人编写的非洲历史教科书在非洲有很大的销量，这些书籍帮助新独立国家发展了文化认同感。这些书籍也带来了意想不到的好处，在这些书的影响之下，出版社推动了非洲历史研究方面的发展，并出版了更多供高等教育使用的非洲历史系列图书，出版了由费奇和奥利弗编辑的《剑桥非洲史》（*Cambridge History of Africa*），这本书现在已经出版了6册，同时还开创了《非洲历史期刊》（*Journal of African History*）和《现代非洲研究期刊》（*Journal of Modern African Studies*），以及一系列专著。出版社为非洲学校出版了第一门法语课程，还开办了一个富有创造力的小"读本"节目，讲述非洲作家们感兴趣的非洲故事，这些作家包括阿契贝（Achebe）和埃克文西（Ekwensi）。这些书也卖出了数十万册。

出版社在非洲做的尝试源于一种使命感，即剑桥有义务通过地方考试联合会让英语在英国前殖民地产生积极正面的影响（尽管名字如此，但联合会是大学机构，负责为世界各地举行公共考试）。但为单一市场生产书籍越来越不符合剑桥的发展模式。出版社意识到，目前不宜在海外领土从事大型贸易，当地大型贸易只能由当地的出版物来主导，而这些出版物内容通常是用本土语言出版的小学书籍。这是其他大型出版商遵循的模式，这种模式总会使出版商的出版帝国划分为一系列强大的区域,每个区域都由代理领事领导,并以牺牲英国生产的图书为代价发展区域贸易。这种离心式的发展是危险的,而且不管在什么情况下,许多当地的市场都受到民族主义情绪或世界贸易波动主导,民族主义情绪憎恨新殖民主义。最高水平的学术书籍,尤其是科学类学术书籍,具有国际性;就这个级别的书籍而言,英语是世界通用语言。在 20 世纪 60 年代,人们越来越清楚地认识到,英语学术出版商在国际上扮演着重要的角色,剑桥出版的书籍将销往世界各地。美国无疑是最大的单一市场,因为它是最富有、最强大的国家,受过高等教育的人口比例很高,从事纯应用科学研究的人数是其他国家无法比拟的,它本身就比其他国家具有更多的潜在作者,可以说是最强大和最具生产力的经济体。出版社最该优先发展哪个地区,这一目了然,美国分部的发展是出版社未来发展的关键。

至此,要从这一时期的出版物中挑选出杰出作品变得越来越难,不是因为这些作品很少,而是因为它们数量太多,这些作品大多还在印刷,作者大多也还在世;而一本书是真有价值还是广告宣传赋予其价值,这两者间的界线现在太容易跨越。但是,这一时期确实有一些作品极为出色。例如,金斯福德担任秘书期间出版的《新剑桥近代史》(New Cambridge Modern History),这套书共 12 卷,出版速度极快,随后还出版了 1 本地图集和 1 本书籍配套指南。1956 年,出版社出版了《迈锡尼希腊文文件》(Documents in Mycenaean Greek),这是一本严谨的书籍,它的出现彻底改变了古典考古学,因为它是文崔斯(Ventris)和查德威克翻译线形文字乙的纪要,其中包含了来自希腊古城遗址克诺索斯、皮洛斯和迈锡尼的 300 块泥版文书的翻译和评论。这本书也是剑桥印刷的典范。1952 年,出版社出版了克拉珀姆(Clapham)、图汀(Tutin)和瓦尔堡(Warburg)的第一版《不列颠群岛植物志》(Flora of the British Isles),这是至少50 年以来的第一部最完整和最新的植物志。理查德·大卫

（Richard David）担任过出版社助理秘书，后来担任伦敦经理，他在这本书的编纂和出版中发挥了重要作用。他是一位专业的植物学家，负责确保书籍信息规范编纂，以便于查找，编纂中使用的分级标题和关键字的交叉查询功能体系开启了一个新的书籍编纂模式，这一模式成了书籍编纂的标准。这再次体现了出版社对蒙纳铸字机键盘的熟练使用。显然，这不是一本精美的书，但它是一本了不起的学术印刷作品。20 世纪 70 年代，分类植物学的出版传统使出版社顺理成章地成为《欧洲植物志》（*Flora Europaea*）的出版方。

另外值得一提的还有李约瑟（Joseph Needham）的《中国科学技术史》（*Science and Civilisation in China*），这是一本杰出的个人跨文化创作作品。该书第一卷于 1954 年出版，第五部分的第五卷于 1983 年出版，第十二卷，即最后一卷也将会在相应时期出版。这是一本漂亮的书，弗兰克·肯顿为这本书设计了印刷板和护封，约翰·德雷福斯（John Dreyfus）设计了书籍内页，内页脚注由一行罗马字和一行中文组成。这本书是李约瑟在几位热心朋友的帮助下单独完成的一部鸿篇巨制，它在当今世界的文化发展中占有重要地位。

金斯福德退休前，印刷业务终于从位于皮特大楼后的旧址搬到沙夫茨伯里路的新大学印刷厂，他对此非常满意。多年来，老建筑带来的不便给路易斯和克拉奇利带来了诸多困扰，老建筑楼层较多，空间狭小，位于河边，地形类似小岛，唯一的入口是两条狭窄的中世纪小巷。战后多年，经济原因一直是建立新印刷厂的主要障碍。随着 20 世纪 50 年代末的经济扩张，这一情况有所缓解；出版社有能力从克莱尔学院购买场地，得到规划许可，并申请到了贷款。克拉奇利负责管理新印刷厂建设事宜，1963 年，校长主持了新大楼的开幕仪式。购置这块 25 英亩的土地给出版社带来了巨大的潜藏优势，这让出版社在后来得以筹划另一项重要发展，这在当时也是一种迫切的需要。现在出版商们发现伦敦办事处的经营成本很高，也不如以前方便，而且将位于伦敦市中心的办事处用作仓库和会计处，这似乎显得有些荒谬。出版业务按地理位置划分为两部分，或许可以将伦敦的部分业务转移到剑桥。

作为莱特、沃勒和罗伯茨的继任者，金斯福德在秘书一职上至少承担了3个职责。他是委员会的首席协调官、还是出版业务主管和编辑主任。出版业务是由秘书和伦敦经理合作运营。伦敦经理不仅是伦敦独立部门的负责人，而且还是我们现在所说的营销总监和运营总监。在出版业务规模较小的时候，出版社就已经开始实施这种一人担任多职的管理模式了。这一管理模式相当于家族企业内的合作经营模式，而20世纪60年代之前，出版社就像一个中等规模的家族企业。同样，在那个时候，印刷业务仍然常与出版业务联系在一起，就像与克莱家族合作的时候一样，一些家族成员经营出版业务，而另一些人则经营印刷业务。如果这两项业务的规模不是太大，那可以继续保持这种非正式的合作模式。但20世纪60年代的繁荣导致出版业扩张，并占据了更大的比重。出版社必须要进行新的改革，而外部经济条件的变化让这种改革变得更加迫切，并让这种压力变成了危机。

20世纪50年代末，出版社的出版业务就已经开始外包给其他印刷商。与其说出版超出了印刷的能力，还不如说只有这样才能在适当的时间内清理积压的代办工作。最初，印刷工作是通过印刷业务的生产办公室分包，印刷商为此招聘了新员工。印刷商仍然需要负责设计、进度控制、印刷审稿和编辑校订工作。

编辑校订工作的发展极为重要。第二次世界大战之前，印刷商通常情况下得到的"稿件"都只是手稿的形式，这些手稿常常十分凌乱，正如路易斯给多弗·威尔逊手稿的评价——"惨不忍睹"，这些稿件的"印刷前校正"也只不过是指定了字体和标题。排字工人会根据所得到的稿件的格式一字不差的进行排字工作。审稿人会严格地检查试印样张,并在有疑问的地方进行标记。在这一阶段,作者会养成"保持准确性"的习惯,部分是由于受到审稿人的刺激,部分是由于他们已经检查了资料来源,他们会对样稿进行大幅度修改。随着劳动力变得愈加昂贵,这种做法显得荒谬而浪费。编辑校订主要包括两个工作:一是通过提前沟通避免这种浪费;二是根据剑桥设计程序对作品进行分析,这不能使用现成的模式,而是要对作品进行由内而外的分析。副编辑可以向设计者解释作品结构,提醒他作品有哪些需要注意的特点,甚至可以向作者提出改进建议,这将对设计者和最终审稿人有所帮助。这项基本服务是克拉奇利时代开始的,它是印刷厂职能的一部分。因为在 20 世纪 50 年代,出版社的旧助理秘书制度中只有极少的人员负责出版业务,因此需要以这种方式对出版工作加以补充,或者创立一个正规的编辑部。

编辑部后来在大卫的领导下得以创立发展。他放弃了一直由秘书行使的编辑职能,并在 1965 年任命了主编(我本人)。编辑队伍现在开始壮大,并在委托出版新书方面,尤其是在开创出版主题方面发挥了更积极的作用。出版社的优势源于剑桥大学的传统课程;这些课程有数学、古典文学、神学和哲学,以及之后的科学,东方研究和欧洲文学研究,其创立顺序与它们成为教学学科的顺序相同。但现在,出版学科增加了语言学、社会学以及新领域的研究学说;人类学作为其他研究的关键变得越来越重要;政治科学发展迅速;弥补经济学和英语在各个学科中的空白也尤为主要,在重点研究的每一门学科中,这两门学科都有必要发挥积极作用。现在,写书对于科学家们而言,已不再是理所当然的事,他们需要在编辑的鼓励之下才会写书。编辑们不得不离开办公室,在大学里四处奔波,与潜在作者沟通,而他们的竞争对手也在努力与这些潜在作者达成合作。20 世纪 30 年代,

1963 年的剑桥大学印刷厂

出版社在许多主题上出版了一些作品，那时作者会给出版社提供书籍，出版社需要做的仅仅只是接收合适的书籍出版。但现在情况却正好相反：很多书都是出版社要求作者编写。如果出版社大体上已经决定出版（例如）语言学书籍，那么就必须找到语言学领域的好书，并且必须建立一个系统的书籍清单，作为出版概念结构。这一清单包括一套"剑桥语言学研究"（Cambridge Studies in Linguistics）系列专著、期刊（可能不止一套）、独立于该系列出版的其他专著、教科书、参考书和面向更广泛公众的书籍。这些书可能来自英国作者、美国作者或任何国家有才华的作者；因此，执行这一方案的编辑人员不得不在世界各国奔波。

这一时期，出版社还发展了一个重要的海外项目。多年来，剑桥大学出版社的图书一直通过墨尔本的代理机构乔治之家（Georgian House）在澳大利亚销售，出版社的圣经通过卢特沃斯出版社的澳大利亚分部出售。1969年出版社通过实施一些方案，收购了乔治亚之家的销售、分销和代理业务，并将其纳入出版社自己的澳大利亚分部——该分部由第一任经理布莱恩·哈里斯管理，最初以公司身份运营。同时，出版社接管了卢特沃斯出版社（Lutterworth Press）的澳大利亚业务，从而将出版社所有出版物归在剑桥大学出版社之下。

出版业现在开始了整体扩张，扩张主要依靠任命和培训新的编辑来达成。没有人能够培训第一代编辑，他们必须通过实践来学习。随后，出版部收到的书籍越来越多，他们不得不接管书籍生产监督工作。因此，生产部门在生产经理彼得·伯比奇（Peter Burbidge）的领导下得以成立。编辑部已经转到出版部。1963年印刷部搬到新印刷厂，这不可避免地切断了印刷部和出版业务之间的纽带，之前这两个部门只间隔一个庭院的距离，便于相关部门之间人员的交流沟通。出版部现在不得不依靠自己的员工来完成以前印刷部为它完成的工作（而且做得很好）。1963年，印刷部搬离皮特大楼后，编辑和制作部门立即搬进了这一大楼。据理查德·戴维(Richard David)的回忆,1935年秘书办公室里有七个职员和一个临时工,1951年只有12个员工(我的回忆),但到了20世纪60年代,这里的员工人数成倍增加。

1964年,委员会接收了150本书;1967年接收两百多本;1969年接收225本,这个数字于20世纪70年代一直持续增长。而印刷的数量增长得更快,全球的印刷产量也是如此,在此期间,全球单位印刷产量翻了两番。在那个时代,一本专著能卖出2500到3000本,有时一两年后就会再版;学术教科书只要成功出版平装本,其第一版精装本就会印刷2500本,平装本就会印刷1万本。教科书的发行量通常为2万本。就书籍出版而言,一本书如果成功出版的概率较大,那失败的概率也同样大,与被动接收合适书籍的出版相比,主动委任书籍出版的方案总是风险更大。因此,20世纪60年代,生产成本(和库存)随着通货膨胀以及印刷数量的增加而增加,现金流量越来越大。

在其任期即将结束时,大卫遭遇了出版社曾经在1852年遇到的难题。但现在,出版社已经发展成了一个大规模的企业,其出版业和印刷业雇用近一千名员工。出版社现在的管理结构并不理想,还不能够解决在多年发展中日积月累下来的问题,这些问题甚至对出版社的发展造成了威胁。而现在正是出版社进行重大结构重组和财务调整的最好时机。

高通胀率带来了潜在的灾难性影响,这些影响在不知不觉中已经波及了出版商身上,实际上,任何一个生产商,只要他的产品在架时间较长,他就已经在无形中受到通胀率的影响。多年来,英国长期的通货膨胀率约为2.5%。在1960年至1965年之间,年均通胀率上升到3.5%;1965年到1971年期间,进一步上升到6.5%,并在1971年达到9%。虽然还未达到1974—1981年间连续的两位数通胀率,但这个比率已经高得惊人。每一年的出版成本都在飙升,但这一年的收入中,有3/4的收入来自印刷多年的库存书籍销售,就出版社而言,这些书籍已经印刷了10年、25年甚至50年的时间。新书的定价往往反映了当前的出版成本,但库存中的"库存书籍"价格与当前的重置成本无关,而此类书籍却占据出版社年销售额的3/4。全英国的出版商没有及时意识到,在高通胀时期,必须要根据当前成本定期上调库存书籍的价格,这一点至关重要。这项举措对剑桥大学出版社来说尤为关键,因为它的库存书籍比一般出版商要多,它的年收入更多地依赖于库存图书的销售。高通胀带来的结果是,随着成本的上升,出版社净收入下降。为了抵消这一影响,几乎所有英国出版商都进一步抬高了新书的价格,却没有通过提高库存书籍的价格来中和新旧书籍的价格,这导致新书和库存书籍在价格上出现了明显的差距,从而抑制了新书的销量。

一些不祥的迹象表明,20世纪50年代和60年代的出版热潮必然要走向终结。教育市场开始出现资金短缺的问题,新书价格上涨也无济于事。1969年至1970年间,因为学校、图书馆和科学研究的支出预算被削减,美国图书馆市场的书籍购买量显著下降。学术书籍的销量也开始下降,但出版社却没有及时调整书籍印刷数量,因此未售出书籍的库存开始上升,这些书籍的投资给出版社带来了额外的压力。书籍价格昂贵、销量减少、顾客购买力下降以及不恰当的定价政策开始相互影响,并形成恶性循环。但工作人员和日常管理费用仍然与60年代的繁荣时期一样,这让出版社的情况变得更糟。1969年,出版社资金已经完全耗尽,且没有其他资金来源,便开始从银行大量透支资金,这让出版社委员会、大学财务委员会和巴克莱银行感到担忧。

显然,出版社需要进行大量改革,但大卫继承的经营结构存在弱点,因此很难采取果断行动,这不只是用"学术印刷为主"的管理模式去抵抗大规模商业危机的问题。60年代出版社经营机构和地点的变化加剧了上面提到的结构和地点问题,并加剧了不同业务部门的离心趋势，给管理体系带来了压力。

　　管理架构是根据地理而非功能来设立，这助长了两极分化的趋势，阻碍了决策的统一性和集中性，并加强了部门决策的趋势。当前的经济问题导致委员会工作、审议工作和文书工作大量激增，阻碍了真正的决策，甚至阻碍了出版社对商业形势严重性的充分认识，大卫本人也很清楚这一点。委员会意识到了财务问题，这让他们极为担忧，但他们缺乏解决这些问题的业务经验，便让相关业务人员提供越来越多的信息和文件，这给管理层带来了更大的压力。

　　1969年，大卫决定不再由同一个人担任委员会秘书（即委员会首席协调官）和出版业负责人，他的做法是正确的。为了加强出版业和印刷业的协作，出版社5年前建立了联合委员会，并采取了其他一些措施，但事实证明这些改革并未奏效。出版社的经营不时出现危机，而部门之间也缺乏信任。大卫认为，大学印刷商可能更容易接受首席执行官的管理，而首席执行官并不同时担任其他出版业务负责人；而且，出版社的业务规模变大，运营变得愈发复杂，每个职位都是全职工作。委员会一致同意大卫的提议。1970年初，大卫辞去委员会秘书一职，转而担任出版业务的全职主管，并被授予大学出版商的新头衔。出版业务和印刷业务拥有了各自独立的决策权，并在业务上保持"一定距离"。为了保持连续性，委员会秘书的职位已转由大学财务主管特雷弗·加德纳（Trevor Gardner）担任，在之后的两年，加德纳在这个职位上发挥了非常重要的作用；出版社暂时停止从行政人员中选任首席协调官。

　　同时，委员会设立了两个小组来监督这两个业务：出版委员会小组和印刷委员会小组。委员会对商业问题的关注也让其会议分为两种：商务会议和编辑会议。第一次商务会议于1970年3月13日举行。校外的两名商人加入了委员会小组。艾伦·威尔逊爵士，当时的葛兰素公司（Glaxo）董事长，他曾是三一学院的董事和数学讲师，他撰写了一部经典著作——《金属理论》，这是本书提到的"蓝色大开本"中的一部作品，他于1970年加入印刷委员会小组。1971年，时任大型建筑公司科斯坦(Costains)董事长的罗伯特·泰勒爵士(Sir Robert Taylor)加入了出版委员会小组。一些必备的要素正聚集到一起，以解决出版社存在的诸多问题，而大卫具有政治家风范的举措为重组开辟了道路，但重组还缺乏两个主要人物。

随着透支借款的增加，委员会对出版社财务状况的担忧一直在加剧。《剑桥大学章程》规定，财务委员会每年任命其一名或多名成员（通常为两名）作为代表，审查大学出版社的年度账目，并与该委员会任命的出版社审计员协商。代表们与出版社的高级主管们详细讨论了账目，然后做了报告。约翰·布拉德菲尔德(John Bradfield，三一学院的财务主管)和克里斯托弗·约翰逊(Christopher Johnson，后来成为圣约翰学院的财务主管)选任为代表，负责审查1969年的会计账目。作为学校里最能干的金融人士，他们一开始就发现了问题所在。他们评论说：

> 这些数字表明，盈利能力严重不足。更令人失望的是，出版社所采取的一些措施让利润有所增加，但迅速增加的管理费用在很大程度上抵消了这些利润。我们非常清楚，出版业特别容易遭受通货膨胀影响，因为它们的利润延迟获取，而且损益账户中的管理费用很高。

他们得出的结论是，出版社至少要获得5%的销售利润才能重新投资相关业务。他们的论据如下：

> （1）商业出版和印刷的简单目标就是使利润最大化。
> （2）这不适用于大学出版社，因为出版社有责任出版学术作品，并为其所有者——大学，完成大量印刷工作。

（3）但是，必须有某种目的来作为指导原则，以确定哪些是有价值但无利益的书籍，以及对几乎没有或根本没有盈利比较性的书籍进行销售定价。

（4）考虑到出版社自身对资金有大量需求，大学不太可能提供更多资金，通过校外渠道筹资一直都存在困难，而在银行方面已经负债累累，5%的再投资资金似乎已经是最低额度。

财务委员会做出了精明分析，对出版社不良运营状况进行诊断并找出了导致这些问题的原因，这一切指明了出版社发展的三个关键要点：1. 出版社通过盈利实现自我筹资发展的必要性；2. 出版社的利他行为和商业出版商的行为之间存在区别——这后来成为人们承认出版社慈善地位的主要依据；3. 出版社成长过程中产生的财政需求和其不断的改革变化，让大学在处理这方面问题时面临的困难越来越大，最后大学将无法解决这些难题。

但是，分析问题是一回事，纠正问题就完全是另一回事了。出版社财务状况让委员会更加焦虑。

1970 年 2 月 17 日委员会会议纪要提到出版社支出不断超过透支限额，1970 年 10 月 9 日的另一份会议纪要再次对 1969 年出版年度账目进行评论，内容如下："委员会关注净收入不足问题，并特别关注了支付借款利息的收入数额。借款的不断增加让委员会更加焦虑。"同一份会议纪要中，有人指出，1969 年，银行为出版社提供了 25% 的资金，但其收取的透支利息却占出版社总收入的 51%。

1970 年，情况进一步恶化。年终透支额（通常不是年度最高值）又增加了 25.6 万英镑，大约相当于年销售额的 20%，但透支的增长速度快于销售额。这已经超出了财政委员会规定的 1.6 万英镑上限。随 1970 年年度报告一起发布的官方报告称：

在最近三次与银行召开的年度会议上，行长要求出版社做出保证，会采取措施来减少对银行的依赖。出版社真诚地做了保证，但却没有遵守。根据这些数字，以及对1971年相关情况的了解，很明显，在1972年4月的下一次会议上，出版社将要求提高借款限额，该限额可能超过大学财务委员会目前规定的限额……如果银行或财务委员会拒绝增加限额，则出版社将会陷入极为尴尬的处境。除非采取紧急措施应对这一状况，要么提高利润率来增加新注入资金比例，要么就削减某些出版活动，否则出版社必然会陷入极为窘迫的境地。

在审议了出版社1970年的账目后，财务委员会代表布拉德菲尔德和大学图书管理员埃里克·塞德尔（Eric Ceadel）发出了相似的紧急通知："出版社仍在苦苦挣扎。委员会书籍的亏损令人担忧。英国的盈利状况迫切需要大幅扭转。严重的透支状况和出版业务的低利润率，令人非常焦虑。"

财务委员会迅速向出版社委员会通报了出版社目前的危险处境。问题绝不只是出自出版业。印刷业在1970年也极为艰难，要付的工资高但业务却越来越少。过渡到计算机辅助排版需要大量的资本支出：而且这一过程所花费的时间比预期的要长。大多数书籍直到1978年才开始使用计算机辅助排版，而期刊则更晚，尽管计划都是在1974年完成这一过渡。财务委员会代表审查了1971年的账目，对工作量不足和"整个印刷业对高档印刷需求大幅下降"的问题发表了评论，结论如下："此外，自1971年底以来，印刷部门的工作量进一步减少，并且这方面问题在1972年得到改善的希望不大。"

许多迹象表明印刷业需要考虑市场上发生的变化，利用蒙纳印刷方式来完成精良印刷的这一传统需要改革，印刷业现迫切需要采用更廉价的排字方式，比如行型活字铸排机（slug）或打字机,这些排字方式不仅要应用于简单的文本,还要用于像数学这类复杂的编排工作。之前用凸版轮转印刷机印刷的书籍现在用廉价的石板印刷进行重印,而圣经转用卷筒纸印刷机进行印刷,但是出版社都没有这些机器。一些迹象表明来自校方的印刷工作减少了,而在过去几年,大学也并没有太多作品需要印刷;而出版业越来越倾向于利用外部印刷商——部分是出于技术和成本方面的考虑,但部分是由于对印刷部缺乏信心。市场方面存在更棘手的问题,这需要通过财务和商务手段来解决。从凸版印刷术到平版印刷术的必然改变已经开始,但是进展太慢。全国缺乏熟练技工的情况进一步加剧了印刷方面存在的问题。

财务委员会的代表们对出版业务更加悲观:"不幸的是,1971年的账目不但没有任何改善,而且还恶化了……"出版社举步维艰;委员会主席弗兰克·李爵士(Sir Frank Lee)病重,于1971年春天去世,这对出版社而言无疑是雪上加霜。

在这黑暗的时刻,出版社迎来了一大幸事,这是出版社恢复正常运转的一个关键。基督学院的负责人和诺贝尔奖得主——特兰平顿的托德勋爵(Lord Todd),成了委员会的主席。他在自传中写道:

> 1971年春天,弗兰克·李爵士去世后,校长和大学财务主管向我施加了巨大压力,要求我接替弗兰克爵士担任剑桥大学出版社委员会主席。在我拒绝接受校长提名之后,他们的态度更加坚定,我必须接受这一职务。在我第一次以主席的身份访问大学出版社时,出版社的情况让我震惊;出版社实际上已经破产了,透支额度飙升,销售额和收入不断减少,因此他们无法应付不断上升的成本。我相信,银行之所以没有叫停出版社的业务,只是因为它知道,在出版社背后有一所拥有丰富资源的大学。
>
> 《回忆时刻》,第189页

托德从一开始就是一个精明、果断、勇敢的主席,是处理出版社危机的最佳人选。1971年6月14日,他主持了委员会的第一次商业会议。从他的自传中可以清楚地看出,他认为委员会成员作为学者,试图将出版社当作一个大学部门进行管理,他们希望出版社员工也能具有像他们一样的学术水平,他们因为学术研究而获得学校的报酬,但他们从未考虑过商界的薪资水平,托德对他们的这些想法进行了批判。他既要消除委员会成员身上带有的自满情绪,又要带领委员会向新的方向发展。

在他的领导下,一个特别委员会迅速得以成立,负责调查出版业务地点和管理方面的问题。委员会小组于1971年11月5日向委员会报告,报告指出了出版社出版业务模式存在的若干弱点。报告提醒委员会注意当前的业务规模和复杂性,以及管理结构的不足,还批评了出版业务的地域分布不集中性:

> 尤其是出版业有两个不同的"中心机构",一个在伦敦,一个在剑桥,伦敦负责业务运营,剑桥负责政策决策,这样的组织构架让出版社全员追求共同目标和建立共同愿景的难度更大。

报告建议在剑桥进行更集中的管理(尽管它建议在北伦敦建立一个仓库,并保留伦敦中部的"现有办事处"),并成立出版业务管理委员会,以扩大行政结构。目前为止,报告最重要的建议是,从出版社外任命一名资深人员,管理出版设施的搬迁事宜,并为出版业务的未来发展做出长期的规划。

出版社恢复正常运转的第二个关键人物即将到任。出版社现在有了一位能干的主席,还需要一位能干的首席执行官。巧合的是,杰弗里·卡斯正好可以担任这一职务,卡斯当时是乔治·艾伦和安文出版有限公司(George Allen and Unwin Ltd.)

的总经理。他毕业于牛津大学耶稣学院,在 60 年代早期,他担任人事管理有限公司的管理顾问时,成功重组了出版社的伦敦办事处,当时大卫是伦敦经理;这两人合作得非常愉快。《泰晤士报》上一篇有关卡斯的文章,这篇文章引起了大卫和托德的共鸣。

出版社找到卡斯,其复兴工作需要他这样的人才来完成。托德、大卫和加德纳与他进行了交涉,1971 年 12 月 21 日,杰弗里·卡斯加入剑桥大学出版社,1972 年 1 月 1 日担任出版业务总经理。他的职责是拯救和复兴陷入困境的出版社。

托德做事非常迅速,他的作风与大学的活动风格显然不同。他一开始就清楚地明白要做什么。他在自传中说道:

> 幸运的是,出版社的一些成员意识到了这一糟糕的处境,并寻找一个只能来自高层的领导。刚开始时我忙了几个月,但我很幸运,很快就能让业务走上正轨。在最初的举措中,我得到了大学出版商 R.W.(迪克·)大卫的大力支持和鼓励。他很清楚问题所在,且是个无私的人,找我一起重组了出版社,即使这有损他本人的权威,我永远感激他提供的帮助。显然,首要任务是任命一位具有商业出版经验的一流的总经理或首席执行官。但很明显,要想得到这样一个人,就需要与商业出版商竞争,并按现行价格支付其薪资,所以我认为最好的办法是先聘请合适的人,并在签订合作契约后再告诉委员会。通过这种方式,我得以任命杰弗里·卡斯,一个能力非凡的高管……他于 1972 年 1 月 1日上任,从那以后,出版社再也没有倒退发展。不到一年的时间里,出版社重新回归正轨。1975 年底,我成为英国皇家学会主席,我不得不辞去委员会主席的职位(非常遗憾),我们不仅取得了巨额盈余,而且建立了极其雄厚的现金和

资产地位。尽管这些成功无疑要归功于杰弗里·卡斯,但我想,拯救大学和学术出版的这场重要行动中,我也发挥了一定的作用。

《回忆时刻》,第 189—190 页

托德对于未来几年发生情况的简明生动的概括将在下一章呈现。

14　出版社的复兴：1972—1974 年

　　托德勋爵在出版社发挥了至关重要的作用，那时大学里可能没人拥有他这样的判断力和胆识来承担这些工作。杰弗里·卡斯的任命标志着出版社大规模重组的开始，首先是出版业的重组，再到整个出版社的重组。1972 年，卡斯主要担任出版业务总经理，这是一项艰巨的任务。出版社财务状况惨淡，银行贷款以惊人的速度增长，出版业工作人员士气低落。不论是工作人员还是出版委员会，基本上没人相信出版社能够复兴。

　　1971 年 12 月，大学财务委员会审议了出版社的财务状况，并表示在批准出版社 1972 年透支限额之前，需要出版社提交一份总体财务状况报告。为此，卡斯开始分析出版社 1972 年与 1973 年的现金状况和现金预测情况，之后他立即访问了巴克莱银行，与银行协商提高透支限额事宜。银行同意提高透支限额，并告诉卡斯"银行愿为你与你同事进行的评估提供喘息的空间"。1972 年 1 月 28 日，出版社成立了一个特别委员会财务小组。1972 年 4 月初，该委员会财务小组向出版社委员会及大学财务委员会做报告，告知财务委员会：

　　　　出于提高透支限额的必要性及透支限额对出版社长期融资的影响，加上目前出版社不尽人意的财务状况，出版社出版委员会小组提议，出版社今后的主要财务战略应由特别委员会小组处理，杰弗里·卡斯先生担任小组执行委员，并负责向托德勋爵、艾伦·威尔逊爵士、罗伯特·泰勒爵士和大学财务主任报告相关财务策略,出版社委员会需要接受这一提议。

该报告显示,出版社在银行的借款额度在 1972 年 4 月可能会超过透支限额,并在 5 月持续上升。委员会小组认为:

> 如果出版社……拥有大学的信贷资源,那么在过去的运营中可以实现盈亏平衡或接近盈亏平衡,且在一定程度上不用担心透支额度和整体财务状况。

该委员会小组指出,设立盈余目标必不可少,尤其是在高通胀率时期(在库存不断积压,应收账款不断上升的情况下,看似"收支平衡"的业绩只是一种假象,掩盖实际中现金的严重流失)。委员会小组在分析结束时告诫说,出版社需要向银行正式提出增加透支限额的请求,并请财务委员会核准 1972 年的增加透支限额。委员会小组还列出了卡斯为控制出版透支所采取的措施。

学校财务委员会审议了委员会小组的报告,并于 1972 年 4 月 20 日给予出版社委员会冷静的答复:

> 财务委员会对透支限额继续持续事宜表示严重关切,认为如果不制止目前的上涨趋势,透支额度很快将涨到无法控制的程度。
>
> 望诸位知悉,出版社的透支额是大学债务的一部分,而出版社如果在某一阶段无法履行自己的承诺,大学将有责任履行这些承诺,这是财务委员会担心的问题所在。

财务委员会同意提高出版社的透支限额,但基于几个条件,其中最主要的条件是:"出版社的商业事务需要继续在出版社委员会任命的特别委员会小组监督之下进行。"毫无疑问,这一主要条件是大学财务主管特雷弗·加德纳提出的,加德纳是财务委员会的主要领导,而作为大学财务主管,他当然也是出版委员会成员。加德纳还担任出版社委员会秘书,并在1971年以秘书身份劝说托德接受委员会主席一职,这在前文已有提及。他的智慧和远见,以及托德的清晰思维及十足胆量,在出版社的复兴中发挥了重要作用,出版社得以复兴,他有不少功劳。财务委员会的答复让出版社委员会在处理财务和商业事务时有了重大改进。

出版社委员会别无选择,只能接受财务委员会的条件。1972年,出版社需要寄出版税支票的第三天,卡斯就从银行拿到了支付支票所需的借款。巴克莱剑桥分行经理布莱恩·杰克逊(Brian Jackson)一定乐意在出版社的发展不尽人意时支持该机构的经济复苏,他给卡斯写了一封信,说道:

> 尊敬的卡斯先生:
>
> 　　我向您致函确认以下事宜,我行已将出版社账户的透支限额提高至175万英镑,为期8个月,以为您提供出版社重组所需的额外喘息时间。

杰弗里·卡斯在1972年1月就已经着手对出版社进行重组。透支额度一下发,他就召集了出版业70位最资深的员工,向他们坦白出版社的财务困境,并告诉他们他打算如何扭转这个局面。委员会已经授予卡斯全面统筹兼顾的权力,他发现出版业务人员严重过剩,并将这一情况告知出版业务管理人员,但他决定不以解雇和裁员的方式来节省开支。他认为,人员过剩的问题基本上是由管理当局造成的,因此,把复兴的重担压在普通工作人员身上的粗暴措施是极不公正的做法,裁员只能作为最后迫不得已的手段。他发现,裁员通常是企业的做法,因为管理层一直都不够强硬,不能把雇佣人数和管理费用控制在合适的数量和范围。在没有危机的情况下，严格的人员配备和支出政策是不得人心的。但是管理不善会导致人员配备过多和超支的情况，从而导致危机，然后企业再通过任意解雇大量员工来克服这些危机。

在只有 8 个月喘息时间的财务危机中，裁员会立即节省一大笔钱，这个做法极具诱惑力。但卡斯没有这么做，他退而求其次，在不裁员的情况下，绝对禁止招聘新员工和禁止替换离职员工。

同时，卡斯严格控制日常运营费用，采取严厉措施降低生产成本，控制印刷数量，减少库存，加强信贷控制，并开始分析出版业务的定价策略、营销能力、管理结构和管理能力。短期内，委员会把目标"资本回报率"指定为会议纪要经常提及的"紧急情况标尺"。这是应财务委员会要求做出的改变，且是财务委员会和工作人员所熟悉的概念；但它很快就因为不适用而被搁置了。

除了鼓励增长之外，卡斯几乎没有改变编辑政策。他认为削减出版是目光短浅的表现，尤其是在高通胀时期。他明确表示，他十分认可出版社的出版书单，认为出版社的学术成果是最重要的，他无意改变出版社的性质来解决财务问题。1972 年 6 月 19 日，特别委员会小组会议记录显示：

> 卡斯先生强调，他的战略计划并不包括改变出版业的基本出版政策。似乎有人认为，出版社将会在某种程度上出版更多的"商业"书籍，并相应减少"学术"书籍的出版数量。卡斯先生强调，针对眼前和长期财政问题，他提议的解决方案根本不是指削减书籍出版量。他希望能够加强出版社的能力，让出版社更强大，更具生命力，以更好地出版那些商务出版社不会出版的学术书籍。

而这正是出版社在接下来 10 年所取得的成就。卡斯从一家商业公司来到出版社,他显然是用一种全新的眼光审视出版社,并为它独特的性质所震撼。这一看法让卡斯想要明确和加强出版社的这一性质,而不是把出版社改造成他刚刚离开的那种普通商业出版社。

卡斯分析了出版社的定价政策,发现库存书籍的价格没有与通货膨胀保持一致,这严重影响了出版社的收入和财务平衡。他发起了一项重大改革,对数千本库存书籍重新定价。这一改革在当时及后来都遭到部分人反对,他重申了通货膨胀对长期未售出产品的影响,并说服了这些反对者。例如,汽车在相对较短的时间内生产出售,其所有的成本和收入都产生于那一时期,而这些成本、价格和收入必然反映了当时的货币价值。一所大学出版社按当年货币价值来计算全年的成本,但其年收入的四分之三来自几年前的定价,那么现在的通货膨胀必然让这些货币的实际价值贬值。有些人不明白为什么根据十年前已知成本确定的价格现在应该向上调,但他们通过回答一个问题而得到了满意的答案,这个问题是:一个聪明人如果要出售他的房子,他是否会以 25 年前房子刚建好时购入的价格出售这栋房子?只有在此后没有通货膨胀的情况下,以 25 年前的购入价格出售才是合理的。为了能够再买一套房子,一个人要以当前价格出售自己的房子,而不是历史价格。而当前的图书价格必须反映重置成本,而不是原置成本。

1972 年的一次管理会议的会议记录清楚地表明了卡斯的理念:

> 我们不必为我们的企业战略措施感到羞愧,这些措施可以让我们的出版社维持下去。我们在捍卫新政策时不必胆怯。与其他大学出版社相比,我们的书单中包含更多商业出版社通常不会出版的书籍。学术书籍的利润微乎其微,但却是学术发展的关键,如果我们要继续出版这类非盈

利性书籍,那么出版社就必须有资金,有资金才能出版学术书籍。我们对利润最大化不感兴趣;我们没有业主,没有股东,我们不支付股息。如果我们提高价格,赚到的钱不会流入任何人的口袋。我们的所有措施将只是为了确保我们能够继续成为一个真正、有效、可行的大学出版社。面对批评,我们的辩护有理有据。

这些想法体现了卡斯思考的过程。他刚开始进入出版社时,觉得出版社显然是一个慈善机构。他经常提醒委员会和他的同事,出版社的资金具有完整性,盈余资金可以直接用于二次投资,无须进行任何收入额外分配,不存在任何私人财务利益,出版社所有权完全归剑桥大学所有,并由(无报酬的)委员会无偿管理,这些都表明出版社明显以慈善为目标而经营。在向委员会提交的"出版社1972年年度账目正式报告"中,卡斯具体说明了他的想法:

> 出版社的目的不是为了牟利,这一点再怎么强调也不过分。我们的首要目标是出版学术著作和教育著作,因为这些书籍对人类的知识做出了有价值的贡献。大学出版社的目标与商业出版社的目标截然不同。然而,我们在1972年所做的一切努力都是为了确保出版社至少能够和任何商业出版社一样有效率,并确保有足够的资金来保证出版社有能力继续履行其对大学和学术的职责。

他很早就将"利润"和"利润核算"从出版社的账目中删除,这体现了他对出版社地位所持的另一观点,他认为不论就内部或是外部而言,"利润"和"利润核算"的说法都不恰当,并且具有误导性。大学出版社的存在是为了传播知识,而不是为了赚钱,当然也不是为了"周转利润"或"资本回报"。出版社的资本不是金融投资，而是实现学术和教育传播的手段。出版社的运作是出版社的宗旨，不是实现某些财务目的的手段。出版社是由剑桥大学的校监、院长、学者管理的信托机构。出版社要确保自身具有财务活力才能实现慈善性的运营目标，当然，它还必须确保其未来的生存发展能力。财务委员会赞同这种想法，其代表在审查了1972年的出版社账目并敦促进一步筹资后，解释说：

> 我们不建议出版社像纯粹的商业机构那样，为了利益而追求利润。现实是，出版社要有健全的财务基础，才能继续施行明确的政策，给最需要帮助的地方提供帮助，并向全世界传播优秀的学术作品。

卡斯非常清楚，在1971年危机中，出版社根本没有储存任何资金。他深信，无论是教育机构还是艺术机构都需要有大量储备金，任何大型慈善机构想要维持运营和保持其完整性，都需要有大量的现金储备，参与皇家莎士比亚剧院事务的经历让他对此更加深信不疑。

他上任时，出版社并不太清楚现金储备和营运资产之间的区别。例如，他发现，一些人认为，出版社可以通过卖掉伦敦办事处的本特利大楼的方式来抵消透支。事实上，60年代末的一份报告表示：

> 未来的固定资产变卖收入，例如出售本特利大楼的收入，将足以满足未来几年所有可预见的现金需求。

1972年，卡斯认为对出版社的迁移是次要问题：他认为，变卖一项资产不可能完全遏制日益增长的现金流失。本特利大楼已经失去了效用，而且有充分的理由认为，将出版社归拢在剑桥一个地方将会增强出版社的凝聚力,但本特利大楼是一项运营资产,不是"应急积蓄"或储备金,变卖这栋大楼可能也无法解决出版社的潜在问题。确保出版社具有基本的财务能力,以及建立一个强大、有凝聚力的管理团队才是当前的首要任务。他拒绝了将透支债务转化为长期融资的提议。在出版社能够自给自足之前,透支是最可行的融资方式。1972年4月10日他将意见告知财务委员会,他的结论是:

> 同样,出售本特利大楼并不是解决透支的明智之举。这就好比用一根手指堵住大坝的漏洞,而不是用正确的方法从结构上修复大坝。出版社应该有组织地对出版业进行整改,以提高其创收能力,而不是使用临时的急救措施。本特利大楼可能需要出售,但这只能作为出版社未来运营的总体战略规划和重新选址的措施之一。

财务委员会的代表接受了这些意见,出售本特利大楼的问题暂时搁置,卡斯则集中精力解决现金流出问题。

1972年,卡斯立即采取措施,将现金作为体现所有业务目标的关键因素。他建立了简单可靠的现金预测机制,财务业绩主要通过现金增值的成功和失败来进行判断。"利润"和"盈余"不再作为衡量成功的标准。他认为,1971年危机的主要原因是许多委员会成员和出版社高管混淆了会计中"利润"(仅仅是名义上的数字)和实际产生的现金(在银行的钱)这两个概念。1970年,出版业和印刷业的"利润"总额超过20多万英镑,但现金流出量(透支额增加)达到了25.6万英镑。从1972年起,卡斯主要的长期财务目标是建立大量的储备金,作为出版社的危机应急资金,以防止出版社再次陷入1971年危机的窘境。他意识到,从出版社现在的规模来看,如果灾难发生,学校几乎不可能将出版社从危机中挽救出来,而且大学本身的资金短缺问题

也越来越严重。建立储备金的策略得到财务委员会的全力支持;随后一年,财务委员会代表发言:

> 出版社运营的财务规模与大学本身的财务规模属于同一数量级,因此大学财务不能作为出版社的财务储备手段。出版社必须建立自己的储备金……

与此同时,卡斯一直在评估管理团队的优势和不足,以及管理结构的有效性。出版社有能干的人,但他需要在定价和运营决策方面立即得到管理层的全面支持。他的第一个行动是将安东尼·威尔逊(Anthony Wilson)招进出版社,威尔逊曾在乔治·艾伦和安文出版有限公司与他共事。威尔逊毕业于圣体学院,于1972年3月回到剑桥加入出版社,在出版社的第一份工作是执行书籍重新定价策略,他以独特的方式和坚定的决心出色完成了这项工作。政府出台了一些措施来遏制通胀,其中包括全面价格冻结,但库存书籍的重新定价工作正好在这之前完成。

1972年是出版社发生巨变的一年。随着新措施开始生效,出版社的财务状况迅速得到改善。成本大幅降低,收入开始增加,透支停止上升,随后开始下降。1969年至1971年间,出版业的现金状况一直在恶化,透支额度也在不断增加,透支额平均每月约为2.5万英镑。1972年5月,透支额达到了有史以来的最高点;随后,经济复苏措施开始发挥作用,现金状况开始以每月约9万英镑的速度得到改善。到1972年10月31日,透支额已减少了近45万英镑。托德勋爵代表财务委员会小组向大学财务委员会汇报:

> 委员会财务小组很高兴地报告,出版业务取得长足的进步,透支额大幅度减少。这些数字反映了卡斯发起的政

策的有效性，以及他实施这些政策的力度，他将让这些政策
发挥更大的作用。

截至 1972 年底，出版透支额仅为预测数字的九分之一，低于上
年同期透支额的五分之一。到 1973 年 1 月，出版部门的银行结
余为正数，4 月，整个出版社又恢复了"盈利"。

　　在审议了 1972 年的出版社账目后，两位大学财务委员会代
表说：

　　　　1972 年出版社采取和积极推行的措施使出版部的财
　　政状况迅速发生了彻底变化，这一进步可喜可贺。
　　　　从整体上看，出版社的收益率和财务实力在 1972 年有
　　了大幅提高，这种改善一直持续到 1973 年。出版社委员会
　　和员工在这方面取得的重大成就值得大加赞扬。

　　1972 年期间，托德勋爵、杰弗里·卡斯和特雷弗·加德纳
进行了多次商议（他们是特别委员会小组中的剑桥成员），他们
讨论了出版社总体的管理结构，而出版社现仍然没有首席协调
官。印刷委员会主席兼伊曼纽尔学院负责人戈登·萨瑟兰爵士
(Sir Gordon Sutherland)和出版委员会主席布赖恩·雷德韦教
授(Professor Brian Reddaway)参与了这些讨论。出版业和印
刷业仍在"保持距离"运营，鉴于当前的危机，这一模式较之前来
说似乎更不合理。

　　1972 年 4 月 11 日，托德向委员会提交了一份关于"剑桥大
学出版社的组织原理"的简短文件，文件内容为：

　　　　最近，我一直在思考出版社的组织问题。亚瑟·格雷
　　先生(Mr Arthur Gray，即将接任布鲁克·克拉奇利担任指
　　定印刷商)最近去世，印刷出版委员会有几名成员也即将退

休或辞职，这是讨论研究整个组织问题的好时机，在任命任何新人之前，我们需要确定好发展线路。我们目前的体系显然不尽人意，主要原因是各机构职能和个人的职能缺乏明确定义，因此管理结构松散。在我看来，出版社作为大学教育功能的一部分，其主要目标是出版学术著作。委员会必须始终将这一主要目标牢记在心，他们必须一如既往对编辑政策进行监督。但是，最近发生的事让我们不安，如果我们要有资源来履行这一职能，并确实像大家希望的那样扩大这一职能，那么就有必要将出版社当作一个企业进行有效的管理。为此，尽管我认为委员会必须严格控制编辑方针，但我也认为，出版社也应该发展一些优势业务，这符合每个人的利益。

我们面临的基本困境是，出版社委员会试图同时做两件事——一方面担任选书委员会，另一方面作为院士会处理财务和政策事务。总体而言，委员会的组织原理使它在处理选书委员会工作比处理院士会的工作更加有效。当然，也正因如此，财务委员会小组得以成立，由我本人担任主席，由大学财务主管艾伦·威尔逊爵士和罗伯特·泰勒爵士（Sir Robert Taylor）以及杰弗里·卡斯先生担任小组成员，负责处理出版社所有事务，并向委员会汇报工作。因财务委员会小组是由出版社委员会成立，学校财务委员会同意为我们急需增加的透支限额承担经济责任。我认为，财务委员会小组的工作一直很有效，该小组可以适当扩大，在我个人看来，它可以履行院士会在出版社商业方面的职责，但其最终仍须服从于委员会的权威，并需要正式向委员会汇报工作。现行条例已经批准财务委员会小组所需的权力，但委员会有必要授权任命一名出版社总经理/首席执行官，由他对出版部和印刷部负最终的行政责任。建议选任杰弗里·卡斯先生为首席执行官，他显然是这一职位的绝佳人选。

托德继续提议正式成立一个出版部门和一个印刷部门,每个部门配备一个执行委员会:

> 这两个部门应该是分开的,因为它们应该各自对自己的行动及其结果负责。但这两个部门不能真正视为完全独立的公司;他们实际上是母公司剑桥大学出版社(C.U.P.)的全资子公司,并参与部门间的交易。

他建议取消出版委员会小组和印刷委员会小组,但这两个小组的主席戈登·萨瑟兰爵士和雷德韦教授,以及大学出版商理查德·大卫和大学印刷商布鲁克·克拉奇利担任印刷部和出版部的领导,并加入财务委员会小组中,作为真正的特别委员会小组。他向出版社委员会提出了若干建议,其中主要的建议是:

> 委员会授予财务委员会小组权力,让其按照委员会制定的政策,管理出版社的财务和业务,并监督出版部门和印刷部门的工作。
> 任命杰弗里·卡斯先生为出版社的总经理兼首席执行官,卡斯将拥有印刷部门和出版部门的行政权力。

1972 年 9 月 22 日,出版社委员会批准了关于出版委员会小组和印刷委员会小组主席的建议。学校财务委员会代表也支持这些建议,他们于 1972 年 11 月 10 日审查了出版社 1971 年的账目,并说:

> 这些进展极其重要,我们赞成出版社积极推进这些进展,以便达到稳定的财务状况。我们已经注意到,与预测相

比,1972 年透支额的减少初有成效。

这些发展取得成功……显然对出版社的未来发展至关重要。

出版社再次安排了首席官员这一职位,但这一新职位的总体行政权力比以往任何时候都更广泛,也更明确。正如委员会1972 年 11 月 1 日提交财务委员会的报告所说:"卡斯先生作为首席执行官,他对出版社所有业务负有行政责任……"现在,出版商理查德·大卫和印刷商布鲁克·克拉奇利向担任首席执行官的杰弗里·卡斯汇报工作,并在他管理之下负责各自所管理部门的业务。他们分别担任出版部门和印刷部门执行院士会的主席。印刷委员会小组和出版委员会小组已经解散,出版社委员会将出版社的业务和财务事务的监管权力下放给财务委员会小组。出版社在委员会组织和行政层面都奠定了良好的结构基础,这不仅是为了解决危机,也是为了在今后十几年扩大出版社。框架得到了加强,但主体保持不变。

不再直接参与出版社的行政事务,这让出版社委员会成员得到了解脱,他们可以将更多精力集中在编辑事务上:有证据表明出版社的财务状况已经有所改善,如果委员会能够预见到 70年代大经济衰退带来的影响,他们可能会更加庆幸出版社在这一时机进行了重组,70 年代的经济衰退甚至威胁到英国的印刷和出版业务。这是重组最恰当的时机。20 世纪 70 年代,外部经济状况恶化,经济急剧衰退,加剧了世界贸易的长期衰退,殃及出版社的每一个市场。

事实上,出版社如果没有在事态变得无法挽回之前强行扭转局势,那很难想象它要如何在这种恶化的形势中幸存下来。在 1972 年,出版社完全不可能预见到情况会有多糟糕;但是根据 1983 年的计算,在过去的 10 年中,学术专著的世界市场在繁荣时期可能翻了一番,但后来却因为某个原因减少了近 3 个点,因此该市场先是强劲发展,然后变得疲软,比任一时期都要惨淡,比战争时期,甚至是战争前的萧条时期都更加惨淡。

在这一时期,学校财务委员会发挥了有效的作用,帮助出版社摆脱危机。根据《剑桥大学章程》中相关的章程和条例规定,出版社委员会完全控制出版社的运作,而大学实际上把出版社视为一个信托机构,这个机构具有独特的身份,在大学内部运作。但是大学一直通过控制出版社借款的最终权力来保留自己的管理主权,这也是大学解雇和任命委员会成员的最后手段。这是一个出色的管理体系,可以让一个重要的企业(即使是一个利他的企业)在一所伟大而古老的大学里成功运作。这一体系只在异常情况出现时才会运作。当出版社成功运作时,最高权力处于休眠状态;但如果出版社陷入财务困境,出版社借款就会上升,大学财务委员会限制借款的权力就会被激活。控制债务的财政大权给了财务委员会更大的权力,因为它能够像1972年那样将其他措施当作贷款的条件。委员会的首席财务官,作为大学的财务主管,必然也是出版社委员会委员,而财务委员会每年都要审查出版社的年度账目,因此财务委员可以像70年代初一样,在财务问题开始出现时就发现问题,并就这些问题发表评论。

1972年底,杰弗里·卡斯完成了新出版管理结构提案和为出版社从外部选任新人员的提案;他把这些提案交给财务委员会。他提议:

> 出版社的地理位置结构导致剑桥和伦敦之间产生人为业务划分的现象,并不可避免地导致了严重的两极分化和关系紧张的局面,为了摆脱这一困境……

并且,他打算给

策划编辑更多的管理权力和责任……并恢复单本书籍的一体化生产方式,这是大多数成功出版社的动态主题和焦点。分散的、部门化的方法扼杀了主动性、积极性和决策力。出版的主要动力是手稿和书籍及与这两者相关的精彩事物,而不是方法、程序和部门委员会。

卡斯发现,单本书籍的相关决策往往分散在各个部门。他认为,大多数大型出版社都存在过度管理和过度部门化的现象,尤其是在美国,这削弱并忽视了创业动力,正是因为有了创业动力,许多出版社才得以创立,出版社创立的整个过程,单本书籍的利益决定了将特定类型的书籍推向市场的全过程。一本书从出版到销售的过程中的所有细节和工作必然要有策划编辑的参与和投入,尤其是在大学出版社中。

在"全球"范围内推行出版的管理方式很少取得成功。卡斯认为,出版的成功源于在"微观"层面上对每一本书做出正确决策。如果在"微观"层面上的创业决策是正确的,那么企业就更有可能在"宏观"层面上取得成功。但关键是,出版社出版业内的决策应始终如一、坚决果断。安东尼·威尔逊(Anthony Wilson)被任命为出版运营总监,负责监督和协调书籍印刷数量,并为书籍定价,此举颇有成效。

卡斯还得出结论:"……出版社最高运营水平的综合管理能力不足,无法解决重新选址、重组和计算机化等重大问题……"卡斯和大卫认为,出版部门急需一名总经理和一名营销总监,而这两个职位只能从外部选任新人员。此外,布鲁克·克拉奇利将在两年后退休,出版社还需要一名指定的印刷商来接任他的工作。

1972年12月1日,财务委员会小组和出版社委员会全体成员批准了这些计划。委员会"授予委员会主席和卡斯先生进行任何业务协商的权力,并允许他们采取任何必要的行动来实施这些计划"。

卡斯认为新高层管理人员的任命对于出版社的复兴至关重要。如果一个利他企业要自筹资金,与商业公司直接竞争,那么它就需要一批具有企业家才能的核心管理人员。仅有行政能力,即使是高水平的行政能力,也是不够的。出版社并不像其他多数慈善机构那样,只需管理通过捐赠、补贴或筹款等方式筹集的资金。它必须通过自己在市场上的商业规划来赚取每一分钱。它需要企业家来经营,这些企业家要能够调整自己的经营方式,以考虑到慈善企业的特殊目标和作为慈善机构的经营难题,并要能够支持出版社作为慈善机构的特定目标。

在 1973 年 2 月,大卫·奈特(David Knight)被任命为第一个新营销总监。奈特毕业于牛津大学,曾在麦格劳希尔集团(McGraw Hill)、艾伦和安文出版有限公司、维登福(Weidenfold)和尼科尔森(Nicolson)等公司工作,拥有丰富的国际市场营销经验。随后,1973 年 10 月,菲利普·阿林(Philip Allin)被任命为出版部的总经理。阿林毕业于剑桥大学三一学院,和卡斯一样在 60 年代时在人事管理有限公司担任管理顾问,加入出版社之前,他在国际电话电报集团的器件部门工作,他曾担任该集团在英国、斯堪的纳维亚半岛和伊比利亚半岛的地区主管。为了协助新"出版部门"的整合工作,阿林在伦敦办事处工作。他立即开始着手处理三个重要目标:整合和创立新的出版部门团队,计划将出版社的伦敦业务迁往剑桥,以及加速出版部门计算机化的办公程序。

1973 年 4 月,尤安·菲利普斯(Euan Phillips)被任命为指定印刷商,这是加强管理结构的另一举措。菲利普斯毕业于伊曼纽尔学院,从艾伦和安文印刷公司转入出版社,他曾在这家公司担任总经理。

1972 年底,出版社的状况有了很大的改善。原先看起来相当棘手的危险局面终于得以解决,看到这些改变,出版社委员会心怀敬畏。他们在授予杰弗里·卡斯广泛的权力时，并不知道事情将会如何进展，但让他们感到欣慰的是，出版社没有发生戏剧性事件，没有大规模的裁员或部门倒闭现象，编辑政策没有受到影响，学术出版的产量实际在增加。财务委员会代表审查了出版社 1972 年的账目，并评论说：

> 我们注意到在不殃及出版方案的情况下，出版社收益率得到提升；而且，出版社 1972 年的新书产量增长，我们对这些成果非常满意。据我们所知，1972 年，学术出版发展普遍不理想，剑桥大学出版社是这一年中取得这一成绩的唯一一家大型学术出版社。

眼下，卡斯能够开始处理出版社生存以外的其他问题了。1973 年初，他在彼得·霍奇森（Peter Hodgson，不久后成为出版社的财务总监）的协助下，全面调整了年度账目，并推出了一份新版本的年度报告，财务委员会小组认为这些做法"让人们对出版社的总体结构和财务框架有了新的认识"。为了加强出版部门和印刷部门之间的联系，他安排菲利普·阿林作为印刷委员会的成员，尤安·菲利普斯加入出版委员会。这让每个部门在另一部门的会议上都有权威代表。

1974 年，布鲁克·克拉奇利从大学印刷商的职位上退休，由菲利普斯接任。克拉奇利在印刷界享有很高的声誉，在他任职期间，他见证了印刷厂搬迁到沙夫茨伯里路的新址，那里不久后成为印刷部和出版部的总部。菲利普斯接手了之前提到的一系列难题。鉴于市场情况，印刷工作仍然严重短缺，印刷业务人员仍然过剩。1971 年至 1973 年间，出版社印刷销售额的实际价值（按固定价格计算）下降了 17%。而在整个印刷行业，单件出版物的印刷数量急剧下降，工匠短缺让印刷行业难以应对排字、印刷、装订的失衡。

1974 年,理查德·大卫也退休了。他无私的愿景为出版社的发展带来了极大的帮助,在他的倡议、协作和友情帮助下,出版社过渡到了新的管理模式。所有管理历史信托机构的人(与剑桥大学和各个学院一样,出版社就是这样一个信托机构),在他们的托管职责结束时,必然都希望托管机构的状况能够比他们刚建立这个机构时更好,而出版社通过 1971 年和 1972 年采取的一系列措施实现了这一目标。

大卫从大学出版商一职退休(也是出版部负责人),现在出版部的组织发生了进一步的改变。菲利普·阿林成了出版部负责人(在他现在担任的总经理职位之下)和该部门的院士会主席。大学出版商的头衔传给了我,这个头衔只存在了几年,出版商现在用来指编辑部主任,而不是部门的负责人。在正常的管理结构之外,大学出版商又要给首席执行官额外作直接汇报,以体现编辑职能在大学出版社业务中所具有的重要性。

1973 年,英国的通货膨胀率开始以惊人速度上升。出版商,尤其是学术出版商,陷入了高成本和高价格的压力之中。出版社开始制定政策以应付通货膨胀带来的压力。菲利普·阿林作为出版部的总经理在 1973 年的年度报告中写道:

> 现在,学术书籍的市场比战后任何时期都要惨淡。大学出版社的书籍通常会吸引分散在世界各地的一小部分读者。通货膨胀导致的价格上涨意味着个体购买者越来越依赖图书馆,但这同样意味着在 20 世纪 60 年代有能力自由购买书籍的图书馆,现在会更加谨慎挑选书籍。很明显,书籍销售多年受到这种通货膨胀发展的影响,尤其是在书籍出版后的第二年及之后的几年中,在过去,"库存书籍"在出版社的营业额中所占比例很高。
>
> 出版社必须努力出版其他类书籍,即个人学术书籍、半通俗书籍或课堂书籍,以减少对机构销售的依赖。具体而

言,出版社还打算增加科学和社会科学方面的出版,并为此目的正在进行改组和任用新的人员。我们最大的单一出口市场是美国,建议增加来自美国作者的图书数量……

出版社在全球范围内的经营策略仍然是:制定核心编辑政策,积极寻找具有潜在国际销量的图书,把它们呈现给剑桥的出版社,然后在世界各地销售。

对出版社来说,1974 年和 1975 年在许多方面都具有非凡意义。通货膨胀率在 1974 年上升到两位数,实际上达到了 16%,但这个数字与 1975 年的 24% 相比还是相形见绌。一些印刷和出版成本的增长超过了这些数字,高达 30% 或 40%。英国工业发展处于低迷期。许多企业面临资金流动危机,大量企业被迫完全停业。出版商和印刷商的日子尤为艰难,现金短缺迫使大多数出版商削减出版计划。出版社的储备金建立得很及时。现在的问题是,成本通胀的速度远远超过正常销售增长速度,在应对这一问题的同时该如何保住已经取得的成就。卡斯在 1974 年账目年度报告中概述了出版社的未来发展政策:

面临 20% 到 40% 的成本增长问题,没有哪个组织可以运用任何神奇的方法来维持自身的生存能力。年销售收入平均增长 10%,成本增长 20% 至 40%,这其中的差距只能通过紧缩或实际增长来弥补。仅靠定价政策无法应对通胀,在我们的产品销售区,英国的通胀率高于世界其他大多数地区。无论是在时间、规模或频率上,图书出版价格不会自动跟随当前的成本波动。紧缩开支(尽管许多出版商都采取这一措施)既不能提供动力,也不是一个长期的解决办法。但是无论如何,对致力于传播知识的大学出版社而言,缩减开支将是最后一招。提高生产力从而实现真正增长是符合出版社发展目标的唯一可行办法。因此,出版社正在实施相应计划,让出版的书籍和大量销售的书籍实现真正增长。在有现金资源的情况下,我们必须用积极而不是消极的措施来解决通货膨胀问题。长期战略是增长战略之一。

这一政策实际上已经开始实施了,并且在整个 70 年代到 80 年代继续主导着出版社的运作。财务委员会代表在审查了出版社 1974 年的账目之后,发表以下评论:

> 出版社正在困境中挣扎,这些困境也在困扰其他企业,尽管我们对此感到有些失望,但并不惊讶。剑桥大学出版社与其他出版社形成了鲜明的对比,例如,虽然大多数工商业的资金流动性问题已经臭名昭著,但出版社拥有大量现金资产,这笔资产还在不断增长。其他出版商都忙于消减出版书籍,而出版社再次提高了其出版书籍的数量。
>
> 学术著作越来越难以出版,扩大出版社的产出对学术界的重要性无须多言。

在此期间,出版社在英国学术出版方面继续承担着越来越重的负担,而其他英国出版商则因这些书籍带来的现金损失而缩减或停止学术出版工作。

15　出版社慈善地位得到认可

　　卡斯现在可以集中注意力去处理那些一直排在次要地位的重要事项。出版社已恢复了正常的财务状况，从外部招募了新人才，完成了管理层的改组，并规划好了近期的业务。他现在开始考虑出版社的纳税身份问题。

　　卡斯一直都很清楚出版社是一个慈善信托机构，它满足了慈善机构的所有免税条件，但却仍须缴纳公司税。从某种意义上说，这非常令人讶异，但另一方面，卡斯很快发现，不仅是校外的人对出版社的性质、结构和所有权基本上一无所知，就连大学内部人员甚至是出版社人员对出版社的历史和性质也是知之甚少。而在 1971 年至 1972 年的危机中，情况同样也是如此，无论是在校内还是校外，都很少有人能够意识到出版社是一个值得拯救的慈善性国家教育机构，卡斯那时在努力寻找能够清晰认识出版社这一地位的人，但结果却寥寥无几。更讽刺的是，与牛津大学出版社不同，剑桥大学出版社将自己严格限制在学术、教育出版领域，这让人们对其出版社活动的慈善性质更是知之甚少。而在出版社内部，卡斯发现员工们有一种矛盾心理，一方面，他们知道出版社有些"特别之处"，但另一方面，他们又想要出版社能够跟其他普通出版社一样有效率、有活力，甚至一些高级管理人员也存在这种心理。这也无可厚非，但荒谬的是，他们似乎担心慈善机构身份会让人们觉得出版社"不专业"，认为出版社通过这一身份享受特殊待遇。

卡斯认为这种观点不合逻辑，且剥夺了出版社的权利。剑桥大学出版社具有独特性，但这种独特性应该是它的优势所在。在他看来，出版社应该享有免税权，自 1916 年合伙关系终止之后，出版社所缴纳的税款一直都是不必要的。基于慈善机构的特殊性质，国会特别制定了法定条款，用以免除慈善组织的交易税。人们不应该对慈善特权感到羞愧，或对其报以敏感的态度。只要其交易符合严格的法律规定，慈善组织就有权享受免税。卡斯审查了不申请免税的各种理由，他认为没有一个理由是有根据的，而且大多数原因都是出于胆小怕事。人们对免税持有不同的看法，有人认为慈善地位可能需要通过法律程序申请，这会引起外界对学校或出版社的关注，这些关注有可能会带来不利影响；有人认为免税会让出版社（及其管理人员）在印刷和出版行业中处于不利地位，这将损害出版社与其他组织的关系；有人认为慈善地位将限制出版社的业务范围；也有人认为申请免税可能会危及大学从政府获得的资金，并威胁到大学自身的税收豁免权；最后，有人说出版社在 1940 年尝试申请免税权，但以失败告终，便没有再申请。这些理由多次在委员会会议上提出来，有证据表明，牛津大学对其出版社也持同样悲观的看法。

　　战争结束后的这些年，几乎没有人支持采取积极行动，特雷弗·加德纳是少数例外。出版社的专业顾问赞成这个想法，但没人采取任何有针对性的措施。托德勋爵是卡斯的另一个盟友，他支持卡斯为出版社争取免税权。新版权法需要重新立法，惠特福德版权委员会（The Whitford Committee on Copyright）从出版商处征求意见，以作为立法的前期准备工作。出版社因享有圣经出版商的专利特权地位，为此对新版权立法颇有兴趣，1974 年，卡斯向版权委员会提交了一份详细报告，报告具体分析了出版社的宪法地位、性质、历史，这些是本书前几章的核心内容，始于 1534 年亨利八世颁发的特许状。1975 年，卡斯花了大量时间做出更具体的分析，这些分析以 1974 年所做的分析为基础。

1974年10月25日,出版社委员会授权卡斯对出版社1972年的"企业税收评估"提出质疑,并对1940年税务局特派专员的决定提出异议。1974年10月29日,他将这一行动告知校长,为可能进行的诉讼做好前期准备。通过这种方式,出版社踏上澄清其性质和地位的最后一步,这解决了1916年以来一直无人提及的反常现象,这个现象存在时间太长,以致人们已经认为这是理所当然的事。员工们对出版社抱有的自满态度对其发展极为不利,这种态度现在也已经得到纠正。

在1940年的免税申请中,税务特别专员拒绝了出版社的税收豁免要求,尽管他们承认出版社所做的是"专注于学术作品的出版",但是出版社是为外界印刷和出版,而不仅仅是为了大学进行印刷出版工作,出版社的贸易超出了大学的宗旨和目标范围,而且(就免税法而言)出版社在贸易实践过程中没有实现大学的根本宗旨。

特派专员显然是基于一系列错误的理念而做出了这一决定。剑桥大学通过申请,于1534年获得王室印刷特许状,根据特许状的条例开启了印刷活动,并在将近400年的时间内管理和控制由此发展而来的学校印刷出版活动,这一活动致力于促进学术和宗教的发展,审视这段历史,读者们可能会困惑,这样的印刷出版活动为何不符合大学的宗旨和目标。此外,自19世纪以来,剑桥大学一直是一个科学和人文机构,致力于国内和国际的学术研究。在传统发展模式中,剑桥大学的"教育、宗教、学术研究"的发展必然对各个学校、教区、其他大学、图书馆、研究机构产生了影响;书籍和期刊是补充口头语言教学的主要工具,并让口头教学得以永久延续。而且,出版社一开始就把学术作品出版作为其主要职能,这是商业出版社不会涉及的领域。

然而,特别专员的误判是有一定原因的。1940年,免税申请提出得较为敷衍,几乎没有包含任何可靠证据或者是建设性的论点，没有提及出版社的悠久历史，没有提及特许状，也没有提及几个世纪以来对出版社有利的相关法律裁决。1940年，法律顾问建议出版社对这一判决提出上诉，但出版社没有上诉，部分原因是前文提到的爱国理由，部分原因是出版社不希望在战争期间提出这一要求，以享有其他出版社没有的"特殊待遇"。

1940年免税申请的尝试中，出版社太容易被挫败，卡斯只能将其当作免税申请失败的开始。显然，在特别专员的判决中，他们对大学宗旨进行了错误的定义，而且这一点很容易就可以证明。专员们没有充分了解出版社的历史，而历史是说明出版社能够拥有免税机构地位的最有力证据。

根据《所得税和公司税法》，慈善机构进行任何贸易所产生的利润可免缴公司税，条件是这些利润仅为慈善机构的慈善目的所用，这项交易产生于慈善机构主要目的实际执行的过程中。就该法而言，"慈善机构"是指仅出于慈善目的而建立的任何社团或信托机构。卡斯于1972年至1974年之间对出版社进行了初步分析，并确定了出版社组织和运作的一些特征，这些特征让出版社符合该法案的要求。

第一，出版社由剑桥大学（大学本身就是一个慈善机构）全资所有，并作为剑桥大学的一个组成部分。而且，出版社根据《剑桥大学章程》建立和管理。

第二，从宪法和法律的角度来看，出版社由"剑桥大学的校监、院长和学者"进行管理，并没有独立的法人地位。因此，"剑桥大学出版社"只是剑桥大学印刷和出版活动的方式。

第三，剑桥大学从事印刷和出版贸易已近四百年，自1534年以来，大学一直延续任命印刷商的传统。据此可以确定，剑桥大学出版社是世界上最古老的出版社。

第四，出版社管理团队——出版社委员会——不同于日常商业活动中的任何院士会。委员会由大学的参议院委员任命或解雇。委员会成员没有工资；自1698年以来，他们以大学校监、负责人和学者的身份管理出版社。在此之前,出版社由校长和学院负责人直接管理。出版社委员会成员在出版社中没有私人财务利益,并无偿为出版社提供了专业管理。他们是剑桥大学各学院的负责人、教授或大学的资深学者。在学校理事会和委员会所有的重要会议中,以及在出版社委员会会议上,委员会成员和出版社行政人员都需要穿学术礼服,以此表明他们在从事学校的业务。大学校长或其代理人担任出版社委员会主席,而大学财务主任当然也是委员会的成员。

第五,出版社在出版新作品前,都必须先将作品单独提交给出版社委员会,由委员会代表大学对作品进行评估。作品的学术评估极为严格,因此,这并不是一种形式。现在的评估程序和1534年要求的一样,书籍的印刷出版仍由副校监和三位博士负责批准,出版社管理人员有权拒绝出版作品,但无权自行批准作品出版。

第六,出版社委员会以作品是否能促进知识、教育或宗教发展为标准来判断是否批准作品出版。因此,出版社的出版物完全与学术、教育或宗教相关。出版社通过印刷和出版向全世界提供广泛的学术和教育书籍、学术期刊、圣经和祈祷书以及试卷,补充和扩大了大学的研究和教学活动。根据这一分析,出版社显然是以慈善为目的。委员会并不考虑或要求出版社带来"利润"。他们只关心出版社现在和将来的生存能力,这是出版社可以继续追求学术宗旨的前提。

第七,自1916年以来,出版社就没有任何合作伙伴,股东或投资者,没人可以从其业务中牟利。出版社持有、收到、产生的所有资金都会投入到进一步的学术、教育和宗教出版中。出版社现不向任何个人或团体分配任何"利润"或资产,不存在商业动机或私人金钱利益动机。此外,出版社宪法的地位充分确保了出版社的完整性,其无法为个人或团体购买或接管。

第八,学校也没有要求出版社提供资金,虽然这类要求本身就具有慈善性质。1944年,出版社出资为学校设立皮特教授职位,这是出版社为学校所做的最大贡献,而这一慈善举动显然是出版社自发的。学校的主要目的是让出版社能够经营印刷和出版活动。开展印刷出版活动不是为了赚取"利润"或资金,也不是为了其他一些慈善目的,更不是为学校提供资金,学校选择用通过印刷出版筹集的资金来维持和资助慈善印刷和出版活动。这些活动实际上是通过印刷文字来传播知识和宗教文化,为世界各地的学术界和教育界服务。

第九,出版社靠自筹经费经营。出版社每年得到500英镑的政府补助金,这是一笔具有历史意义的象征性补贴,除此之外它没有收到任何政府资金或任何普通的捐款或补助金。为了实现其出版宗旨,出版社必须自己筹集资金。出版社的活动完全是为了公共利益,但这并没有消耗公共资金。

第十,出版社的美国分部实际上免缴所有美国税款。

基于这些理由,卡斯相信,大学出版社只能被视作一个自筹资金的慈善信托机构,由另一个慈善机构——剑桥大学建立和管理,并在其内部经营,但出版社具有独立身份和自身的财务完整性。出版社自身的目的显然具有慈善性,它的活动也帮助大学实现其更广泛的慈善宗旨,而且几个世纪以来一直如此。出版社本身就是一个慈善机构,而且是更大慈善机构的一部分,但尽管如此,它似乎仍处于奇怪的境地中。虽然它是大学的组成部分,但出于税收目的,税务局将其视为单独的实体,视为一个"公司"。1940年的慈善地位申请失败,因为这次申请基于一个非常不合理的审判标准,即出版社的活动是否贯彻了大学主要慈善宗旨,而不是基于出版社活动本身是否具有慈善性,或者出版社是否具有慈善宗旨。该审判对大学宗旨的看法极为狭隘。但荒谬的是,税务专员的观点(在法律范围内)让出版社与大学的关系变成一种实际障碍;出版社自身的主要目的是慈善,它的活动也实现了这一目的。换句话说,仅从出版社的角度来看,出版社即使在 1940 年也有资格享受免税权。当然,这很大程度上取决于出版社要求税务局以什么情况作为依据。卡斯认为,由于立法以特殊方式规定了免责条款,出版社在 1940 年提出的反税收所用的办法,可能是两个获得免税权的办法中卡斯认为更难的一个,因为大学的宗旨并没有法定定义。

为了验证自己对出版社立场的看法,卡斯向出版社律师征询建议,律师们提出了有益的建议,卡斯听取了他们的初步建议。律师们认为出版社有充分的理由申请免税权,他们与出版社的审计人员讨论过这个问题,审计人员也认为出版社应该对自己的税务身份提出质疑。随后,卡斯花了数周时间在大学档案馆查阅资料,他在那里研究了出版社的历史,也研究了与大学宗旨相关的关键材料。

卡斯将研究成果作为一份意见书提交给税务局,并将文件命名为"初步声明",而非对出版社申请的正式陈述;尽管如此,这份文件也相当大。意见书首先送到了地区税务检查专员处,专员在收到日期为 1975 年 11 月 21 日的 60 页打印文件时,内心一定有些许崩溃,而读到卡斯那封信的末尾时,他就更崩溃了,末尾内容为:

> 这封信并不是我们的正式陈述文件,但我认为它可以作为税务局在现阶段豁免出版社税收的依据。我们的正式文件将于春天完成,内容可能会比这封信长几百倍。完整正式文件包含证明和历史文件,主要针对这封信的每一个关键点进行一百次以上的强化。这封信的内容摘录了决定这个案子的关键事项。

正如摘录所示,该文件采用了详尽列举法律和历史论据的形式对出版社的活动性质进行分析,包括从一开始就提出的出版社活动性质,也包括已经发生变化的活动性质。从本质上讲,历史记录是本书早期各章中使用的档案资料的总结，并引用了如宪章和当时的观察家评论等重要文件。法律论据旨在为1940年案件的症结提供一种全新的解决方法，即出版社的交易过程是否贯彻了大学的主要宗旨。

卡斯提出了两个主要论点。第一论点与这一症结相关，并就学校地位问题分为两个小论点。其中一个小论点为剑桥大学的主要目的是印刷和出版学术作品，并为校外市场提供宗教作品，学校在这方面的发展已经有了将近400年的历史，这一活动基于王室授予的权力，这一权力在将近400年的时间内定期得到最高法律决议的认可。第二个小论点是，学术和宗教作品的印刷出版工作有助于学校实现其更广泛宗旨，这促进了教育、宗教、学习和研究的发展，并将知识传播给大学之外的世界。这些目的不可能局限于剑桥大学"范围内"，也从来没有局限于大学范围内。知识普及是教育和学术发展的必要组成部分。

第二个主要论点完全脱离了1940年的案例，单独审议了出版社的情况，这一具体论点并没有将出版社的活动与大学的主要宗旨联系起来。该论点认为，除了与大学的联系外，出版社本身进行印刷和出版工作的主要目的完全出于慈善。麦纳顿勋爵（Lord Macnaghten）在帕姆萨尔案（1891）中重申了1601年的《慈善用途法》，在其序言部分所确立的公认慈善目的中，出版社的这些目的符合慈善法的第二项"促进教育和学术发展"，第三项"促进宗教进步"，以及第四项"有利于社区的利益和其他目的"。出版社显然是"仅为慈善目的"而设立的机构，因此已经具备成为慈善机构的资格。出版社本身就有权免税。此外，如果出版社的企业身份与大学不同，它也可以轻易地登记为独立的慈善机构。如果出版社是一个单独的慈善机构，那么就不存在它是否实现了大学的主要宗旨这一问题。然而出版社作为学校的一个部分，其活动所满足的慈善法条款与大学所满足的慈善法条款相同，且不论从哪一方面来看，出版社的活动都是为了实现大学的主要慈善目的,在这种情况下,出版社申请注册为独立慈善机构,这多少有点荒谬。

意见书分为三个主要部分:第一部分是与大学印刷出版的历史和作用相关的证据和论点,以及出版社在整段历史中的宗旨;第二部分是剑桥大学发展宗旨的证据和论证;第三部分概述了出版社的组成和运作的主要特点。其他部分引用了支撑出版社案件的相关法律判决,概述了出版社与其他出版商之间的差异,分析了剑桥大学出版社的实际产出,比较了其海外分支机构的税收状况,并做了最后的总结。所有的内容都运用了历史记录中的证据和引证进行支持。

卡斯收集了来自王室、法律、宪法、议会和大学的证据资料,并将其汇总为一份资料。其中对历史的分析自然始于皇家特许状:1534 年的皇家特许状,以及 1628 年的特许状。关于 1534 年的特许状,卡斯的说法是:

> 无论是大学还是国王,从来没有想过将大学出版和印刷的书籍局限于"大学内部使用"。皇家特许状特别提到……书籍在大学和我们国家的其他地方销售,这三名书商和文具商可以在任何地方销售书籍。此外,大学的文具商和印刷商只能印刷经校监或校长和三名博士批准的各类书籍。大学的主要目的是否是印刷和出版学术作品以供学校外部人员使用,以及在一般情况之下,其主要目的是否是通过印刷和出版学术作品传播知识,就该问题而言,在 441 年的历史中,不可能找到比这份《皇家特许状》更有说服力的证据。这正如律师们所说的那样,特许状"自古以来"就是一项有效的权威。如果这一主要目的还存在争议,那么这个皇家特许状就毫无意义。然而,毫无疑问,从历史上看,法院(从上议院向下的所有法庭)在过去四个半世纪都认可这份《皇家特许状》。

他还指出，1628 年 2 月 6 日，查理一世授予剑桥大学加盖英格兰国玺的新特许状，以"促进学术发展，结束所有争议"。国王"批准并确认了 1534 年 7 月 20 日亨利八世通过特许状授予剑桥大学校监、院长和学者们的所有特权和豁免权"。这些特许状具有非凡意义，让大学的文具商和印刷商有权出售他们的书籍，有权"在剑桥大学内，以及在国王陛下的领土内的任何地方"销售书籍。就促进学术发展的问题而言，这一特许状的陈述清楚表明剑桥大学的印刷和出版活动不只局限于剑桥大学范围内。

自然，意见书引用了威廉·迪林厄姆的重要评论，他在整个讨论中引入了"信托"一词："大学的特权被视为对公共利益的信托……"另一个重要引用是英国王座法庭福斯特法官在 1755 年写的一句话："我们认为专利特许状所赋予的权力是寄予［大学］的一种信托，为了公共利益的发展，也为了促进文学的发展……我希望两所大学都能从这个角度来看待皇家专利。"（第 109 页）

卡斯还引用了詹姆斯一世的话，詹姆斯一世在确认亨利八世的特许状时（已经为伊丽莎白所批准和确认）接受了以下说法："先王的这一政策既对联邦有益，且利于知识的发展。"

另一个证据来源是 1781 年的《年历税赋法》，其中提到大学将这笔钱（当时是一笔可观的款项）用于印刷和出版，《议会法案》内容如下："鉴于他们已将所得到的资金用于促进文学和科学不同分支的发展，以极大地促进宗教和学术的发展，并增加这些领域的普遍利益，增强这些领域的优势……"

读者应该记得，在皮特大楼的开幕式上，出版社的慈善性质得到了强调。卡斯还引用了更早期的奠基仪式中的演讲，例如，卡姆登勋爵在思考这座建筑的未来时说，他相信：

> 它将会把知识传播到更广泛的领域，迄今为止，剑桥大学出版社在这方面一直表现得十分出色。传播的知识将植

根于真正的宗教文化,植根于这所大学一直以来声名卓著的各个学科。

1802 年,英国大法官埃尔登勋爵(Lord Eldon)也考虑到了"公共利益"问题,当时剑桥大学与皇家印刷商就圣经印刷问题发生争执,他做出了有利于剑桥大学的判决。在考虑了法院对 1534 年特许状的解释后,他总结道:

> 我的意见是,可以将公众利益看作一个主题,并以真实的形式向公众传达这一主题,如果这是一个权利问题,那么也是一个王权的责任问题,这是相称的。法律的原则是,由加盖英国国玺特许状所委托的人通过在英国出版此类书籍的方式更好地执行和保护这项责任和这项权利。

向剑桥以外的地方传播知识一直是剑桥大学的宗旨之一,这是出版社的意见书必须要包含的一部分内容。显然,创造和发展知识,然后仅仅将知识传授给少数人,将是自取灭亡。卡斯引用哥伦比亚大学校长巴特勒(Butler)在其 1917—1918 年报告中的话:"一所大学需要履行三个职能:保存知识、发展知识、传播知识。除非学校在保护和发展知识的同时也传播知识,否则大学将无法充分实现其宗旨。"他接着引用 A.W.沃德博士的话,沃德博士后来成为阿道弗斯·沃德爵士和皮特豪斯学院负责人,担任《剑桥近代史》和《剑桥英国文学史》的编辑、出版社委员会成员、校长代理,以及委员会主席,1902 年 10 月 1 日,他在结束剑桥大学校长任期时发表了讲话:

> 剑桥大学的常驻成员以及剑桥大学培养的学生和学者在学校实验室和图书馆内或其他地方一心一意进行的科学研究和学术研究,是学校文化生活的主要动力,也正因这些

研究让学校具有国家层面和国际层面的意义。大学出版社作为传播这些研究成果的主要机构,不仅让这些知识在当地得以传播,还把这些知识传播给了其它地方,我坚信出版社作为学术活动的一个组织机构,未来将会占据比以往任何时候都要显著的地位。

两年后,也就是 1904 年,沃德参加了参议院对出版社与克莱父子合作报告的正式讨论。作为委员会的代表,他很自然地谈到了"促进学术发展"这一主题,这是讨论的一部分内容,即"要以此为目的,对大学最重要的机构之一进行管理"。沃德接着说,"在我看来,我认为根本的一件事是,大学有责任利用出版社的出版功能为科学和学术的进步做出贡献"。他还提到,大学出版社直接影响到"大学想要实现的最高宗旨和想要履行的全面职能"。

1911 年,剑桥大学和牛津大学向国务卿提交了一份联合备忘录,卡斯还引用了备忘录中剑桥大学关于大学出版社活动具有慈善性质的观点。联合备忘录提及"大学出版社对教育和学习所带来的益处",并补充:

> 剑桥和牛津大学已经建立了大型组织机构,不仅生产和销售圣经和祈祷书,而且还生产和销售促进教育和学术总体事业发展的书籍……由于这两个出版社不为私人利益而工作,所以他们每年都能够将可观的资金投入创作重要的作品,这些作品要么不会立即产生收益,要么根本没有收益,而且其他出版商除非得到补贴,否则不会出版这些作品……(出版社)忠实地履行了他们的义务,并为公众谋利益。

意见书也解决了特别专员的问题,含蓄地提出 1940 年的论

点,即剑桥大学不能"为外界进行印刷和出版"。卡斯反驳了这一论点,说道:

> 剑桥大学主要关注的是知识和学术的普遍发展,而不仅仅是简单的本地教学,所有的历史证据都体现了这一点。剑桥大学不是,也从来都不是一个培养学生获取学位的工厂。

> ....

> 历史清楚地表明,剑桥大学一直以来都以一种崇高的方式来关注全球范围内的学术发展,而不只是培养学校自身的学者。关于这一点,剑桥大学的历史具有一致性。这些宗旨一直以最广泛、最全面的术语表达;在 700 年的历史中,没有丝毫迹象表明,剑桥大学仅在学校"范围内"追求这些宗旨。学生的地方教育只是学校的功能之一。

1922 年,皇家委员会就牛津和剑桥大学的发展发表了报告,其中包含一个坚定声明,他利用这个声明来支持这一论点:"大学有两个主要职能:它必须为(学生)提供最好的教学……它还必须努力促进学术的发展。"卡斯通过研究剑桥大学的历史,以及法定文件中记录的历任君主、法官、专员和议会对大学的看法,试图为剑桥大学的主要宗旨下一个定义。给传统的措辞重新排序是为了突出其在现代所需强调的重点:"获取、促进、保存和传播所有学科知识;促进学术、教育、研究和宗教发展;以及促进文学和优秀文化的发展。"他认为,出版社的活动具有必要性,事实上是实现这些宗旨的关键;出版社的印刷和出版活动促成了这些宗旨的实现。

意见书接着从几个不同的角度审查了出版社税收的异常情况。例如,出版社的美国分部可以免缴所有的美国税,其销量比任何美国大学出版社都要大得多,但这个分部的收入在寄往英国总部时,却需要在英国纳税。美国税法将大学出版社的收入视为一般免税收入,因为"带来这些收入的活动与大学宗旨有实质性关联"。美国当局一直都承认,剑桥大学出版社的主要宗旨是"进一步发展那些让剑桥大学享有税收豁免权的活动"。卡斯评论道:

> 古老的剑桥大学出版社在美利坚合众国的出版活动可以获得税务豁免权,但在英国却不享有这种特权;其他国家可以为税收目的了解一个组织的基本特征,并采取相关行动,而这些特征在其本土仍未得到承认,这着实有些荒谬。

意见书接着引用了相关的法律判决,以证实出版社印刷和出版活动的慈善性质。1971年,上诉法院关于法律报告委员会就申请注册为慈善机构的上诉进行裁决,这一裁决的摘录尤为重要,该裁决的争议点与出版社的案件几乎相同:

> 无私被公认为慈善的一个特点,也是慈善一个重要的特点。假设一家公司为了其院士和股东的利益而出版圣经,该公司显然不是为慈善目的而成立。但假设一个非营利性的协会或公司,禁止其成员或院士从其活动中受益,并且这个活动是圣经出版,那么在我看来,协会或公司的主要宗旨是促进宗教发展,这个宗旨具有慈善性质。
>
> 拉塞尔法官
>
> 其次,对一个机构提供的服务收取商业费用这一事实本身并不妨碍该机构长期以来的慈善行为认定,因为无论如何,所有利润都必须为机构目的保留,机构的任何成员都不可能得到这些利润。
>
> 萨克斯法官

创作一本书的目的是为了研究一个特定的主题，一个学术主题，在我看来，这样的出版促进了教育的发展，当然，伊丽莎白一世的《促进学术法令》也促进了教育的发展。

萨克斯法官

就目前而言，《慈善用途法》目录的第二标题[促进教育发展]应得到扩展，增加人文知识这一有用分支，并促进知识在大众中的传播。

巴克利法官

理事会成员的人数在任何时候不超过 20 人，根据理事会章程规定，其成员不得从其活动中获取任何利润或利益。如证据所示，理事会的出版物可由一般公众购买，可由各种各样的使用者购买，包括学术机构、工商业机构（包括公共事业）、公共当局、政府和公共部门和办事处、工会、各种各样的图书馆、专业机构和其他机构，以及许多与法律管理和实践有关的机构和人员，所有这些购买者不止来自本国，而且来自英联邦其他国家以及联邦之外的其他国家。

巴克利法官

虽然理事会的目的具有商业性，即理事会的存在是为了出版和销售其出版物，但这些目的是无私的。任何成员不得从理事会的活动中获取任何利润，理事会本身不能从其业务中获利，只能在进一步追求其宗旨时支配这些利润。因此，理事会的活动不包含任何妨碍该机构成为慈善机构的商业因素。我由此得出的结论是理事会是一个专门为慈善目的设立的机构，有权根据 1960 年的法案进行注册。

巴克利法官

每一条法官评论都适用于大学出版社，或更确切地说适用于出版社委员会，卡斯认为这些评论说明了出版社活动具备完全慈善性质，并支持他的论点，即如果出版社不是大学的一部分,它本可以很容易就注册为慈善机构,而且就《所得税和公司税法》的目的而言,出版社委员会是大学为慈善目的而设立的一个团体(或信托机构),因此,根据其本身的主要目的,出版社有资格免税。然而,他也相信,意见书证明了出版社的慈善活动完全符合大学的主要宗旨。

卡斯不知道他的两个论点中哪一个会获胜,但他相信,他在那封长达 60 页的信中提供了足够的证据,根据这些证据,法院不可能支持税务专员们在 1940 年的裁决。出版社实际上是独一无二的机构,这意味着对出版社有利的判决先例不会普遍存在。鉴于此,并考虑到出版社案例的优势,他希望这件事可以不通过法律程序解决。在信的结尾,他威胁说要再拿出几百倍的证据来说服检查专员,他在信的最后一页加上了这段话,作为干净利落的结尾:

> 学术自古以来就享有这种特殊的恩惠和特权,本国的两所大学无论在任何情况下受到诉讼,只要他们向国王或国王的理事会寻求帮助,以避免在普通的司法程序中受到诉讼,他们的要求都被欣然接受,从来没有遭到拒绝。
>
> 1612 年 10 月 21 日,枢密院令,授予剑桥大学校长
>
> 经 1647 年 5 月 12 日上议院法令确认

幸运的是,该案件最后没有要求提交"正式文件"。在整个案件过程中,税务局官员都态度谦恭,且提供了热心帮助。杰弗里·卡斯会见了地区督察员。1975 年 12 月 18 日的另一封仅 23 页的信具体说明了案件中的某些细节。随后,整个申请案件被提交给伦敦萨默塞特宫的税务政策部门,税务局的法律顾问开始审查此案。

1976 年 11 月 9 日,税务政策部门的一封信给卡斯带来了一个重要的消息,税务部门已经决定在原则上接受出版社对慈

善地位的要求。12 月 3 日的另一封信确认了这些细节。似乎卡斯的第二个论点获得了胜利。税务局已经承认并接受了出版社的慈善地位，并根据《所得税和公司税法》对出版社实行免税。就该法而言，税务局已承认出版社委员会是"仅为慈善目的而设立的团体或信托机构"。

承认出版社的活动具有慈善性，且符合免税条例，这不仅具有历史意义，它的实际作用是，让出版社委员会及出版社中高级管理人员的观点得以明确，让他们明白自己大体上要做什么，因此，它具有作为商业和编辑政策指导原则的价值。正如卡斯在"1976 年账目年度报告"中所言：

> 第二重要的因素（在出版社的复兴中）是对出版社性质、基本原理、宗旨和作用的分析和明确。正是这种分析让出版社坚定不移地追求免税，也正是这种分析为出版社的整体运营提供了有效的参考构架。

从出版社的角度看，税收判决具有三个宝贵的优点：1. 它最终消除了对出版社性质的任一模糊概念；2. 它委婉地承认（也可以说是迟到的承认）出版社是一个国家文化资产；3. 它极大地促进了出版社的财政活力，解放了资金，让出版社更有效地为学术界服务，并协助建立莱特和沃勒及其继任者一直渴望的储备基金。在 20 世纪 60 年代末，出版社缺乏储备基金使大学极为担忧，并让委员会和工作人员认为他们可能很快就会陷入深渊。在过去的 60 年中，出版社的运作模式和章程都没有发生重大变化，因此该判决还证实，至少自 1916 年以来，出版社就已具备了慈善地位的所有资格。

与此同时，牛津大学出版社一直在小心翼翼地等待剑桥出版社案件的结果。结果公布后不久，在咨询剑桥后，牛津大学出版社也提交了自己的意见书，并最终获得了类似的豁免权。

16　1974—1984 年

1975 年底,托德勋爵成为皇家学会会长,并辞去了委员会主席一职。皇家学会会士莫里斯·萨格登博士(Dr Morris Sugden),即后来的莫里斯勋爵,接替托德勋爵担任委员会主席一职,直到 1984 年 1 月去世。莫里斯是一位了不起的委员会主席,在他担任主席期间,出版社发生了很大变化:每年出版的图书数量大幅度增加,管理团队得到进一步加强,更重要的是,《新大学章程》为出版社提供了新的经营许可,而且出版社的经营场所被合并到了剑桥一个地方。

1974 年,尤安·菲利普斯被任命为大学印刷商,他毅然处理了困扰印刷部由来已久的问题。他发现更便宜的排版方法、熟练技工的短缺和胶印印刷的广泛使用等问题威胁着印刷部门的发展,他开始采取相关措施来应对这些问题。1975 年,杰弗里·卡斯从商业印刷厂请来哈里斯·迈尔斯(Harris Myers),由他担任印刷部门的总经理和大学副印刷商。1976 年底,杰克·舒尔曼退任出版社美国分社主管一职,菲利普斯搬到了纽约并接任这个职位。迈尔斯接替菲利普斯成为大学印刷商之后,迅速引进出版社急需的计算机辅助排版和胶印技术,并做了大量努力来提高出版社在新技术和商业时代的效率和竞争力。他提高了部门的商业意识,特别是在定价和数据保管方面,并加强了部门的营销能力。为了增强部门间的联系和合作,他将行政办公室搬到了生产车间。

1978 年，大学印刷厂安装了一台激光电脑排版机，排版机可以在胶片或溴化银相纸上生成最佳蒙纳高温金属字体的数字化版本，这既紧跟现代化的发展趋势，同时又保持了印刷厂的高印刷标准。在 1978 年的英国图书设计和制作展上，有 50 本书被表彰为优秀作品，其中包含 7 本剑桥图书，7 本书中只有 3 本是用高温金属排版，并用凸版印刷；其余书籍都是用最新的方法印刷。这项新技术很显然让出版社保持了高标准的设计和生产，同时又促进了出版产量在 1972 年后整个时期的大幅显著增长，这种增长一直在持续。增加科学和社会科学出版物数量的计划开始奏效，1977 年，委员会同意出版的科学著作首次超过100 本。

　　出版社作为国际出版商的地位有了更进一步的发展。欧洲的学者开始想要吸引世界各地的读者群，他们意识到，无论多么不情愿，他们的作品要么用英语撰写，要么翻译成英语，或者至少由已经进入全球英语市场的出版商出版。出版社认为，欧洲现在不仅是一个销售市场，而且也是一个作家聚集地。1977年，出版社和"人类科学之家"（Maison des Sciences de l'Homme）达成了正式协议，这是促进出版社发展的一项重要举措。"人类科学之家"是位于巴黎的一所政府资助机构，由伟大的历史学家费尔南·布罗代尔（Fernand Braudel）领导，并由克莱芒·海勒（Clemens Heller）管理。根据这一协议，出版社实际上成了法国主导文化机构的官方出版商，拥有国际学术关系网络，为人文和社会科学学科领域的重要作者提供资助。这些作者的书将以英语和欧洲语言出版。事实证明，这次合作卓有成效，为英法和英欧学术友好关系做出了重大贡献。1983 年底，出版社与"人类科学之家"联合印刷的出版物已增加到 92种，这两个机构的合作变成了一种标准合作模式，供其他国家的学者和机构模仿复制。

　　增加美国作家书籍数量的计划也进展顺利。纽约编辑部成

　　　　　　　　　　　　　　　　　　　　　　　　　　　　　　　剑桥出版史

立于 20 世纪 60 年代中期，现在开始迅速发展；该编辑部在1977 年进行了两次新任命，1978 年秋，该编辑部从剑桥借调了两名编辑，由此开启了短期值班和长期借调的新任命模式。

纽约编辑部有意识的发展反映了其在出版社所固有的重要性，也反映了其对出版社的作用。该机构由罗纳德·曼斯布里奇和杰克·舒尔曼创立并领导，在 1971 年金融危机爆发时，该机构是出版社保持良好运营状况的分部之一。杰克·舒尔曼当时是该分部经理（后来的院士），他是一位精明的商人，他有力地巩固了曼斯布里奇用其企业家天赋所建立起来的公司结构。20世纪 70 年代，随着编辑功能的增强，该分部逐渐发展成为一个微型出版社。该分部在出版社中占有重要地位，因为多年来，它在美国的销量远远超过任何美国大学出版社。

考虑到出版社是一个正在发展的世界性组织，尤其是纽约分社在 20 世纪 70 年代的迅速扩张，卡斯认为保持出版社的独特性尤为重要。他把出版社看作一个统一的实体，无论它现在的经营范围有多么广泛，其中心都在剑桥。大学是中心，大学出版社围绕这个中心运作。不论是卡斯还是出版社的资深员工，都没有把出版社看成商业模式下的普通跨国组织。从出版社的角度来看，世界不是分散的国家商业市场，可供自主经营的公司为利益而开发或与当地出版商合作共享，而是一个单一的全球学术和教育读者群，由单一组织提供服务。这种营销方式拓宽了学术世界是一个单一世界的编辑概念。如果出版社海外机构拥有海外国家的法人地位，进行半独立经营，这将与大学出版社真正的性质不一致。出版社委员会掌管大学的印章，代表大学的校监、负责人和学者管理出版社，这是出版社的宪法优势，也是其独特性的一个主要来源。剑桥是出版社业务的中心，它不只具有地理意义，出版社在全世界的编辑政策由剑桥中心指定，并由该中心进行指导；出版社委员会会议上来自世界各地作者的手稿也具有统一的标准。如果出版社接受了一份手稿，那么该手稿制成的书将由剑桥大学在全球范围内出版。

给海外分支机构设定财务目标，甚至业务目标，并让这些机构实现这些目标，这种做法在出版社并不可取，而且也不符合出版社的性质，但对于营利性跨国企业的海外公司来说，这种做法是存在且合理的。商业公司海外机构的共同点是获取利润。这些机构只要实现财务目标，通常可以拥有业务自主性；从商业和战略的角度来看，这些海外机构在不同国家的运作方式可能会大不相同，且并不会损害公司的经营理念。

就大学出版社而言，学术目标、知识标准和编辑策略至关重要。如果出版社的海外分支机构具有业务自主权，大学将无法维持出版社在全球范围内的运作特点和一致性。量化的财务目标和运营目标都不能作为出版社的试金石。出版社的目标既不是利润也不是销量，而是按照大学通过出版社委员会制定和批准的已知的优秀标准来传播知识。

卡斯认为，要实现这一目标，出版社及其在世界各地的分部都必须承认，剑桥大学出版社是一棵枝繁叶茂的树，树根和树干在英国剑桥。而用联邦国家或帝国集合、跨国商业集团公司来作为出版社的类比，则完全不恰当。

因此，对出版社的海外机构来说，唯一合适的身份地位是"分部"：在海外国家寻求独立的法人"公司"地位不符合出版社的性质，因为这种地位将自动产生宪法和法律上的分离、独立的地方目标和归属感，以及不同于剑桥大学的印刷和出版目标。此外，剑桥大学的校监、院长和学者也不能够在那些国家合法经营这些分支机构。因此，海外机构的恰当身份是：出版社委员会代表大学校监、院长和学者管理的分支机构。作为分支机构并不意味着低人一等，它也是统一出版社的组织成员。

实际上，出版社的美国分支从成立之初就一直是这样的机构。与牛津大学出版社的美国分支机构不同，它在美国没有独立的公司地位。然而，1969年，出版社的澳大利亚营销部门在澳大利亚以公司的身份成立,这种非正常现象在1982年得到了改善,这是1972年后出版社进行宪法审查和改组的最后一步。

美国分部不断扩大,该分部在世界出版业中占据越来越重要的地位,且越来越像一家大型出版社,它具备出版社所有相关功能:编辑、副编辑、进度控制、市场营销、图书发行、往来账目,这存在一种危险,即该分部可能会需要更多不符合传统经营方式的自主经营权,而且新员工们也给该分部的发展带来了一定危险,因为他们熟悉商业公司的经营模式,但不了解或不能辨别出版社的独特历史和与之相关的宪法结构。这些发展趋势在商业界的海外子公司中普遍存在,尤其是子公司规模大且占据重要地位的情况下更是如此。这些现象会催生工作人员之间"我们和他们"的两极分化现象,这对任何组织的凝聚力、活力和士气都非常不利。

幸运的是,杰克·舒尔曼一直坚信"一个整体"的理念。他从分支机构成立之初就一直在该分支机构工作,他见证了该分支机构从一个营销和分销机构发展到今天的地位,在他的管理下,该机构一直保持正常运营。1976年后,该机构仍在继续扩张,而需要注意的问题是,在确保机构扩张的同时,也要让员工们认识到该机构在出版社全球运作中所占据的重要地位和发挥的重要作用。反过来,大学也愈发意识到美国分部是出版社大家庭的资深成员,具有至关重要的地位,且其地位将逐步上升。

美国分部地位提升的一个例子是,1977年,出版社委员会接受了由出版社美国编辑发起的32个项目。到1983年,这些项目数量上升到180个。剑桥图书在美国获得的奖项数量是衡量出版社在美国出版界地位的一个标准。1981年,剑桥的书被评为"关于欧洲早期近代历史最重要的书""关于欧洲近代史最好的作品""过去5年出版的关于英国历史最好的书"。有一本书被评为"关于美国历史最重要的书",还有另一本书被评为"女性历史学家的最佳作品"。1982年,美国历史协会授予剑桥书籍两个荣誉奖项："关于欧洲外交史最好的书"和"关于印度历史最重要的书"。

与此同时，在英国，出版社开始执行一项长期计划，这个项目就是把出版社在英国的所有业务集中到剑桥。1977年，出版社委员会允许杰弗里·卡斯和菲利普·阿林在沙夫茨伯里路尽头处出版社的广阔场地上建造一座与大学印刷厂相邻的大型建筑。这座大楼将作为办公和仓库综合楼，能够容纳整个出版部。

菲利普亲王，即爱丁堡公爵，和他的祖先阿尔伯特亲王一样，担任过剑桥大学的校监。作为一名活跃的校监，他经常访问剑桥大学，在1977年11月的一次访问中，他参观了出版社。卡斯与他谈话时提出，以他的名字将出版部的新大楼命名为爱丁堡大楼，这得到了他的正式许可。

出版部总经理菲利普·阿林负责规划和协调爱丁堡大楼的建设。尽管出版社的高级主管们也参与各阶段的设计，但出版社还是选择了来自埃文河畔斯特拉特福的IDC集团担任大楼的设计者和建设者。新大楼为出版部门提供了绝佳机会，让其得以重新安排工作部门的结构。阿林和他的同事得到了重新改造空间环境的机会，通过改造让各职能部门从"横向"组织工作法转变为纵向一体化的"小组"工作法，从而让所有参与单本书籍出版的人员（编辑、副编辑、设计、进度控制和宣传）都能够密切合作。总目标促进了出版部的"各个小组"的形成，爱丁堡大楼在设计时就考虑了这些小组的工作结构。正如照片所示，编辑部楼层有突出的隔间。每一个外围的"隔间"容纳一个小组，而在每层的中心有所有小组都可使用的公共服务区。仓库大楼存放着以前散落在英国各个地方的所有剑桥书籍。设计师对这些仓储设施进行了特别设计。20世纪60年代初，出版社位于伦敦的配送仓库中率先采用了这种特别设计，在英国，这是为书商提供服务的最快方法。在接下来的15年里，出版社出版的书籍大规模增长，但英国出版商书籍分发效率的独立"排行榜"仍

爱丁堡大楼。上图展示了凸出的隔间，这是各个小组的办公室。下图中，左边是办公大楼，右边是仓库

显示出版社是最快的供应商之一，对出版社而言，保持爱丁堡大楼的服务标准尤为关键。

爱丁堡大楼的建设于 1978 年夏天开始动工。在那一年的春天，出版社已经决定在年底爱丁堡大楼竣工之前，将伦敦办事处迁往剑桥。菲利普·阿林想把大规模的搬迁分成两个阶段进行，为了最大限度地减少破坏，并减轻爱丁堡大楼正常竣工的时间压力。事实证明，这是一个明智的决定，无疑避免了企业大规模搬迁带来的许多创伤。出版社在剑桥市中心的许多地方建立了临时办公室，大学印刷厂的一楼也投入使用，配送仓库搬到剑桥郊区出版社租用的房屋中。1978 年 10 月，出版社开始把伦敦办事处搬到剑桥，这花费了连续两个周末的时间，先搬仓库再搬办公室，搬迁完成后，仓库在很短的时间内恢复了正常分发服务。

爱丁堡大楼建设的第一阶段——仓库，于 1979 年竣工并投入使用。最后阶段——办公大楼，于 1980 年底竣工并投入使用。完成第二次搬迁工作后，现聚集在一处的出版部工作人员终于可以看清出版部在出版社中所起到的真正作用。尽管一些下级成员并不想离开伦敦，但大多管理层的主要成员都已搬到剑桥。现在，人们可以在爱丁堡大楼里四处走动，并看到整个出版社作为一个有机实体的运作情况。对每个人来说，这是新体验，是令人振奋的经历。对一些人来说，眼前的一切让他们惊讶：他们从未意识到自己是一个如此出色的运营机构的成员。

自 1873 年以来，1981 年是出版社所有在英国的工作人员在同一地点办公的第一个完整年份。出版社业务在伦敦经营了一个世纪之后，从本特利大楼搬到剑桥，这不但没有带来任何贸易或地理上的不利影响，反而提升了出版社的总体效率，并保持了出版社的一致目标。"集体"工作方式很快体现了自身的价值，出版社在通讯、人员配备、一般管理费用、内部运营结构以及部门间运输和通讯方面立即取得了具体优势，现在通过替代的、职能部门化的工作方式,出版社可以完成 20 世纪 70 年代以来出版的书籍增长量,这简直令人难以置信。

1981 年 5 月 29 日,女王陛下在大学校监爱丁堡公爵殿下陪同下来到出版社,参加爱丁堡大楼的正式开放仪式,这无疑是出版社在 1981 年的亮点。1981 年的春天极其寒冷、灰暗而且潮湿,5 月 29 日临近时,一想到在英国天气最糟糕的情况下举办户外活动,人们就感到焦虑。但天亮时,天气虽然不暖和,但很干燥,人们的情绪也高涨起来。当天早上,女王主持鲁滨孙学院的正式开放仪式,在开幕式上发表演讲,其中她提到了早年的一些往事:

> 我的曾曾祖母维多利亚女王在她丈夫阿尔伯特亲王担任校监时曾来到这里。她在日记中写道,"我心爱的阿尔伯特"宣读了忠诚致辞,"他穿着长袍,看起来如此华丽"。巧合的是,维多利亚女王去了凯瑟琳大厅用餐,而校长将在这个地方宣读忠诚致辞。
>
> 在这一天结束之前,我们期待参观大学出版社,出版社是大学的一个组成部分,它的起源可以追溯到几百年前,剑桥大学连续的印刷和出版历史比世界上其他任何大学的都长。这栋新大楼将以我丈夫即剑桥大学校监的名字命名,我感到十分欣慰。

校长兼圣凯瑟琳学院院长彼得·斯温纳·戴尔爵士(Professor Sir Peter Swinnerton-Dyer)也是出版社委员会成员,因此,特意安排在圣凯瑟琳学院大厅里举行校监午宴,这样上午和下午的庆祝活动就联系起来了。女王来到爱丁堡大楼,杰弗里·卡斯为此发表了简短的演讲,欢迎女王的到来。女王在入口大厅为漂亮的纪念牌揭幕,随后参观爱丁堡大楼和大学印刷厂,之后女王参加了下午的主要活动——在远处大操场上举行的游园会,操场上约有 2750 名客人等待王室贵宾。这些客人有剑桥大学和剑桥市的代表,还有作家、编辑、顾问、其他印刷商和出版商,还有许多"出版社的朋友",此外,出版社的工作人员和他们的家人也来到了现场。专门接待皇室人员来访的传统礼节派上了用场:一大群人神奇地围成了一个椭圆的圈,校监在一头,女王在另一头。女王慢慢地向前走,和许多来觐见的人寒暄,这种不拘礼节的寒暄让游园会的气氛活跃了起来。翠绿的草地、白色的大帐篷、女士们五颜六色的衣服,和灰色的天空交相辉映,让这个日子在记忆中永远明朗、生动。

对于关注历史的人来说,这也是一种欣慰。出版社有两个皇家特许状,分别颁发于 1534 年和 1628 年。约翰·莱盖特和坎特雷尔·莱格通过一些巧妙的方法(如果知道是什么方法就好了),各自印刷了当时在位君主的一部作品。这是王室第一次正式访问出版社,幸运的是,访问恰逢出版社的重大庆典。重大庆典主要是庆祝爱丁堡大楼的开放,当然也还包括庆祝出版社完成重组,重组工作基于对出版社性质的清晰认识展开,而出版社的性质则由其 400 余年的历史决定。将英国的所有出版工作人员聚集在这座壮观的现代大型建筑中,出版社向学校和世界表明了它确实是出版界的一支主力军。爱丁堡大楼造价几百万英镑,这完全由出版社自身运营业务出资,这笔资金筹集于经济持续衰退时期,而在 10 年前,人们只会认为这一想法不切实际,这只是一个糟糕的笑话,通过这些对比,我们可以看出,自 1972 年以来,出版社的财务究竟经历了怎样翻天覆地的变化。

出版社在 10 年变革中迎来了又一让人欣慰的巅峰时刻,1981 年,新《大学出版社章程》得到批准。1979 年,参议院理事会成立了一个特别委员会,负责审议大学与出版社之间的关系,并审查学校管理出版社所依据的《剑桥大学章程》。当时,还没有单独的章程涉及出版社的设立和管理。《剑桥大学章程》中与

爱丁堡大楼开放仪式。1981年5月29日,女王陛下在游园会上与客人交谈

(从左至右):菲利普亲王殿下(爱丁堡公爵、大学校监)、菲利普·阿林、委员会主席 T.M. 萨格登博士、女王陛下、杰弗里·卡斯

出版社相关的内容从未得到协调和统一，这导致大学内出版社管理人员的职位和出版社书籍的销售规则出现了含糊不清和前后不一致的情况。多年来，大学立法中逐渐增加了特别的附带条件和豁免权，让委员会能够有效地经营出版社这个企业。特别权力和自行决定权，以及大学普通学术部门规范条例没有包含的权利，都已逐步纳入大学《剑桥大学章程》中；但现在迫切需要对这些权力进行系统的检查和重组。此外，就员工人数和年度预算方面而言，尽管出版社是学校最大的组成部分，但《剑桥大学章程》中与出版社相关的内容较为随意、分散，这并没有体现出版社在学校中占据的规模和重要性，尽管出版社是学校所有部门中人员最多、年度预算最高的一个部门。出版社的目的或目标也没有任何法定的定义。

特别委员会成员包括杰弗里·卡斯和安东尼·威尔逊，以及两名出版社委员会成员——加雷斯·金斯教授和彼得·斯温纳顿·戴尔爵士（委员会主席，后出任校长）。该委员会决心汇集零散的内容，消除不一致之处，阐明出版社的性质和目标，明确出版社委员会的权力和职责，并尽可能在一项新章程中全面说明所有这些内容，而新章程要由部分条例支撑。

委员会向参议院理事会提出建议，并在得到出版社委员会一致同意后，于1980年2月6日向参议院提出一项新法令，即《章程J》。《上议院理事会关于大学出版社宪法安排报告》（*The Report of the Council of the Senate on the Constitutional Arrangements for the University Press*）告知学校：

参议院理事会在与出版社委员会讨论后得出结论，需要对学校的《剑桥大学章程》中有关出版社的法规进行全面修订。拟议的主要修改是提出一项关于大学出版社的新章程，即《章程J》，其中将包括现行条例中的某些规定，理事会认为这些规定更适合体现在一个新章程中。目前无任何建议提出修正出版社委员会的权力。

建议提出新《章程 J》应在开头列入一项声明,阐明出版社的目标以及出版社委员会对大学出版社的指导责任。目标条款的措辞与出版社委员会就税务责任为该出版社申请慈善地位时所使用的措辞相同。拟议的章程包括出版社委员会组成的规定,并明确出版社委员会在一般财产和财务事项的权力,以及出版社管理人员和雇员的服务条款和条件。

委员会谨慎地指出,新章程和随后修订的条例没有包含赋予出版社委员会新权力的内容;相反,委员会的广泛权力首次通过学校的《剑桥大学章程》明确体现出来,而不是通过大量的豁免权、免责条款和由来已久的习俗和惯例来间接、模糊地体现。因此,对于出版社委员会及其管理人员而言,这是一个紧张时刻。虽然他们认为这些改变最终必定有利于出版社和大学,有利于出版社和学校的关系,但他们在焦急地等待学校对这一明显的变化做出回应。读者们读到这段历史,尤其是读到讲述近现代历史的章节时,会明白,一个独特的机构(一个非常特殊的古老企业,通过有效的交易活动实现慈善目标)不会轻易沿用古代大学的一些部门或机构的经营模式,这并不意外。几乎没有哪个大学院系或学院会每年花费数千万英镑,也没有哪个学院需要从商业市场上的竞争交易中赚取所有收入。几个世纪以来,出版社由其创始机构剑桥大学进行管理的模式发生了组织性的变革,尤其是在 1972 年及 1972 年之后,事实证明,变革的管理模式非常有效。但是总体来说大学并不了解这些机制,因为它不了解近代史的细节;一些成员可能会对他们看到的组织结构的特征感到惊讶,但现在他们有机会发表评论。理事会法案极为重要,法案引发讨论再也正常不过。大学里开始展开激烈的辩论,这些辩论主要体现在参议院议厅的正式讨论中。讨论的焦点主要集中在大学管理机制、出版社委员会对出版社资金的管理权力、责任制和账目的公开等问题上。

责任制和账目公开已经在学校中实践多年，第一次发现这两个问题的人似乎觉得这些很新鲜、奇怪；学校的责任制已经确立了多久鲜有人知。当然，上文提到的 20 世纪 70 年代早期危机的详情已经暗含了这个内容，但这里有必要再做重复。

大学财务委员会赞同关于出版社责任制的现有安排，该安排完全有效。这些安排内容如下（现在仍然如此）：出版社所有的财务、年度预算和"年度账目"都由出版社财务委员会小组进行全面讨论，该委员会的详细会议记录将分发给出版社委员会的每位成员。出版社委员会每位成员都会收到一份"年度账目"及一份最详细的"财务年度报告"。与所有重大财务和商业事项一样，出版社委员会将在全体会议上全面讨论"年度账目"和"财务年度报告"，并正式批准这些报告。大学财务委员会提名两名成员与出版社委员会主席，出版社高层管理人员以及出版社审计人员会面，详细讨论"年度账目"和"年度报告"。财务委员会的两名代表将向财务委员会全体提交一份全面的报告。完整的出版社"年度账目"会在财务委员会会议上正式提交给财务委员会，出版社的"年度报告"也分别分发给院士会的每位成员，财务委员会将在会议上讨论出版社的"年度账目"及"年度报告"。财务委员会正式向出版社委员会提出意见。20 世纪 70 年代初的实践已经证明了这一做法的有效性；事实上，大学正是通过这一机制采取整改措施，从而挽救了出版社。

出版社委员会成员向参议院理事会指出，委员会成员作为大学出版社受托人，其包含的大学和学院代表人数比例相当公平。当时，18 位委员会成员正好包括校长及其副手，当然也包括大学的财务主管。委员会其他成员均由参议院理事会任命；之后的委员会有 1 位现任校长、1 位前任校长、至少 1 位未来的校长、5 名院长、10 名教授、2 大学审稿人、2 名系主任和 4 名教务委员会主席。此外还有 5 名参议院委员会成员和 3 名财政委员会成员。换句话说，这 18 名成员是来自剑桥 11 个学院的负责人，也是摄政院和参议院的成员，他们将所有这些角色结合在一起，充分表明了他们之间存在的区别以及信托的可靠性。

出版社账目已全面向财务委员会公开，至于此账目是否需要向公众公开，一名委员会成员兼总务委员会成员（加雷斯·金斯，英国唐宁法律教授）当时写道：

> 在商界，没有公示就不可能实现企业责任制。但从这个意义上讲，出版社不是一个企业。出版社是一个慈善事业，是大学的一个组成部分；因此，就出版社财务问题而言，大学通过出版社委员会和财务委员会来有效实施责任制。
>
> 在当今的产业环境和管理环境下，出版社作为在商业市场上运作的慈善机构，如果要继续为学术服务并保持经济上的可行性，它就需要激发自身所有的特殊竞争优势。

人们通常有这样一种看法：现象遵循一般规则，机构具有共同的行为模式，最好是相似的模式。出版社具有独特性质，将这一性质解释清楚存在一定难度，其所需要的篇幅要比这本书的篇幅长很多，而出版社的独特性无疑是理事会提案存在疑问的原因。理事会高级成员被要求立即了解贸易慈善信托的概念，这是免税慈善机构的一部分，贸易慈善信托即不使用公共资金，也不使用大学资金、股东的资金和投资者资金。他们还需要去接受这样一个事实，即出版社已经实行的问责制是行之有效的，这对出版社和大学都有利。

参议院的正式讨论产生了三条有用的建议，这些建议作为修正案纳入理事会的最终提案中。这些内容载于 1980 年 3 月 10 日的一份通知，该通知概述了理事会的审议意见：

理事会审议了 1980 年 2 月 19 日报告讨论的内容,以及 1980 年 2 月 4 日关于大学出版社宪法安排的评论,还审议了财务委员会和出版社委员会对这些评论的意见。

理事会希望重申他们已经在报告中提及的内容,即拟议的新章程,其中包含的新内容很少,新章程旨在巩固目前分散的权力和义务,这些权利和义务有些分散在章程中,有些在条例中,还有一些仅为习惯做法,在立法上没有得到明确或具体体现。新章程消除了原章程的一些不一致之处;处理了 1974 年废止大学办事机构和办事岗位区别所带来的一些意想不到的连带后果,这些不良影响最近才开始显现。尽管理事会在讨论中发表了意见,但该报告无意对大学出版社的宪法地位进行重大改动,而实际上也没有改动。

但是,鉴于讨论中提出的议题较为广泛,理事会认为他们应在这份通知中阐明,他们如何看待出版社既是大学的一部分,又是一个商业企业,以及他们认为出版社对大学有何价值。

出版社的主要目的是出版学术著作。出版社出版的每本书都必须经过委员会批准,委员会(除了财务主管外)完全由大学的著名学者组成。委员会接受或拒绝一本书,几乎完全基于这本书是否会对学术带来贡献,而不是书籍是否具有商业价值。当然,出版社出版的许多书,虽然深受学术界欢迎,但没有任何商业出版商会考虑出版此类书籍。出版社以大学的名义进行印刷和出版,具有慈善性质,这无疑让其具有优势,并提升了出版社出版这类书籍的能力。

大学无法资助出版社,但如果出版社陷入财务困境,大学将会受到严重影响。这意味着出版社必须像企业一样经营,且要经营得成功,因为出版社与其他企业直接竞争。将出版社与大学其他院系对比是完全不合理的,因为其他院系没有在市场运营。出版社管理人员需要和其他企业的管理人员一样拥有财务自由权。财务委员会密切关注出版社的账目，以确保出版社保持良好的财务状况；但财务委员会不应干涉出版社的财务管理，除非发生危机，因为有相关条例规定财务委员会在发生危机的情况下可介入出版社财务管理事务。大学也不应将出版社视作潜在的收入来源；因为这样的做法将严重损害出版社作为非营利（尽管也是非亏损）机构的功能，是否为大学提供资金主要取决于出版社自身的意愿。

总而言之，理事会认为，出版社必须在学术上为大学服务，但在财务上必须独立，并能自给自足。

通知继续说道："理事会已接受财务委员会的建议，公开出版社的账目既不符合出版社的利益，也不符合整个大学的利益。"理事会同意修订拟议的章程，并要求委员会提供一份"年度报告"，以便大学更充分地了解出版社的经营活动。自 1980 年以来，出版社每年都会提供这样一份"年度报告"。

根据委员会的建议，理事会回应了参议院议厅中的讨论，提议在目标条款中特别提及印刷和出版的内容。理事会补充说，"'印刷'一词具有广泛的含义，且不与任何特定技术挂钩。"

大学的民主决议方式要求对理事会的提案进行投票表决。1980 年 5 月 12 日和 13 日，摄政院的投票结果是，绝大多数人赞成新章程。1981 年，《章程 J》随后在枢密院由女王批准，从而成为英国的法律。

新章程不是一场革命，而是一种认可。它重申并巩固了出版社的独特性。随着时间的推移，它成为出版社整体机制的宪法基石。新章程精确阐述了出版社的慈善目标，这是其具有的新特点。《章程 J》明确规定，出版社的收入和资金只能用来实现这些慈善目标。

目标条款现在有两个重要目的，它为出版社的慈善地位提供永久的法律基础,还对出版社活动的性质实行严格控制,防止经营活动发生任何不符合大学目标的变化。

因此,从某种意义上说,《章程 J》是最新的出版"宪章",继承并补充了亨利八世和查理一世分别于 1534 年和 1608 年颁发的特许状。章程全文附于附录二(内容更新至 1999 年),开头内容如下:

> 大学应设有一所大学出版社,专门从事印刷和出版工作,以促进各学科知识的获取、发展、保护和传播;加快教育、宗教、学术和研究的发展;推动文学和良好文化修养的进步。

这是对慈善目标的全面陈述,结合了现代视野和传统元素(伊拉斯谟和托马斯·托马斯应该会认可最后一句话的拉丁文意义)。

1980 年到 1982 年期间,出版社在澳大利亚的分部进行了一次重要的改组。该分部成立于 1969 年,目的是加强出版社的能力,让出版社能够进入最重要的英语学术市场之一,接触到更多的高质量作家,并通过在澳大利亚境内向澳大利亚市场提供书籍的方式,为这个市场提供更好的服务。在澳大利亚实施股份制有助于克服距离剑桥太远而带来的业务延迟和成本问题。该分部的业务由布莱恩·哈里斯(Brian Harris)和金·哈里斯(Kim Harris)兄弟苦心经营,最初只有市场营销和分销业务,而现在澳大利亚分部正在开发编辑项目,且可能会继续增加这些项目。分部的主要办公地点在墨尔本,在悉尼设有一间小办公室,但由于该分部的发展,墨尔本原有的办公室和仓库已经不够用,1984 年,在墨尔本城外专门建造了新的办公楼。

1980 年,澳大利亚分部作为慈善机构免缴澳大利亚税款,1982 年,转变为"出版社分支机构"。至此,出版社最终实现了全球运营机构的完全统一。即使与牛津大学出版社相比,剑桥大学出版社的独特性也具有四个特点：1. 世界各地的作者都与大学的校监、院长和学者签约；2. 世界各地的所有出版物均由出版社委员会代表大学预先批准；3. 出版社在全世界所有的出版业务均享受免税权；4. 出版社的境外机构均具有分支机构的地位，不在其业务所在国注册。

　　自从大学印刷商开始印刷荣誉学位考试诗篇、面包和啤酒的法定价格、大学图书馆的标签以及教员的许多琐碎文书以来，出版社就发现其需要提供某种形式的本地临时印刷服务，在过去，这些临时印刷工作必须穿插到出版社的主要印刷工作之中，这种安排既不利于服务本身，也不利于主要作品的印刷。1982年，为了解决提供有效服务的问题，出版社在皮特大楼设立了一间临时印刷室。为了方便潜在用户，出版社特意将临时印刷室设于城市中心，专门为大学及其附属机构和学院提供快速、低成本的服务。出版社将其命名为大学印刷服务处。

　　设立印刷服务处的目的并不是赚钱，而是为大学和学院提供有用服务，即正如本特利所说的"公共服务"。该印刷处的经营需要大量工作来支撑，其长期经营取决于各学院、大学各部门、俱乐部和社团对它的使用程度。

　　从微观层面为大学提供实际的校内服务，是出版社现代精神的体现。自1972年以来，出版社的业务复兴具有两个主要特点：一是出版社通过认清自身的历史发展和历史作用，改变了对自身的认识；二是出版社通过重新整合融入了大学的经营和目标之中。在讨论新章程时，有人说出版社试图与大学保持距离，这是一种伤害和打击。卡斯管理工作的主旨是让出版社在精神和业务上自觉靠拢其创始机构剑桥大学，防止出版社成为另一个普通的大型国际出版商，卡斯的目的是让出版社发展成为真正的大学出版社，让它作为大学的一部分，补充和扩展大学在世界各地的活动，并让它为此而自豪。出版社委员会的作用和宪法意义得到了维护和加强；出版社委员会、财务委员会小组和大学财务委员会定期收到出版社各方面业务的准确信息。出版社改进了海外业务结构，以维护自身的学术慈善性质和大学的主权。出版社与外界的往来，以及出版社的所有著作，宣传和印于信头的信息（实际上，与出版社的立场及其运作性质有关的一切）都要与其慈善性质相符合。将出版社的所有运营业务合并到剑桥实际上是最后的象征性举措，新章程是该策略的宪法标志。

1984年，印刷部仍在重组，以应对近来给印刷业带来影响的大规模变化。计算机辅助照相排字技术的发展和不再使用热金属排版的改变，让出版社需要对许多工作人员进行再培训。现在几乎所有的印刷都采用胶版印刷，热金属排版已很少使用。但如果需要，出版社仍然可以提供，甚至还可以提供活版印刷。现在大多数排版都在与主计算机相连的微型计算机上完成，但出版社正在改用一种新的系统，这个系统完全以数据环连接的微型计算机为基础，以提高灵活性。出版社有自己的计算机系统和程序（即"软件"），以满足专业印刷的需求，并且设备齐全，可以处理由各种来源提供的数据，这些来源无疑将包括不同的作者和出版商。在经济衰退期间，专业学术书籍的印刷数量大大减少，因此出版部特别注意了短期印刷的问题，使用特殊的机器来减少装配时间，而不是运行时间。许多现代问题给出版社印刷部门和出版部门带来共同的影响，现在这两个部门之间的联系和互相了解比以往任何时候都更加紧密，更加充分。

出版部继续发展。自1971年以来，学术出版数量有了大幅增长，出版社通过有组织的生产而并非收购其他出版社的方式实现了这一增长。1984年，出版社发行了1000种出版物。这些"出版物"包括一些书籍的第二版、同时发行的平装本、大学的官方出版物，以及许多现代教科书附带的盒式录音带和其他补充材料。实际出版的新书约有 900 本。在这期间，67 种学术期刊分几个部分发行；出版社还发行了特别版圣经；大约印刷了 150 万份试卷。1984 年，出版社印刷出版的书籍、圣经和期刊大约有 800 万册。* 总而言之，这些出版物让出版社成为英国最大的纯学术出版商。出版的书籍几乎囊括小学到研究生各个阶段的所有学科。出版社在新领域、新市场不断开展新项目。出于宪法原因，出版社不从事一般出版工作，因此，出版社通过生产如此巨大数额的书籍而为教育和学术带来的贡献可以说是无与伦比的。最后，将出版社 1984 年的实际产出与其在 1972 年的计划再次进行对比，出版社在 1972 年认真讨论了缩小整体业务规模的计划，从这一对比可以看出，出版社在 1972—1984 年期间取得了巨大进步。

---

* 在随后的几年中，出版社的总产量持续大幅增长。

17 总 结

　　这是一个特别的英国故事，包含了悠久的历史和连续的发展历程，这个故事发展得极为缓慢，缓慢到无人察觉，但在发展过程中，又穿插了一次又一次迅速的变革，最终发展成了一个实体。英国人对这个实体的存在习以为常，但外国人却认为这是一个特别的存在。在其他国家，像剑桥大学出版社和牛津大学出版社这样的机构可能由官方机构设立和管理（可能是教育部或文化部），但在英国，他们只是作为特许的私人机构（如英国皇家学会）或企业（例如皇家莎士比亚剧院）或大学部门而存在。这些机构以其历史、特许状和独立性为荣。这两个出版机构没有得到任何公共资金资助，官方资助会附带有管理上的约束，所以理想的做法就是不需要官方的支持，从而避免来自官方的约束。没有了政治层面的约束，出版社因此具有极大的优势。

　　在出版社历史上，英国图书交易方式的变化和现代出版业的发展为其提供了一些借鉴模式，这些模式在不同时期影响着出版社的发展。大学一直是出版社的赞助机构，为此大学的历史也具有同样重要的作用，大学的发展为出版社提供了其需要遵循的理念。

　　1583 年，都铎王朝时期的剑桥清教徒发现学校可以根据皇家特许状来建立自己的出版社，从而免受英国国教大主教的特许权制约。学校找到了托马斯·托马斯，托马斯是剑桥大学毕业的学者印刷商，他正准备开启一个商业、文化和政治相融合的业务。托马斯作为一位职业印刷商，他符合学校任命文具商的传统模式：即得到学校授权，并在校内为学校工作。这种传统模式一直在改变，从中世纪的文具商开始一直延续到克莱父子与出版社合作时期，克莱父子与剑桥大学的合作最终于1916年解除。在这一传统模式的发展过程中，学校最基本的做法是给具有印刷、装订和销售技能的商人或专业人士授权，后来发展成为学校与这些人建立伙伴关系的模式，这些商人或专业人士最初在伦敦和英国各郡销售书籍，最后慢慢进入英国境外的销售市场。虽然相隔了300多年的历史，但是托马斯·托马斯与查尔斯·约翰·克莱的相似之处非常明显，远超他们之间的差异。

历经几个世纪的发展，这种传统模式也发生了一些决定性的转变（显著的转变）。第一个显著的改变就出自本特利本人提出的倡议。他认为大学必须持有资本，并自行管理资本，而不仅仅是批准印刷权。在他的经营下，大学得到了经营场地和印刷设备，这使得印刷商更多是从事管理。出版社的管理者（后来的委员会）后来逐渐发展成为专业的管理团队，在学校中拥有办公场所和材料，有权雇用印刷商，并以出版商的身份使用大学印章。1852年，皇家特派专员给学校提出的建议导致了出版社的异常发展，这种发展在某种程度上是一种倒退，而不是前进，因为这种合作关系，克莱父子在出版社中拥有比之前所有印刷商都更高的管理地位，且几乎与大学在出版社中的地位持平。1854年至1916年间，出版社通过变革逐渐削弱了克莱父子的权力，似乎人们已经意识到，尽管这种合作在实践中颇有成效，但从宪法上来说却有违常规。这些变革有一个奇怪的特点，查尔斯·约翰·克莱以印刷商的身份开始了他在出版社的职业生涯，而在他的印刷商职业生涯结束时，他成了出版社的新行政领导——出版社委员会的秘书。有几年的时间，他同时担任出版社的印刷商和委员会的秘书，为此，这一时期也是旧管理模式向新管理模式演变的转折点。

1891 年莱特被任命为秘书,秘书的出现表明了剑桥大学通过委员会建立自身行政机构的决心。这一决心一旦付诸实践,必然就会导致合伙企业最终在 1916 年解散。大约 60 年后,出版社任命杰弗里·卡斯为首席执行官,卡斯重组了出版社,让出版社的慈善地位得到认可,并制定了新的法令,至此,出版社完成了 1891 年以来的宪法改革。20 世纪,出版社拥有了自己的专业管理人员,这个行政组织现在管理着出版社的出版部和印刷部。人们可以想象得出,在 19 世纪末的某一时刻,旧的职业"书商"——克莱父子,与取代他们的大学新员工之间可能存在的紧张关系。现在,过渡工作已经完成,出版社的工作人员认为他们与学校在 1534 年授权任命的三位前辈(文具商、印刷商及书商)是一脉相承的。这是一种为同一事业奉献的团结精神——大学以自身的名义发行图书。

如果托马斯·托马斯可以看到出版社经历 400 年发展的成果,他定会特别惊讶,惊讶于出版社的规模、现有的技术及其产品在世界范围内的传播。这种变化很自然,是出版社能够于历史中生存下来的结果,也是应用科学技术所产生的结果,这是世界发展的方式。托马斯可能同样也会对大学出版社这个概念的发展感兴趣:这是他以学术印刷商身份倡导,并构思过的概念,这个概念隐含在行动和想法中,而并非体现在机器和建筑中。

剑桥大学出版社的性质可通过这种方式加以说明,出版社不是有限公司,不是任何类型的公司,也不是在海外注册的公司。它是剑桥大学的印刷和出版机构,得到章程的认可,并在章程中声明它的目标与剑桥大学的主要宗旨相同。大学通过在各学院、各院系进行教学和研究,将知识保存于图书馆和博物馆中,通过在出版社出版书刊的方式来落实这些宗旨。出版社作为大学的一部分,也在追求自身具有慈善性质的目标,并获得慈善机构的地位。

出版社未从学校或政府处得到任何定期的外部来源补贴。

因此,它是一个必须靠自身的活动来自给自足的慈善机构,出版社的活动在外界看来可能与其他学术出版商的交易活动没有区别。然而,他们的不同之处在于,它既不能从自由市场上获取外部资本,也不能从根本上改变自身的活动以确保其生存能力,更不用说盈利了。它运营的主要目的是出版学术书籍,如果出版的方式和规模不符合学术界的要求,它就没有尽到自己的职责。按照商业标准,出版社每年出版的书籍中有一部分会亏损;而另一部分则永远不会产生过剩的盈余,而对于普通公司和股东而言,盈余是企业的目的,也是继续生产的合理路线。从学术的角度来看,这些书在出版社占有重要地位,出版社必须有能力继续出版这类书籍。在经济衰退时期,其他出版商知难而退,而剑桥和牛津却承担起最高水平学术出版的重任,并几乎承担了某些学术领域所有的学术出版工作。

出版商可能会出于声望之类的各种原因而决定出版一些"亏本商品",并通过出版更多数量的盈利图书来弥补这些亏损。这是一种热心公益的做法,但这通常只是一种选项——这些亏本书籍的数量不是固定的,并且在紧急情况下,这些出版商总是可以放弃出版这类书籍。从宪法上来说,出版社既不能把学术出版只当作一种备选项,也不能随意出版畅销书来弥补其他亏损。其他出版社有失必有得,但出版社只有失没有得。出版社在某些方面发展得比其他出版商更快,并拥有了更多的顾客,这些固然重要,但却不是出版社首要考虑的因素。英国及其他地方的教科书市场很大,而且这些市场能够带来收益;但出版社出版教科书,是因为剑桥大学本身与教育标准有必然联系,并通过各种方式来关注各个学校的实际教育情况。如果从这个角度考虑的话,英语教学市场同样可以带来收益。但是,如果英语语言教学不具有知识传播的任务(例如,语言学的应用)和文化利益(英语作为世界语言的地位是出版社其他大多数活动的条件),出版社就不会发展这些项目。

一直以来,出版社都在分析符合宪法要求的各种教育和学术出版项目,并积极探索这些类型的书,以补充和帮助销售较慢的书籍。在这一过程中,英语作为科学和学术在世界上的传播媒介,以及英语自身的构成和历史,都给出版社带来了极大的帮助。众所周知英语现在已取代了拉丁语在托马斯·托马斯时代的地位;高端科学技术和学术研究的国际化也是不言而喻的。出版社在这个世纪先是作为一个营销组织,然后发展为编辑机构,在这个发展历程中培养了诸多优势。自第二次世界大战以来,出版社在美国设有大型分支机构,与剑桥的编辑和营销活动密切配合,在澳大利亚也设有分支机构,有代表定期访问欧洲,中东,日本和其他主要市场,为此,出版社在英国以外的国家和地区发掘了比国内更多的顾客。因此,出版社为学术或科学书籍的作者提供了进入世界市场的渠道,而不仅仅是国家市场。正因如此,出版社能够吸引世界各地的英语著作。出版社会用统一(但并不狭隘)的标准评估这些作品并形成一份连贯的编辑方案,并于学期内在委员会例会上提交审议,该会议隔周一次在皮特大楼举行,时间是星期五下午 2 时 15 分,会议的模式也已持续了 100 余年的历史。出版社委员会作为大学出版利益的组织代表,会正式筛选出版社出版的每一本书,这些书无论是纽约的编辑还是剑桥的编辑提供,或是通过澳大利亚的分支机构、出版社某个代理机构或代表提交,都需要委员会经手。

在真正的国际化运作之下保持这种一致性,这在学术出版领域仍然极为罕见;任何需要在世界范围内传播自己作品的作家,必然都会珍视这样一个单一机构,因为他们可以通过该机构进入世界市场。从根本上说,在学术界,企业的理想主义性质也不是一个缺点。事实上,出版社的非营利性与低效率、业余性并不相关联。从理论上来说,出版社在出版极具学术性的书籍方面存在一定障碍,其需要发挥全面优势和有效性来改变这一局面。出版社在经济衰退中幸存了下来,并大幅增加产出,在同一时期为爱丁堡大楼建筑提供资金,出版社完全通过出版学术书籍来完成这一建筑项目,没有收到任何外部补贴,这些都证明了出版社的经营具有有效性。

因此,英国这两所伟大的大学出版社成为英国文化生活的一个鲜明特征,令其他国家羡慕不已。在其他欧洲国家没有相似的机构,正因如此,这些国家的学者都会选择到剑桥来出版他们的作品,这种现象在法国、德国和意大利尤为明显。这两所出版社为英国和世界上越来越多的国家和地区提供出版服务,但却并没有去掏纳税人的钱包。

在社交场合,经常会有一些热心的人说道:"哇,你在出版社工作啊。你们现在出版什么书?"如果你知道提问者的兴趣所在,那你就可以给他们一个简单的答案;但现在要简单回答这个问题却越来越难了。你可能会说:"大约有 900 本书和 60 本期刊,还有许多版本的圣经和公祷书",但这话听起来要么像是在吹嘘,要么像是在贬低别人。你可以说出自己最喜欢的书名,当然,一位好编辑很可能会把他最近的作者和他们的书全都列出来,并且可以就这些作品一直谈论下去,直到听者厌倦为止。但是,出版社是一家大型出版企业,从事学术出版已长达 400 年之久,出版总量逐年递增,现在还没有什么简单明了的方式可以概括它出版的图书。

学术出版企业在长期的发展中也养成了某种客观性,至少笔者有这样的感受。在学术出版和企业中,一些专家会被告知其感兴趣的主题经历过哪些发展,有历史思维的专家则会去了解其研究领域中几世纪以来的剑桥书籍,并会珍视这些书籍。尤其是在人文学科领域,现代书籍的参考文献或者脚注中常常能看到一些古籍,人们会根据这些书名去图书馆中寻找这些书,幸亏剑桥的图书经久耐用,否则早已因为翻阅次数过多而残破不堪了。对非专业人士来说,整个人类的努力就像某座不断重建的城市。城市里有大教堂和宫殿（从牛顿的《原理》到李约瑟的《中国科学技术史》），有很大一部分重建工作是清理地面和建立新的建筑物，一部分是在古老但坚固的建筑上建造越来越高的小建筑，一部分是拓宽城市边界。这是世界上最伟大的一项活动，显然也是人类最伟大的一项活动。以古老的建筑为基础发展新研究的一些作家，就像中世纪的泥瓦匠一样，似乎最终都退居幕后，成了无名之辈，只有名字和作品留在伟大的图书馆目录中。文化史学家最终会为感兴趣的读者将这些人的生活和性格相关的信息搜寻出来。于我而言，在写这本书时，剑桥大学在过去几个世纪里印刷的许多书都只是姓氏、书名和日期；然而，经过一些研究之后，许多作者变得更加真实，他们要么是有识之士，要么在当时的剑桥或英国历史占有重要地位。当然，有些人给后世留下了大量完整的个人信息，就像他们在世时一样，例如：本特利、牛顿、波森、沃森主教、休厄尔、道蒂……还有很多；但在我看来，他们中的大多数人都从事了更客观的活动，为某个学科做出了杰出的贡献，并把他们的个人成就添加到了不断分化、不断更新的知识结构中。

这也是我对今天所发生的事情的看法。对于一个出版商来说，能够在本周的全国评论中看到"他的"图书，看到自己的作品为公众所了解，这样的时刻总是令人振奋的。但学术期刊每季度都在回顾日报或周报从未关注的书籍。学术出版商想要的荣誉是：50年后，只要一提到某本书名或作者的名字，一些学者就会说"啊，是的，那是一本好书"，甚至会说一些评论性的话，比如"奠定了这门学科的基础"或"提供了一个全新的出发点"。

这些书经常以系列形式出版，称为"[某学科名称]剑桥研究"。现在有很多这样的系列丛书，其目的是出版每年为该学科做出最大贡献的作品，这些作品通常由青年学者所著，且通常是他们的第一项实质性研究。如今，专业资格在很大程度上决定学者是否能够进入学术界，因此，在这些学术书籍中，许多作品都以博士论文作为基础。优秀的学术出版商和系列丛书的编辑现在已经能够从大量的作品中挑选出最佳作品，而那些看不起博士的人会惊讶地发现，他们珍视的许多书籍都是从博士研究的基础上发展过来的。

这些书是学术出版的基本要素。另一些则是更资深的学者所做的充分研究，这些学者的水平已经超越了博士，能够对自己选择的主题进行根本研究，这让我再次想到了一些作品，如：诺尔斯论宗教秩序的作品、朗西曼论十字军东征、泰勒斯论盎格鲁-撒克逊建筑、多德论第四部福音书、埃尔顿论都铎王朝的革命、罗伯逊论希腊艺术、泰勒论黑格尔、格斯里论希腊哲学史，还有太多太多。

还有另一种传承文学传统的书籍也起到了相同的作用。出版这些文学传统书籍的主要版本是一所大学出版社的特有任务，剑桥大学出版社的贡献主要是出版莎士比亚和早期剧作家的作品，如德克尔（Dekker）、博蒙特（Beaumont）、弗莱彻（Fletcher）、马洛的作品都由弗雷德森·鲍威尔斯（Fredson Bowers）编辑，其他版本正在准备中；以及仔细校订现代作者经典的著作，劳伦斯和康拉德的作品正在校订中。此外，还有其他的出版物或调查分析的作品，如：H.C. 达尔比（H.C. Darby）的巨著《英格兰末日地理》（*The Domesday Geography of England*），这是一个重要的地理原始档案资料，一项现代调查就是以这部作品为依据；在植物学科领域，《克拉珀姆-马桑苷-瓦堡植物区系》（*Clapham-Tutin-Warburg Flora*）及植物区系衍生物以及了不起的《欧洲植物群》提出了英国和欧洲植物的现代分类分析标准。与文学作品一样，历史上重要的科学作品也得到了重编和修订。在英国皇家学会赞助下，出版社仔细整理和重编了完整版《牛顿书信》，以及牛顿的数学论文和《原理》，这些作品在那个世纪的最后二十五年催生了另一系列优秀的巨著。牛顿书信是蒙纳自动铸字机时代最后的也是最好的纪念作品之一。与牛顿齐名的另一位剑桥科学家是达尔文，出版社现在致力于出版他的书信，这是英美学者的一项重大创举，计算机承担了文本编辑的主要准备工作。

这些大型出版项目经过多年的精心策划和贯彻执行，最终得以完成，但这些项目并不只局限于促进剑桥大学或英国的文化发展。当然，剑桥大学和英国自然是出版社的首要服务对象。出版社以剑桥为中心，为整个学术界出版图书，其举措意在提倡一种国际精神（这样的概念也许只有在知识界才得以实现）。《剑桥中国史》共有十六卷，这将是第一部具有如此规模的史书，完成这本书需要进行必要的基础研究，并将需要花费几年的时间。《剑桥非洲史》也是在没有国际文化机构赞助或支持的情况下编写的，这也是唯一一部达到这种规模的著作。这些书也需要及时更新，人们可以想象这些书籍再次出版发行的场景；但这种大规模的修订大概一个世纪只进行一次，而在这一时刻到来时，或许只有大学出版社仍还存在。大学出版社应该继续存在，并继续发展壮大、继续保持活力，这具有一定文化意义和文化价值。

在过去的 400 年历史中，剑桥大学出版社已经发展成为一个大型的出版机构，正如上文所述，并基于其优势和功能，完全致力于促进"教育、宗教、学术和研究"的发展。出版社将一个历史性印刷厂与学术印刷传统联系起来，换言之，出版社在分析学术书籍和科学书籍印刷问题时获得了一些技能，并且运用现代科技完美解决这些问题。如今，蒙纳键盘式排字机在很大程度上已经为计算机辅助照片排版技术所取代。显然，文字处理设施与电脑排版相结合的新技术如果发展娴熟，则可以抵消目前经济衰退带来的影响，并在未来的发展中得到利用。的确，在不久的将来，图书出版技术可能会发生彻底的变化，这些是过去的印刷商无法想象得到的。

出版社现在发展良好，并继续展望着它未来 100 年甚至

400年的发展。如果出版社的发展与过去几年一样迅速,那么在未来的历史学家眼里,我们现在这个阶段当然会成出版社的历史。然而,有些根本的东西是无法改变的,那就是我们和出版社的前辈和后辈一样,都在为同一事业服务。

附录一　1534年特许状拉丁文原件

Henricus Dei Gratia Angelia et Franciae Rex, Fidei Defensor et Dominus Hiberniae, Omnibus ad quos praesentes Litterae pervenerint Salutem. Sciatis quod nos de Gratia nostra speciali, ac ex certa Scientia et mero Motu nostris concessimus et Licentiam damus pro nobis et Heredibus nostris dilectis nobis in Christo Cancellario Magistris et Scholaribus Universitatis nostrae Cantebrigiae, Quod ipsi et Successores sui in perpetuum per eorum Scripta sub Sigillo Cancellarii dictae Universitatis sigillata, de tempore in tempus, assignent, eligant, et pro perpetuo habeant inter se et infra Universitatem nostram praedictam perpetuo manentes et inhabitantes tres Stationarios et Li brorum Impressores seu Venditores tarn alienigenos et natos extra Obedientiam nostram, quam Indigenes nostros et natos infra Obedientiam nostram, tarn conductitias quam proprias Domus habentes et tenentes. Qui quidem Stationarii sive Impressores Librorum in Forma praedicta assignati, et eorum quilibet, omnimodos Li bros, per dictum Cancellarium vel eius Vices gerentem, et tres Doctores ibidem approbates seu in posterum approbandos, ibidem imprimere, et tam Libros illos, quam alios Li bros ubicunque, tarn extra quam infra Regnum nostrum impresses sic, ut

322

praedicitur, per praedictum Cancellarium seu eius Vicem gerentem et tres Doctores ibidem approbates seu approbandos tam in eadem Universitate quam alibi infra Regnum nostrum ubicunque placuerint, Venditioni exponere licite valeant seu valeat et impune. Et quod iidem Stationarii sive Impressores etiam extra Obedientiam nostram oriundi, ut praedicitur, et eorum quilibet, quamdiu infra Universitatem praedictam Moram traxerint, et Negotio praedicto intendant, in omnibus et per omnia tanquam fideles Subditi et Legei nostri reputentur habeantur et pertractentur, et quilibet eorum reputetur, habeatur, et pertractetur; ac omnibus et singulis Libertatibus, Consuetudinibus, Legibus et Privilegiis gaudere, et uti valeant, et quilibet eorum valeat libere et quiete prout aliquis fidelis Subditus et Legeus noster quoquo Modo uti et gaudere possit, ac Lottum, Scottum, Taxam, Tallagium, et alias Consuetudines et Impositiones quascunque non aliter nec alio Modo quam ceteri fideles Subditi et Legei nostri solvunt et contribuunt, solvant et contribuant: aliquo Statuto, Actu, Ordinatione sive Provisione inde in contrarium facto, edito, sive proviso in aliquo non obstante. Proviso semper quod dicti Stationarii sive Impressores extra Obedientiam nostram sic, ut praemittitur, oriundi, omnia et omnimoda Custumias, Subsidia, et alios Denarios pro Rebus et Merchandizis suis extra vel infra Regnum nostrum educendis vel inducendis, nobis debita, de tempore in tempos solvent, prout Alienigenae nobis solvunt et non aliter. In Cuius Rei testimonium has Literas nostras fieri fecimus patentes. Teste meipso apud Westm. 20° Die Iulii, An. Reg. 26°.

附录二 剑桥大学章程 J：剑桥大学出版社（修订于 1999 年）

1. 大学下设有一所大学出版社，专门从事印刷和出版工作，以促进各学科知识的获取、发展、保护和传播；加快教育、宗教、学术和研究的发展；推动文学和良好文化修养的进步。

2. 大学设有出版社委员会。出版社委员会行使大学相关权力，负责管理大学出版社的财务、财产和一般事务，章程和管理条例明文规定或另有规定的情况除外。出版社委员会成员包括校长（或其副手）、财务主管及通过本条例从参议院成员中选任的人员。

3. 出版社委员会有权以大学的名义，并为大学出版社目的，购买、租赁、保留、出售或转让不动产或个人财产，有权购买、保留、出售或转让所有类型有价证券（应包括股票、基金和股份），无论法律是否授权投资信托基金，该权力涉及财产包括大学出版社所有捐赠基金或其他基金的投资（包括投资的变体）。

4. 大学出版社的所有收入应计入出版社委员会账户，所有资本和收入应由出版社委员会管理，并由出版社委员会全权决定用于实现大学出版社的目的。

5. 出版社委员会有权为实现大学出版社的目标而借款，并有权以大学出版社的财产或收入为任何借款担保，但须具备以下条件

（a）理事会有权限制出版社委员会根据本条款借款的权力。

（b）任何以大学出版社的财产或收入作担保的贷款,其条款应符合 1925 年和 1964 年《大学与学院不动产法案》,并应由财务主管代表理事会进行批准。

6. 出版社委员会有权以大学名义为大学出版社聘用员工,规定其工资和退休金以及其工作条件。

7. 由参议院理事会根据出版社委员会推荐,并根据本条款特别指定,在大学出版社担任特定职务人员,应根据《法令 A》Ⅲ.7(6)、《法令 B》Ⅰ.1,《法令 B》Ⅲ.6 和《法令 K》3(h)*意志享受大学官员待遇。

8. 大学出版社账目应每年由理事会任命的一名或多名合格会计师进行审计。理事会每年应从财务委员会成员中任命一名或多名人员,负责审查这些账目,并与规定的审计员进行商议,并向理事会报告。

9. 出版社应当有出版社印章,作为大学印章,根据出版社委员会指示使用,用于大学出版社事务相关事项;出版社印章的存在,不影响大学其他印章在这些事项中具有的效力。大学有权制定出版社印章的管理和使用条例。

10. 出版社委员会有权转授其在本法令中的权力,但须受《法规》施加的任何限制。

11. 在该法令中和《校宪》及《法规》中任何部分提及的"大学出版社的财产"一词是指为大学出版社的目的而持有或使用的大学财产。为了给予大学出版社有业务往来的人员提供便利,财务主任签署的证明,表明任何特定的财产是大学出版社的财产,或表明对借款的任何限制已得到遵守,可作为有效证明。

12. 出版社委员会向理事会提交《年度报告》,报告以整体或总结的形式向大学公布。

---

* 本条特限以下人员:出版社委员会秘书、主管、副主管、高级主管和出版社高级经理。

13. 尽管有上述各条规定,参议院理事会仍有权在其认为特殊的情况下,根据其财政委员会的建议解雇出版社委员会,并暂时自行承担出版社管理的全部责任。理事会如需行使本条规定的权力,则应向大学报告需要采取该做法的具体情况。

附录三　1583—1984 年大学印刷商

1583	托马斯·托马斯	1730	玛丽·芬纳
1588	约翰·莱盖特		托马斯·詹姆斯
?	约翰·波特(1593 年前)		约翰·詹姆斯
1606	坎特雷尔·雷格	1740	约瑟夫·边沁
?	托马斯·布鲁克	1758	约翰·巴斯克维尔
	(1608 年前)	1766	约翰·阿奇迪肯
1622	伦纳德·格林	1793	约翰·伯吉斯
1625	托马斯·巴克	1802	约翰·戴顿
	约翰·巴克	1802	理查德·瓦茨
1630	弗朗西斯·巴克	1804	安德鲁·威尔逊
1632	罗杰·丹尼尔	1809	约翰·史密斯
1650	小约翰·莱盖特	1836	约翰·威廉·帕克
1655	约翰·菲尔德	1854	乔治·西利
1669	马修·维恩	1854	查尔斯·约翰·克莱
1669	约翰·海斯	1882	约翰·克莱
1680	约翰·派克	1886	查尔斯·菲利克斯·克莱
1682	休·马丁	1916	詹姆斯·本内特·皮斯
1683	詹姆斯·杰克逊	1923	沃特·路易斯
1686	乔纳森·品达	1945	布鲁克·克拉奇利
1693	H. 詹克斯	1974	尤安·菲利普斯
1697	乔纳森·品达	1976	哈里斯·迈尔斯
1705	科尼利厄斯·克朗菲尔德	1982	杰弗里·卡斯
1730	威廉·芬纳	1983	菲利普·阿林

本书作者简介

M.H.布莱克,剑桥大学克莱尔学院荣誉院士,曾为大学出版商。

本书译者简介

洪云,教授,博士,贵州大学国际交流与合作处处长,英语语言文学、英语笔译硕士点导师。贵州省省管专家,贵州省省级教学名师,全国宝钢奖优秀教师,贵州大学学术学科带头人。国家留基委英国牛津基督教研究中心访问学者、美国修斯敦大学英语系访问学者。出版专著1部,译著7部,主编或副主编教材25本,主持国家社科、教育部人文社科及其他省部级各类课题10余项。

王丰婷,贵州大学外国语学院英语笔译硕士研究生,曾参加生态文明国际论坛、中国一东盟教育交流周等国际会议和外事活动的翻译及志愿者活动。

《海外学术出版史译丛》第一辑

剑桥出版史

博睿出版史

施普林格出版史

文字的世界：耶鲁出版史